THOMAS SÜNDER
Wer hat eigentlich die Ringe?

Das Buch

Warum ist es für Trauzeugen, Hochzeitsbegleiter oder auch Zeremonienmeister so schwer, die Wünsche des Brautpaars umzusetzen? Gründe gibt es mehr, als man aufzählen kann: Fehlende Erfahrung erzeugt Unsicherheit, die »bucklige Verwandtschaft« macht hinter den Kulissen Druck oder das eigene Ego treibt einen zu unangebrachter Selbstverwirklichung. Vor allem aber ist die Kommunikation zwischen Trauzeugen und Gastgebern oft denkbar schlecht. Die Enttäuschung auf beiden Seiten ist groß, wenn am Ende keiner mit dem Ergebnis zufrieden ist. Gott sei Dank kann man aus Fehlern lernen, sogar aus den Fehlern anderer. Thomas Sünder benennt die schlimmsten Hochzeitssünden, gibt konkrete Ratschläge und lässt dabei auch den Humor nicht zu kurz kommen – für den garantiert schönsten Tag im Leben des Brautpaars!

Der Autor

Thomas Sünder, Jahrgang 1975, wuchs in einem hessischen Dorf auf und studierte in Marburg alles, was man für den Job eines professionellen Hochzeits-DJ braucht: Neuere Deutsche Literatur und Medien, Philosophie und Kunstgeschichte. Nach einem Volontariat zum PR-Berater machte er sich als Musiker, DJ und Texter selbstständig. Seit der Veröffentlichung von *Wer Ja sagt, darf auch Tante Inge ausladen* ist er in den Medien ein gern gesehener Interviewpartner zum Thema Heiraten ohne Pannen. Das vorliegende Buch *Wer hat eigentlich die Ringe?* ist der erste Ratgeber für Trauzeugen und alle Hochzeitsbegleiter. Thomas Sünder hat in zwölf Jahren über fünfhundert Hochzeiten betreut und Brautpaare inhaltlich bei der Planung unterstützt. Er selbst ist verheiratet und lebt mit seiner Frau Sylvia in Hamburg.

Mehr Informationen finden Sie unter: www.thomas-suender.de

Von Thomas Sünder bereits erschienen:

Wer Ja sagt, darf auch Tante Inge ausladen
Tipps vom Profi für die perfekte Hochzeitsfeier

Besuchen Sie uns auch auf www.facebook.com/blanvalet und
www.twitter.com/BlanvaletVerlag

Thomas Sünder

Wer hat eigentlich die Ringe?

Tipps vom Profi
für alle Trauzeugen

blanvalet

Der Verlag weist ausdrücklich darauf hin, dass im Text enthaltene externe Links vom Verlag nur bis zum Zeitpunkt der Buchveröffentlichung eingesehen werden konnten. Auf spätere Veränderungen hat der Verlag keinerlei Einfluss. Eine Haftung des Verlags ist daher ausgeschlossen.

Zum Schutz der Persönlichkeitsrechte sind die Namen aller in den folgenden Anekdoten genannten Personen geändert. Angaben, die eine genaue Identifizierung der jeweiligen Feier ermöglicht hätten, wie etwa Namen von Orten und Locations, wurden teilweise geändert. Die Erlebnisberichte zeigen die Sicht des Autors, und diese muss nicht mit der Wahrnehmung anderer beteiligter Personen übereinstimmen. Erzählungen von Quellen, wie Brautpaaren und Trauzeugen, werden so wiedergegeben, wie sie dem Autor berichtet wurden, abgesehen von Änderungen zur Wahrung der Anonymität.

Verlagsgruppe Random House FSC® N001967

2. Auflage
Copyright © 2017 by Thomas Sünder
Originalausgabe im Januar 2017 im Blanvalet Verlag,
einem Unternehmen der Verlagsgruppe Random House GmbH,
Neumarkter Str. 28, 81673 München
Umschlaggestaltung und -motiv: © Johannes Wiebel | punchdesign,
unter Verwendung von Motiven von Shutterstock.com
KW Herstellung: sam
Satz: Uhl+Massopust, Aalen
Druck und Bindung: GGP Media GmbH, Pößneck
Printed in Germany
ISBN 978-3-7341-0402-2

www.blanvalet.de

Für meine Eltern und meine Geschwister,

die immer für mich da waren, auch wenn ich unkonventionelle Entscheidungen getroffen habe.

Inhaltsverzeichnis

Intro 11

Teil 1: Von Freundschaft, Ehrenamt und Erwartungsdruck 13

Sünde 1: Schweigen 15
Was müssen die Trauzeugen eigentlich machen? 15
Offene Gespräche hinter verschlossenen Türen 17

Sünde 2: Aktionismus 20
Die Hochzeitssaboteure 20
Gespielt wird im Sandkasten, nicht auf der Hochzeit 28

Sünde 3: Schockstarre 34
Wer den Kopf in den Sand steckt, sieht und hört nichts mehr . 34

Sünde 4: Spätzündung 41
Die schlechteste Boygroup der Welt 41
Aktionen auf den letzten Drücker taugen nichts 45

Sünde 5: Anspruchslosigkeit 51
It's Showtime 51
Für Euer Paar nur das beste Entertainment! 53

Teil 2: Der Ablaufplan, das Herzstück der Feier 59

Sünde 6: Überfrachtung 61
Die glorreichen Fünf – warum zu viele Beiträge keine
gute Idee sind 61

Sünde 7: Planlosigkeit 69
Der beste Ablaufplan nützt nichts, wenn nur Ihr ihn kennt ... 69

Sünde 8: Hochzeitszeitung zur Unzeit 74
Altes aus der Klatschpresse 74
Ein Festsaal ist kein Lesesaal 77

Sünde 9: Zerstreuung 83
Der Selfie-Magnet 83
Haltet die Schäfchen beisammen 86

Sünde 10: Aufgeblasenheit **92**
Je zäher der Ablauf, desto müder die Gäste 92

**Teil 3: Der Junggesellenabschied und warum
er nicht peinlich sein muss** **99**

Sünde 11: Gesichtsverlust **101**
Das Beben der Uckermark 101
Penis-Lollis sind nicht süß 105

Sünde 12: Eile **111**
Warum nicht gleich ein ganzes Wochenende? 111

Sünde 13: Rudelgeheul **116**
WhatsApp, Alter? 116
Die Terminvergabe ist Chefsache! 124

Sünde 14: Fantasielosigkeit **130**
Überraschungsgäste 130
Bitte kein JGA von der Stange 132
Die kleine Variante zu zweit 135

Sünde 15: Vollrausch **138**
Fest verankert 138
Rauschend, aber nicht berauschend 142

**Teil 4: Von Brautkleidern, Anzügen,
Standesämtern und Zeremonien** **147**

Sünde 16: Egozentrik **149**
Die Jury 149
Wo Zurückhaltung angesagt ist 152

Sünde 17: Vergesslichkeit **157**
Wer hat eigentlich die Ringe? 157
Alles am rechten Platz 161

Sünde 18: Blauäugigkeit **166**
Champagner für alle 166
Ihr seid nicht die Einzigen in der Behörde 169

Sünde 19: Privat-Paparazzi **173**
Voll im Bilde 173
Ein einziger Profi hinter der Kamera ist besser als ein
Dutzend Amateure 177

Sünde 20: Fehlende Erste-Hilfe-Ausrüstung **181**
Die Türfalle 181
Gut ausgestattet 183

Teil 5: Die Location, Arena der Fallgruben 187

Sünde 21: Verlassenheit **189**
Gemeinsam einsam 189
Sichert Euch einen Ansprechpartner vor Ort 194

Sünde 22: Sachbeschädigung **198**
Für Euch soll's rote Rosen regnen 198
Rosenblätter, Reis und andere Tretminen 200

Sünde 23: Verpatzter Auftakt **205**
Das Windspiel-Domino 205
Was passiert vor der Feier? 208

Sünde 24: Diebisches Vergnügen **213**
Geklaut wird, was auf den Tisch kommt 213
Safety first 216

Sünde 25: Geldvernichtung **221**
Geschenkt 221
Ab in den Ofen 224
Ordnung ist das halbe Leben – und das ganze Geschenk ... 229

Teil 6: Die Feier, das Großereignis ohne Generalprobe 233

Sünde 26: Gemischtwarenhandel **235**
Sie waren noch niemals in New York – aber bald schon 235
Ein großes Geschenk von allen Gästen 238

Sünde 27.: Beliebigkeit **249**
Film ab 249
Bitte nur persönliche Beiträge und Reden 252

Sünde 28: Unsichtbarkeit **260**
Wo ist Kevin? 260
Dasein ist nicht gleich da sein 263
So führt Ihr als Zeremonienmeister erfolgreich
durch das Programm 267

Sünde 29: Kontrollverlust **276**
Frau Mama läuft Amok 276
Manche Menschen muss man bremsen 281
Das Morgen-Grauen 286
Das Maß der Dinge im Blick behalten 292
Die Promille lauern im Mix 297

Sünde 30: Vergessenheit **301**
Nach der Hochzeit 301

Outro **307**

Danksagung **309**

Anhang **313**

Beispiel für einen Ablaufplan **313**

Intro

Die Stimmen im Hintergrund der Hamburger Weinbar verschwimmen zu einem undeutlichen Brausen, als die zweiunddreißigjährige Ramona das Glas erhebt und ihrer besten Freundin Jule offenbart: »Kai und ich werden nächsten Sommer heiraten!«

Jule stößt einen Freudenschrei aus, der sich mit dem Klang der Rotweingläser beim Anstoßen mischt. Überrascht ist sie von der Neuigkeit allerdings nicht, sie hat bereits damit gerechnet. Kai und Ramona sind seit fünf Jahren ein Paar, und schon lange hatte es das Gerücht gegeben, eine Hochzeit stünde im Raum. Auch der aufgeregte Klang in Ramonas Stimme, als sie ihre Freundin zu diesem »Mädelsabend« eingeladen hatte, war verräterisch gewesen. Kai hatte ihr also endlich den langersehnten Heiratsantrag gemacht! Jule ist begeistert.

Während Ramona einen großen Schluck Wein nimmt, fährt sie fort: »Ich bin überglücklich und würde mich riesig freuen, wenn du meine Trauzeugin wirst! Möchtest du?«

Jule verschlägt es für einen kurzen Moment die Sprache, vor lauter Aufregung verschluckt sie sich an ihrem Wein. Sie kann gerade noch den Rest herunterschlucken, ehe eine Hustenattacke sie durchschüttelt.

Besorgt beugt sich Ramona über den Tisch und klopft ihr auf den Rücken. »Jule, alles gut?«

Jule nickt lachend. »Ja, mehr als gut! Das ist ja toll! Mensch, ich bin ganz gerührt.« Eine Freudenträne kullert über ihre Wange. »Wirklich, ich weiß gar nicht, was ich dazu sagen soll. Außer ja, ja und noch mal ja. Natürlich werde ich total gern deine Treuzeugin!« Sie rutscht um den Tisch herum und fällt Ramona in die Arme. Die beiden kennen sich seit ihrer Kindheit, und nun darf Jule ihre engste Freundin an diesem wichtigen Tag begleiten. So hatten sie sich das schon als Teenager immer vorgestellt. Allerdings fällt Jule in diesem glücklichen Moment ein, dass Ramona vor einiger Zeit aus der Kirche ausgetreten ist. Wohin genau wird sie ihre Freundin also eigentlich begleiten? Vor einen Altar dann ja schon mal nicht. Gibt es auch für Leute, die nicht in der Kirche sind, etwas Vergleichbares?

Mit diesen Überlegungen taucht eine Frage in Jules Kopf auf, die sich plötzlich wie ein schwerer Mantel über ihre Freude legt. Noch in den Armen der angehenden Braut verspürt sie einen Anflug von Panik und fragt sich: *Verdammt, was muss ich als Trauzeugin eigentlich alles machen?*

Teil 1

Von Freundschaft, Ehrenamt und Erwartungsdruck

Sünde 1: Schweigen

Was müssen die Trauzeugen eigentlich machen?

Die wichtigste Frage, die Ihr Euch als angehende Trauzeugen vermutlich stellt, soll hier gleich zu Anfang beantwortet werden. Vielleicht wird Euch die schlichte Antwort überraschen. Rein rechtlich gesehen müsst Ihr nämlich Folgendes tun: nichts.

Tatsächlich sind in deutschen Standesämtern Trauzeugen seit 1998 überhaupt nicht mehr erforderlich[1]. Ehe Ihr aber nun dieses gerade aufgeschlagene Buch mit einem Seufzer der Erleichterung beiseitelegt und Euch auf die gemütliche Couch verkrümelt, krempelt besser die Ärmel hoch und freut Euch über eine wunderbare Herausforderung! Denn den Brautleuten steht es frei, zwei oder mehrere Trauzeugen zu benennen. Diese große Ehre wird Euch zuteil. Dass Eure lieben Brautleute Euch ernannt haben, zeigt, dass sie Euch wertschätzen und vertrauen. Sie wollen ihren schönsten Tag zusammen mit Euch an ihrer Seite verbringen. Ihr Angebot ist also ein wunderbarer Freundschaftsbeweis!

---
[1] Vor 1998 waren zwei Trauzeugen vorgeschrieben. Das ist aktuell auch in Österreich und in der Schweiz der Fall.

Und natürlich hat das Ganze auch eine praktische Bewandtnis: denn wahrscheinlich hoffen die Heiratswilligen, dass Ihr als Trauzeugen bei der Organisation von dem Junggesell-/innenabschied, der Trauzeremonie und der Hochzeitsfeier aktiv mitwirkt. Nur noch selten findet heutzutage der klassische Polterabend statt, und falls doch, ist die Planung meistens zwanglos. Daher wollen wir hier inhaltlich nicht weiter auf den Polterabend eingehen und uns stattdessen auf die drei zuvor genannten Punkte konzentrieren: den JGA (wie der Junggesell-/innenabschied gern heutzutage abgekürzt wird), die Trauzeremonie und die Feier. Ihr seid diejenigen, die sich dafür einsetzen, dass die Vorstellungen des zukünftigen Brautpaars auch wirklich umgesetzt werden.

Damit sind wir auch gleich bei der wichtigsten Instanz angelangt, mit der Ihr Euch von nun an verbindlich auseinandersetzen müsst: dem Brautpaar. In den nächsten Monaten werden Braut und Bräutigam quasi Eure Teilzeitchefs sein. Wie zwanglos oder tyrannisch sie sich verhalten, wird stark vom Grad ihrer Anspannung und von ihren Ansprüchen abhängen. Ein gewisser Druck wird bei Eurem lieben Paar vermutlich spürbar sein, je näher die Hochzeit rückt. Davon könnt Ihr sie aber bestimmt etwas befreien. Atmet angesichts der Euch übertragenen Aufgabe zunächst einmal tief durch und macht Euch klar, dass nur entspannte Trauzeugen gute Trauzeugen sind. Cool bleiben und den Überblick bewahren, so lautet die Devise. Egal, was auch passiert, verliert niemals die eine wichtige Überzeugung: Alles wird gut! Macht Ihr Eure Sache gut, wird es garantiert ein unvergesslich schönes Erlebnis, Euer liebes Paar in die Ehe zu begleiten.

Euer Job ist ein Ehrenamt mit rein symbolischem Charakter. Ein winziger Teil davon ist Bürokratie: Sofern Ihr im Standesamt als Trauzeugen angemeldet seid oder einer katholischen[2] Trauzeremonie beiwohnt, müsst Ihr lediglich im richtigen Moment Eure Unterschrift beisteuern. Damit wäre Eure Mission seitens der Gesetzgebers und der Kirche bereits erfüllt.

Alles andere basiert auf der Absprache mit dem Brautpaar. Und genau hier liegt sie auch begraben, die Wurzel möglicher Enttäuschungen! Sobald es nämlich ums Heiraten geht, steht bei allen Beteiligten ein riesiger Berg an unausgesprochenen Wünschen, Hoffnungen und Erwartungen im Raum. Vor allem bei dem Paar auf dem Gipfel, um das sich alles dreht. Doch keine Sorge, Ihr braucht Euch nicht ihren gesamten Hochzeits-Mount-Everest auf die Schultern zu laden. Denn es gibt Mittel und Wege, effektiv mit der Situation umzugehen.

Offene Gespräche hinter verschlossenen Türen

Klärt unbedingt von Anfang an, was die Brautleute sich von Euch wünschen und was Eurerseits überhaupt machbar ist. Denn wie bei jedem Ehrenamt habt Ihr durchaus das Recht, Aufgaben höflich abzulehnen. Zum Beispiel, wenn Ihr beruflich extrem eingespannt seid oder aufgrund der Erziehung eigener Kinder wenig Zeit habt. Vielleicht wohnt Ihr auch Hunderte Kilometer vom Brautpaar und der Feierlocation entfernt, was die

---
[2] In der evangelischen Kirche müssen die Trauzeugen nicht zwingend anwesend sein.

Planung nicht gerade einfacher macht. Kommen wir damit zum ersten und wichtigsten Tipp: *Reden hilft!*

Sucht das offene Gespräch mit dem Brautpaar, anstatt ihre Bedürfnisse zu erraten. Fragt gezielt nach ihren Vorstellungen und holt Euch Rückendeckung für den Umgang mit anderen Akteuren des Hochzeitszirkus ein, wie zum Beispiel übereifrigen Verwandten und Dienstleistern. Macht bei Bedarf aber bitte auch klar, wo die Grenzen Eurer Möglichkeiten liegen. Denn nichts ist schlimmer als eine unnötige Enttäuschung am Tag der Hochzeit. Sollte die Erwartungshaltung der Brautleute zu hoch sein, holt sie von Anfang an in die Realität zurück. Sie werden garantiert eine bessere Lösung finden, als Euch überzustrapazieren.

Im Übrigen seid Ihr ja möglicherweise nicht allein mit Eurer Aufgabe: Sollte es einen zweiten Trauzeugen geben, und kennt Ihr ihn noch nicht gut, ist es nun an der Zeit, das bei einem persönlichen Treffen zu ändern. Am besten setzt Ihr Euch zunächst zu viert mit dem Brautpaar zusammen, um die Aufgabenverteilung vor und während der Hochzeit zu besprechen. Danach solltet Ihr Euch als Trauzeugen-Team noch einmal ohne die Brautleute treffen, um gemeinsam Ideen zu sammeln für Überraschungen, Beiträge und dergleichen. Im weiteren Verlauf der Planung könnt Ihr Euch gegenseitig einzelne Aufgaben abnehmen, für die der andere gerade nicht die Zeit hat oder die dem einen oder anderen besser liegen.

Ob Ihr vielbeschäftigt seid oder nicht, ob Ihr gelassen seid oder vielleicht doch auch ein bisschen aufgeregt: Sicherlich seid Ihr hoch motiviert und habt große Lust, das Brautpaar zu unterstützen. Dann mal ran an den Speck! Dieses Buch wird Euch helfen, die Fragen zu stellen, die zu den richtigen Antworten führen. Auf den folgenden Seiten werdet Ihr erfahren, welche Katastrophen Euch erwarten können und wie Ihr die Brautleute davor schützt. Darüber hinaus findet Ihr wertvolle Anregungen, wie Ihr eigene Ideen entwickeln und einbringen könnt.

Doch im nächsten Kapitel geht es nun erst einmal darum, wie Ihr es besser *nicht* machen solltet.

Sünde 2: Aktionismus

Die Hochzeitssaboteure

Ein warmer Sommerregen prasselt gegen die Fenster, draußen weht ein scharfer Wind. Leider hat sich bei dieser Hochzeitsfeier Mitte August die Sonne hinter stahlgrauen Wolken versteckt. Der geplante Empfang im Garten der Düsseldorfer Toplocation fällt daher heute buchstäblich ins Wasser. Doch die Brautleute Agathe und Dieter haben für diesen Fall alles bestens geplant: Das Serviceteam hat rechtzeitig alles für den Empfang im Vorraum des Festsaals aufgebaut. An Stehtischen mit weißen Hussen werden Sekt und Fingerfood gereicht. Die Stimmung der rund achtzig Gäste ist gelöst, alle plaudern lebhaft.

Ich mische mich unter die Grüppchen, um zu prüfen, ob die Lautstärke der Hintergrundmusik in Ordnung ist. Ich bin DJ, und es ist für mich die dreiundzwanzigste Hochzeit des Jahres. Bisher war es eine Saison mit vielen schönen Feiern. Was mir hier und heute allerdings Kopfzerbrechen bereitet, ist das Verhalten der beiden Trauzeugen, Emma und Jaques, die selbst auch ein Ehepaar sind. Alles fing damit an, dass sie nicht auf meine E-Mails geantwortet haben. Ich hatte wissen wollen, ob ihrerseits Beiträge geplant waren, um diese mit dem Zeitplan des Brautpaars abzugleichen, über den ich Bescheid wusste. Besonders wichtig ist bei Feiern dieser Größenordnung aus meiner Sicht die Frage, wann und wo Technik von mir benötigt wird, beispielsweise Mikrofone für Reden. Ein Anruf bei Trauzeugin Emma einige Tage vor der Hochzeit hatte mich sehr besorgt zurückgelassen. Sie sagte, sie und Jaques hätten einige Spiele geplant, würden aber spontan entscheiden wollen, wann diese stattfinden sollten. Ich solle den Brautleuten bloß nichts erzählen, das sei eine Überraschung. Mehr war aus ihr nicht herauszubekommen.

Autsch! Schon beim Vorgespräch mit dem Brautpaar – das ich als DJ mit meinen Kunden immer führe, um Wünsche und Erwartungen konkret abzustecken – hatten mir Agathe und Dieter ganz klar zu verstehen gegeben, dass sie Hochzeitsspiele »total furchtbar« fänden und dass sie auf keinen Fall irgendwelche »dämlichen Beiträge« wünschten. Sie hätten das schon auf mehreren Hochzeiten als Gäste miterlebt und sich abwechselnd gelangweilt und fremdgeschämt. Aus diesem Grund würden sie es ganz anders machen wollen. Laut Plan sollte es genau zwei Reden geben: die des Brautvaters und die des Brautpaars. Der Rest der Feier sollte aus einem leckeren Essen mit drei Gängen und einer ausgelassenen Party mit Tanz bestehen.

Als ich mich während des Empfangs am großen Tag also unters Partyvolk mische, komme ich zufällig an einem Grüppchen mit Braut und Bräutigam vorbei und höre, wie Trauzeugin Emma darauf besteht, die Braut müsse mit Sekt anstoßen. Agathe wehrt sich: »Du weißt doch, ich bin schwanger. Ich trinke keinen Alkohol.«

Forsch knöpft Emma ihr jedoch den Orangensaft ab und drückt ihr ein Sektglas in die Hand. Ihr Kommentar: »Papperlapapp! Mit O-Saft kann man doch nicht anstoßen!«

Na, das geht ja gut los. Wenn Emma schon Agathes Bedürfnisse als Schwangere nicht respektiert, wie wird es dann mit ihren Wünschen als Braut aussehen? Mir schwant Übles. Wenig später verfestigt sich mein Unbehagen. Der Bräutigam bittet zum Ende des Empfangs die Gäste vom Vorraum in den Festsaal. Sofort drängen sich die Trauzeugen Emma und Jaques in Richtung Tür und packen ein weißes Bettlaken aus. Darauf ist in unregelmäßigen Strichen ein großes Herz gemalt, in das die Namen der Brautleute gekritzelt sind. Selbst meine fünfjährige Nichte hätte das schöner hinbekommen. Der hässliche Lappen wird von Emma und Jaques vor der Tür aufgespannt. Sie erwarten nun, dass sich das Brautpaar da durch schneidet. Das nötige Werkzeug reicht ihnen Jaques.

Selbstverständlich sind die kurzen Nagelscheren, die nun die Besitzer wechseln, vollkommen stumpf. Agathe und Dieter machen gute Miene zum bösen Spiel und versuchen, sich durch den Stoff zu arbeiten. Quälend langsam verstreichen die Minuten unter dem gelegentlichen Knirschen von reißenden Baumwollfasern. Der Unterhaltungswert dieser Farce ist gleich null. Gelegentliche Kommentare von Jaques wie »Aller Anfang ist schwer, Ihr schafft das, sieht doch gut aus!« helfen weder dem Brautpaar noch unterhalten sie die gelangweilten Zuschauer. Denn es kann außer den Trauzeugen einfach niemand nachvollziehen, warum dieses Herz unbedingt ausgeschnitten werden soll. Ich hoffe, dass die Hochzeitssuppe zur Vorspeise nicht kalt wird. Denn eigentlich hat die Küche die Ansage, um Punkt 18.30 Uhr zu servieren. Nun haben wir schon Viertel vor sieben!

Einigen Gästen wird es zu doof, und sie gehen an dem Laken vorbei durch die Tür. Der geplante gemeinsame Einzug in den Saal, mit dem Brautpaar festlich an der Spitze, hat sich damit erledigt. Als das zerfranste Herz endlich herausgetrennt ist, besteht Emma darauf, die Braut müsse hindurchgetragen werden. Zwar stellt die zierliche Agathe für den robusten Dieter gewichtsmäßig keine Herausforderung dar, doch sie trägt einen ausladenden Reifrock. Wie soll der bitte durch das Herz passen?

Tut er nicht. Die festen Ringe unter dem Stoff bleiben an den Kanten des Herzens hängen. Was folgt, ist eine Dessousschau, die die umstehenden Gäste beschämt wegsehen lässt. Während sich der Rock auf der Vorderseite des Lakens verfängt, ragen die in weiße Nylonstrümpfe gehüllten Beine der Braut auf der anderen Seite in den Raum. Agathe ist knallrot im Gesicht. Emma und Jaques sind die Einzigen, die lachen. Ehe auch noch das Höschen seiner Angetrauten zum Vorschein kommt, bricht Dieter das Manöver ab und startet einen neuen Versuch. Mit dem Rücken voran zwängt er sich und Agathe samt Rock in gebückter Haltung durch das vage herzförmige Loch. Das Laken ist nun endgültig hinüber und wird garantiert nicht als hübsches Andenken behalten. Wir liegen dank dieser sinnlosen Aktion bereits fünfundzwanzig Minuten hinter dem Zeitplan. Der Frust ist dem Brautpaar deutlich anzusehen. Bloß Emma und Jaques scheinen das nicht zu bemerken. Hauptsache, sie haben ihr Ding durchgezogen.

Leider wird es im weiteren Verlauf des Abends nicht besser. Im Gegenteil, das Motto der Trauzeugen scheint zu sein: Schlimmer geht immer. Gleich nach der Suppe war eigentlich nur eine kurze Rede geplant, doch die beiden präsentieren einen Film. Oder versuchen es zumindest. Erst einmal wird der Beamer nicht von ihrem Laptop erkannt. Es folgt eine Viertelstunde mit ratlosem Kabelumstecken, bis endlich ein Standbild erscheint. Jetzt fällt Jaques ein, dass der Laptop für achtzig Zuschauer vielleicht zu leise sein könnte. Womit er absolut recht hat. Aber seine Frage, ob ich das mal eben an meine Musikanlage anschließen kann, muss ich verneinen. Die steht nämlich im Nebenraum, bei der Tanzfläche, wo später nach dem Essen bei einer Cocktailbar die Party stattfinden soll. Selbst wenn ich ein zwanzig Meter langes Kabel dabeihätte und an seinen Computer anschließen würde – hier im Saal würde niemand etwas davon hören. Hätte er rechtzeitig vor der Feier auf meine Mails geantwortet und mich informiert, hätte ich einen Verstärker im Festsaal installiert. Jetzt ist es zu spät.

Als der Film endlich startet, ahnt niemand, dass dies der Auftakt zu über dreißig Minuten gähnender Langeweile ist. Der Zusammenschnitt wackliger Smartphone-Sequenzen zeigt wildfremde Menschen in einer Fußgängerzone, die dem ihnen unbekannten Brautpaar zur Hochzeit gratulieren. Da der Ton miserabel ist, ist das meiste kaum zu verstehen. Als kurze Episode in einem originellen Film hätte das Ganze ein netter Gag sein können, doch als abendfüllende Sensation taugt der Wackelfilm bei Weitem nicht. Die Unruhe im Saal wird größer, immer mehr Leute bestellen die nächste Runde Wein und Bier.

Zwischendurch erscheint der Bankettleiter des Hauses bei mir und fragt, ob ich weiß, wie lange der Vortrag wohl noch dauern wird. Er ist nervös, weil das Fleisch vom Hauptgang langsam beim Warmhalten austrocknet. Leider kann ich seine Frage nicht beantworten, also wendet er sich direkt an die Trauzeugen. Ihre Antwort kann ich nicht hören, doch ich sehe, wie der Bankettleiter kopfschüttelnd von dannen zieht und verzweifelt auf seine Armbanduhr blickt. Das spricht Bände.

Als das Elend endlich ein Ende findet und die Leinwand dunkel wird, servieren die Kellner flink den angetrockneten Hauptgang. Teilweise an leeren Plätzen, denn viele Gäste mussten nach der ermüdenden Zwangsvorführung erst mal auf Toilette oder an die frische Luft. Der Bräutigam hat mittlerweile nicht nur einen Ring am Finger, sondern auch zwei unter den Augen. Die hübsche Braut sitzt apathisch neben ihm und scheint zu resignieren. Das ist schon längst nicht mehr ihr Fest, sondern das von Emma und Jaques.

Zwischen Hauptgang und Dessert folgt auf Geheiß der Trauzeugen das Spiel »Wadenraten«, bei dem die Braut mit verbundenen Augen die nackten Unterschenkel von fünf männlichen Gästen abtasten muss. Auf diese Weise soll sie herausfinden, welcher davon der Bräutigam ist. Es gelingt ihr beim dritten Versuch. Dass fünf gestandene Männer ihre Beinbehaarung entblößen müssen und sich damit zum Affen machen, bringt nicht einen einzigen Lacher. Es ist allen Beteiligten sichtlich unangenehm – denen, die unfreiwillig im Rampenlicht stehen genauso wie denen, die zum Zugucken verdonnert sind. So langsam frage ich mich, ob Emma und Jaques ihre Brillen zu Hause vergessen haben und ganz einfach nicht sehen, was sie da gerade anrichten.

Den hinterhältigsten Sabotageakt in Bezug auf den Ablaufplan haben die beiden zum Nachtisch eingefädelt. An diesem Punkt soll eigentlich die Hochzeitstorte hereingebracht werden, die als Eröffnung des Dessertbuffets festlich angeschnitten werden soll. Dies ist meiner Erfahrung nach der günstigste Zeitpunkt, denn so wird die Party durch eine spätere Torte nicht unterbrochen und die Stimmung dadurch gedämpft. Doch weil Emma und Jaques meinen, eine Hochzeitstorte müsse unbedingt um Mitternacht kommen, haben sie tatsächlich – ohne Wissen des Brautpaars! – hinter den Kulissen eine Umbestellung veranlasst. Das Licht am Dessertbuffet geht an, die Torte ist nicht da, die Brautleute sehen sich ratlos um. Nach einer Weile schnappen sie sich ein Gläschen Crème brûlée und trotten zurück zu ihren Plätzen.

Als Agathe und Dieter über eineinhalb Stunden später als geplant vor der Musikanlage im Nebenraum erscheinen, versuchen wir die Party mit dem Eröffnungstanz in Gang zu bringen. Es geht ganz gut los, anfangs sind die meisten Gäste da und haben auch Lust, sich zu bewegen. Doch kaum herrscht etwas Partyatmosphäre, drängen Emma und Jaques die Tänzer vom Parkett, um zehn Stühle Lehne an Lehne aufzubauen. Offensichtlich soll hier in wenigen Momenten die Reise nach Jerusalem losgehen. Ich frage mich: Warum nicht gleich die Busfahrt in den Kindergarten? Der Bräutigam scheint ähnlich zu fühlen. Rasch verzieht er sich an die Bar neben der Tanzfläche und lässt sich ein extra großes Bier zapfen, um nicht an dem Quatsch teilnehmen zu müssen.

Es folgt das übliche Prozedere: eine Ansage von Trauzeuge Jaques mit dem Mikrofon und sich zierende Gäste, bis irgendwann endlich elf Freiwillige gefunden sind. Dann wandert die Karawane zum Auftakt der Musik lustlos um die Stühle (ich wähle den Song *Walk this Way* von *Run D.M.C. featuring Aerosmith*). Jaques hat mich schon instruiert, gelegentlich abrupt auszuschalten, damit sich die Gäste auf die Stühle werfen können. Einer scheidet aus, und so weiter und so fort. Am Ende bleibt dann nur noch ein junger Mann übrig. Der Gewinner bekommt zur Belohnung – nun, gar nichts, denn daran haben die Trauzeugen wohl nicht gedacht.

Ich erinnere mich, dass dieses Spiel an meinem zwölften Geburtstag der absolute Renner war. Aber hier in der Erwachsenenwelt geht das Ganze natürlich weitestgehend spaßfrei über die Bühne. Zum Glück nimmt der Partycrasher nur etwa zehn Minuten in Anspruch – dennoch, als die Stühle weggeräumt sind, ist die Tanzfläche wie leergefegt. Selbst die größten Hits, die ich daraufhin auflege, bleiben wirkungslos, weil die meisten Gäste in den Festsaal oder nach draußen geflüchtet sind. Eigentlich war der Plan, dass die Jüngeren hier im Barbereich abhotten, während das ältere Publikum drüben im Festsaal gepflegte Konversation betreiben kann. Leider wurde die Party aber unterbrochen, ehe sich die Stimmung aufbauen konnte. Es dauert eine halbe Stunde, bis wieder etwas Leben auf dem Parkett herrscht, dann hält die irregeleitete Torte Einzug. Sie muss auf Geheiß der Trauzeugen nebenan bei den Resten des Desserts angeschnitten werden. Allerdings hat das Publikum jetzt weder Lust auf etwas Süßes noch auf eine weitere Unterbrechung. Puff, und schon wieder: Die Stimmung ist weg. Und ich stehe erneut vor einer leeren Tanzfläche.

Nach der Torte verabschieden sich bereits viele Gäste. Die gefühlten fünftausend Kalorien haben ihnen nach der hartnäckigen Vorarbeit durch die langweiligen Beiträge der Trauzeugen den Rest gegeben. Kaum kommt die Party gegen halb eins mit den verbliebenen Gästen wieder halbwegs in Gang, schleifen die beiden Saboteure die nächsten Stühle auf die Tanzfläche. Auf denen soll sich das Brautpaar wohl zum allseits bekannten Übereinstimmungsspiel niederlassen. Doch als Dieter das sieht, platzt ihm endlich der Kragen. Mittlerweile ist er durch diverse Drinks enthemmt und schnappt sich mein Funkmikrofon. Ich mache die Musik leise.

»So, liebe Gäste«, tönt die leicht lallende Stimme des Gastgebers aus den Lautsprechern. »Unsere lieben Trauzeugen, Emma und Jaques, müssen jetzt langsam ins Bett. Danke an alle anderen fürs Durchhalten. Und jetzt wird endlich richtig gefeiert!«

Die Trauzeugen stehen wie begossene Pudel neben den beiden Stühlen. Allein. Das hat gesessen. Ich ziehe den Regler am Mischpult hoch, und unter dem Jubel der Gäste legen die *Beastie Boys* los: *You got to fight, for your right, to paaaaaaaaarty!*

Gespielt wird im Sandkasten, nicht auf der Hochzeit

Höchstwahrscheinlich wünscht sich Euer liebes Paar, dass bei seiner Feier keine Hochzeitsspiele oder peinlichen Vorträge stattfinden. Woher ich das weiß? Ich habe in den letzten zwölf Jahren über fünfhundert Hochzeitsfeiern in ganz Deutschland als DJ begleitet.

Mit jedem der Paare führte ich vorab ein ausführliches Gespräch, bei dem wir den gesamten Ablauf der Feier durchgingen. Fast alle gaben klar zu verstehen, dass sie Hochzeitsspiele ablehnen und nicht vorhaben, einen Baumstamm durchzusägen oder Bettlakenherzen auszuschneiden. Unter den über eintausend Bräuten und Bräutigamen war kein Einziger, der sich ausdrücklich auf Hochzeitsspiele freute. Einige wenige sagten, sie würden es zur Not über sich ergehen lassen. Aber nur unter der Voraussetzung, es wäre nicht zu viel und würde nicht zu lange dauern. Echte Begeisterung sieht anders aus!

Leider wurden dann trotzdem oft ausgesprochene Spielegegner mit Hochzeitsnonsens konfrontiert und teilweise bis auf die Knochen blamiert. Im Beispiel eben haben die Trauzeugen dem armen Brautpaar das gesamte Fest vermiest. Was haben die beiden Saboteure Emma und Jaques also falsch gemacht? Nun, die Antwort ist denkbar simpel: so ziemlich alles! Angefangen damit, dass sie nicht auf die Wünsche des Brautpaars eingegangen sind. Natürlich hatten Agathe und Dieter ihnen ihre Abneigung gegen Hochzeitsspiele ebenso mitgeteilt wie mir als ihrem DJ. Trotzdem haben ihre Trauzeugen genau das Gegenteil von dem umgesetzt, was man ihnen gesagt hatte. Wie so eine Verdrehung der Bedürfnisse zustande kommt, wird mir ein ewiges Rätsel bleiben. Doch leider habe ich es immer wieder miterleben müssen, wenn auch meistens in geringerem Umfang als eben geschildert.

Häufig passiert Folgendes: Die Brautleute sagen vorab klar allen Freunden, Verwandten und natürlich den Trauzeugen, dass sie keine Spiele und Standardbeiträge wollen. Die Trauzeugen signalisieren zwar: verstanden!

Heimlich denken sie aber, dass die Gastgeber trotzdem nicht so ganz ohne Spiele davonkommen sollten. Und bauen dann doch irgendeinen störenden Beitrag ein, oft auch auf Druck der »buckligen Verwandtschaft«. Angeblich hat man das ja schon immer so gemacht auf Hochzeiten, und deshalb müsse es hier auch so sein.

Mich erinnert diese halbherzige Haltung an einen bayrischen Landgasthof, auf dessen Karte ich einmal in der Rubrik »Vegetarische Gerichte« einen »Käsetoast mit Schinkenwürfeln« entdeckte. Nach dem Motto: Die paar Schinkenwürfel sind doch kein Fleisch! Mag sein, dass man in diesem Laden schon immer vegetarische Gerichte mit Speck garniert hat. Das dürfte einem ernährungsbewussten Gast allerdings völlig wurscht sein! Ich kenne jedenfalls keinen Vegetarier, der auch nur *ein kleines bisschen* Fleisch essen möchte. *Weniger* von einer Sache ist eben doch etwas ganz anderes als *nichts* davon. Das Gleiche gilt für Hochzeitsspiele.

Eigentlich ist die Anforderung an Euch als Trauzeugen doch ganz einfach. Ich erinnere an den wichtigen Tipp aus dem ersten Kapitel, den ich gar nicht oft genug wiederholen kann: Reden hilft! Trefft Euch mit dem Brautpaar, unbedingt auch mit den anderen Trauzeugen (es können sogar insgesamt mehr als zwei sein), und besprecht die Wünsche der Gastgeber. Diesem Gespräch müssen dann aber auch entsprechende Taten folgen! Wenn Euer liebes Paar sagt, dass es etwas *nicht* möchte, setzt Ihr alles daran, dass es davon voll und ganz verschont bleibt. Wenn Euch das Paar dagegen mitteilt, *dass* es etwas Bestimmtes möchte, verhelft Ihr ihm dazu. Es kann durchaus auch den ein oder anderen Hochzeitsbrauch geben, der dem Brautpaar Freude bereitet. Fragt sie rechtzeitig danach!

Manchmal findet beispielsweise das bekannte Übereinstimmungsquiz Anklang, bei dem Braut und Bräutigam Rücken an Rücken Fragen über ihre Beziehung beantworten. Allerdings nicht, wenn hier einfach lieblos Fragen aus dem Internet heruntergerattert werden, die auch jedes andere Pärchen auf der Welt beantworten könnte. Wen interessiert schon, wer von beiden besser einparken kann oder wer morgens länger im Bad braucht? Das hat doch überhaupt nichts mit dem Anlass der Feier zu tun, denn der heißt Liebe! Es geht um echte Gefühle und um das, was das Paar im Herzen verbindet. Wenn Ihr darüber nachdenkt, fallen Euch gewiss bessere Fragen ein.

Damit kommen wir zu einer genaueren Betrachtung der Beiträge, die Emma und Jaques verbockt haben. Ob Herzenschnippeln, Filmgrüße von Fremden, Wadenraten oder die Reise nach Jerusalem: Allen gemein ist, dass sie absolut nichts mit dem Brautpaar zu tun hatten. Diese Beiträge waren in Wirklichkeit gar nicht an Agathe und Dieter gerichtet, sondern an *irgendein* Brautpaar. Die beiden wurden damit zu Mitgliedern einer schwarz-weiß uniformierten Hochzeitsarmee degradiert, deren Söldner im ganzen Land peinliche Einweihungsriten über sich ergehen lassen müssen.

Es gibt Hunderte Hochzeitsbräuche und -spiele, die irgendwann in der Geschichte der Menschheit vielleicht mal eine Existenzberechtigung hatten. Aber es ist nun mal so, dass die Nachkriegsgeneration noch ganz anders gefeiert hat, als wir das heute tun. Waren es bis vor wenigen Jahrzehnten vor allem Zusammenkünfte von Großfamilien und Dorfgemeinschaften, so setzen sich Hochzeitsgesellschaften heute oftmals aus überregionalen, teilweise auch internationalen Gästen zusammen. Enge Freunde sind ein ebenso wichtiger Bestandteil einer Hochzeitsgesellschaft wie die Familie geworden. Weder das Brautpaar noch die Gäste möchten unfreiwillig verpflichtet werden, sich bei kindischen Beiträgen zum Affen zu machen.

Es geht heutzutage mehr denn je darum, Freunde und Verwandte beider Brautleute zusammenzubringen und ihnen den Raum zu geben, sich kennenzulernen. Ziel ist, dass alle gemeinsam eine gute Zeit haben und dass ein Kreis von Vertrauten etabliert wird, der in den Ehejahren des Paares eine wichtige und stützende Rolle spielt. In der einmaligen Konstellation einer Hochzeitsfeier wird diese Gruppe von Menschen vermutlich nicht so schnell wieder zusammenkommen. Es bleiben letztlich nur wenige Stunden in dieser Besetzung. Diese kostbare Chance sollte nicht damit vertan werden, unpersönliche Bräuche aus dem letzten Jahrhundert durchzuexerzieren. Erst recht nicht, wenn die Brautleute selbst keine Lust darauf haben.

Wir werden später noch dazu kommen, welche sinnvollen Alternativen es zu traditionellen Hochzeitsspielen gibt und was Ihr beitragen könnt. Im nächsten Kapitel geht es zunächst einmal darum, wie Ihr dem Brautpaar helfen könnt, von den geschilderten Sabotageakten verschont zu werden.

Die 5 nervigsten Hochzeitsspiele:

- Kutscherspiel
- Bräutigam füttern
- Wadenraten
- Baumstammsägen
- Bettlakenherz ausschneiden

Sünde 3: Schockstarre

**Wer den Kopf in den Sand steckt,
sieht und hört nichts mehr**

Den ersten großen Fehler haben die Trauzeugen Emma und Jaques im oben geschilderten Beispiel bereits lange vor der Hochzeitsfeier begangen. Sie haben es nämlich nicht für nötig befunden, auf E-Mails von Gästen und Dienstleistern zu antworten. Mindestens die technische Panne mit dem fehlenden Ton des Beamers hätte so vermieden werden können. Aber tatsächlich geht es bei der Kommunikation im Vorfeld der Feier um weit mehr!

Eine ganz wichtige Funktion von Euch als Trauzeugen ist es nämlich, den Brautleuten Dinge vom Hals zu halten, mit denen sie sich nicht befassen möchten und sollten. Der sicherste Weg, unerwünschte Beiträge und Hochzeitsspiele seitens der Gäste zu vermeiden, ist es, Euch auf der Einladungskarte als Ansprechpartner benennen zu lassen.

Dort kann so etwas stehen wie:

Von traditionellen Hochzeitsspielen bitten wir Abstand zu nehmen. Wer dennoch einen originellen Beitrag für uns plant, wendet sich bitte bis zum DATUM (am besten bis einen Monat vor der Feier) an unsere Trauzeugen:

Euer Name
Eure E-Mail-Adresse
Eure Telefonnummer

Nun seid Ihr quasi das Pendant zu Julius Cäsar, der in der römischen Arena den Daumen hebt oder senkt und somit entscheidet, welcher Beitrag die Vorrunde überlebt. Ihr seid sozusagen die Stimme des guten Geschmacks. Doch Vorsicht, es geht hier nicht um Eure eigenen Vorlieben! Bei einer Hochzeit ist nämlich einzig und allein der Geschmack der Brautleute relevant. Vergegenwärtigen wir uns ihre Situation:

Die beiden planen weit im Voraus, häufig länger als ein Jahr. Sie überlegen genau, wen sie einladen. Liebevoll wird das Essen ausgesucht und jedes einzelne Detail aufeinander abgestimmt, vom eigenen Outfit bis hin zur Tischdekoration. Hochkarätige Dienstleister werden gebucht, um in punkto Fotografie und Musik nichts dem Zufall zu überlassen. Die Kosten steigen dabei schnell ins Astronomische. Für Hochzeiten werden mit allem Drum und Dran meistens mehr als 10 000 Euro ausgegeben, nicht selten wird sogar die 20 000-Euro-Marke geknackt. Entsprechend hoch sind die Ansprüche. Wenn alles sorgfältig ausgesucht ist, wird der Zeitplan immer wieder auf Eventualitäten geprüft, alle Programmpunkte werden sorgfältig koordiniert. Jede mögliche Panne, vom plötzlichen Regenschauer bis hin zum Stau bei der Anfahrt, wird einkalkuliert. Das Brautpaar wünscht sich nichts mehr, als dass alles wie geplant abläuft und dass es jede Sekunde seines Festes ganz unbeschwert genießen kann.

Und dann kommen Tante Inge und Onkel Norbert aus Buxtehude plötzlich auf die Idee, eine Brautentführung in eine schäbige Dorfkneipe anzuzetteln! Es soll ihrer Meinung nach eine »lustige Überraschung« werden, von der das Brautpaar vorher bloß nichts erfahren soll. Wenn Ihr eine derartige Information vorab bekommt, müssen bei Euch sofort alle Alarmglocken läuten! Gerade eine Brautentführung kann eine ganze Hochzeitsfeier zerstören. Ihr denkt, ich übertreibe? Da das echte Leben die unglaublichsten Geschichten schreibt, möchte ich Euch hierzu einen skurrilen Presseartikel nicht vorenthalten, der am 21. Juni 2015 auf Spiegel Online zu lesen war[3]:

»Teurer Scherz: Brautentführung endet mit Großeinsatz der Polizei

Vier Männer mit Sturmhauben und Waffen, dazu ein Auto mit Blaulicht – da rief eine Anwohnerin im niedersächsischen Apen die Polizei. Die rückte mit Hubschrauber und zehn Streifenwagen aus und landete bei einer Hochzeitsgesellschaft.
Eigentlich wollten sie nur die Braut entführen – aber dieser beliebte Hochzeitsgag ging voll nach hinten los, weil die Durchführung zu realistisch war. [...]

---
[3] Quelle: abl /dpa (http://www.spiegel.de/panorama/brautentfuehrung-endet-mit-polizeigrosseinsatz-a-1039935.html). Hier in gekürzter Form zitiert.

›Das sah alles wirklich täuschend echt aus‹, sagte ein Polizeisprecher in Westerstede. Der Scherz könnte für die Männer allerdings teuer werden – die Polizei prüft, ob sie ihnen zumindest einen Teil der Einsatzkosten in Rechnung stellen wird.«

Sicherlich ist dieses Beispiel an Geschmacklosigkeit nicht zu überbieten. Im Zeitalter von weltweiten Terroranschlägen mit Masken und Spielzeugwaffen herumzulaufen, hat wahrlich nichts Hochzeitliches an sich. Doch selbst eine klassische Brautentführung kann verheerende Folgen haben. Ich habe vor einigen Jahren einen Fall miterlebt, an dem eine langjährige Freundschaft zerbrach.

Zunächst hatte niemand den Bräutigam darüber informiert, dass man seine Braut verschleppt hat. Als er es erfuhr, wusste er nicht, was überhaupt zu tun war. Keiner der »Entführer« war per Handy erreichbar. Schließlich verließ er notgedrungen seine Gäste, die ratlos zurückblieben. Bis er die Braut in einer Dorfspelunke fand, sie mit einem niveaulosen Trinkspiel auslöste und die beiden endlich frustriert zurückkehrten, waren zwei Stunden vergangen. Die Feiergesellschaft hatte sich in der Zwischenzeit gelangweilt, und weil die Küche das Essen solange warmhalten musste, war alles verkocht. Der Eröffnungstanz erfolgte statt um 22 Uhr um Mitternacht, danach kam die Party natürlich nicht mehr in Schwung. Kurz: Die ganze Aktion war einfach nur Horror und noch dazu völlig überflüssig. Das Brautpaar kündigte den Verantwortlichen fristlos die Freundschaft.

Auch andere »spaßige« Überraschungen können verheerende Folgen haben. Doch ehe ich hier apokalyptische Szenen ausmale, kommt die gute Nachricht für Euch. All das könnt Ihr verhindern! Und zwar auf denkbar einfache Weise: Ihr vereitelt das Desaster, noch ehe es überhaupt geschieht!

Wenn beispielsweise Tante Inge Euch dank der Einladungskarte über einen von den Brautleuten nicht erwünschten Beitrag informiert, ist es Eure Aufgabe, ihr das Vorhaben auszureden. Ich weiß, Nein zu sagen kann schwerfallen. Doch es muss sein. Ihr habt dafür ein Ass im Ärmel, das keinem anderen Gast auf der Feier anvertraut wurde: Ihr seid die Eingeweihten des Brautpaars! Und nur Ihr habt die Vollmacht der Gastgeber, Euch für die Einhaltung des Ablaufplans einzusetzen. Darauf könnt Ihr bei jeder Anmeldung von Beiträgen pochen. Zwei Varianten der Spieleabwehr sind besonders effektiv:

1. Ihr weist nachdrücklich darauf hin, dass der straffe Zeitplan keine solche Einlage zulässt.
2. Ihr sagt ganz offen, dass ein solcher Beitrag von den Brautleuten nicht erwünscht ist und dass sie ganz sicher nicht daran teilnehmen werden.

Solltet Ihr dann immer noch das Gefühl haben, Tante Inge will ihre Hochzeitsattacke dessen ungeachtet durchziehen, könnt Ihr ruhig das Brautpaar informieren. Auf den Überraschungseffekt dürft Ihr in diesem Fall getrost pfeifen. Wer braucht schon eine *böse* Überraschung am Tag der eigenen Hochzeit? Natürlich sollte das Spiel mit offenen Karten gegenüber den Brautleuten die letzte aller Möglichkeiten sein, denn Ihr wollt sie sicherlich nicht beunruhigen. Aber Ihr seid so etwas wie ein Orakel, das einen Blick in die Zukunft werfen kann. Euer liebes Paar wird sich freuen, davon Gebrauch zu machen, wenn Gefahr im Verzug ist.

Ob die Brautleute dann das Problem lösen, indem sie das Gespräch mit Tante Inge und Onkel Norbert suchen oder ob sie sich anders dagegen wappnen, bleibt ihrem Ermessen überlassen. Sicherlich kennen sie die potenziellen Attentäter gut und können mit ihnen umgehen.

5 Überraschungen von Gästen, bei denen Eure Alarmsirenen schrillen sollten:

- Brautentführung

- Spaßtombola mit Preisen wie eine Jagdausrüstung = Fliegenklatsche

- nicht behördlich angemeldetes Feuerwerk im Freien (dazu mehr in Kapitel 22)

- Ehequiz mit unpersönlichen Fragen aus dem Internet

- Versteigerung des Strumpfbandes der Braut und sonstiger sexistischer Nonsens

Sünde 4: Spätzündung

Die schlechteste Boygroup der Welt

Die Party ist auf dem Höhepunkt, und über die laute Musik hinweg kann ich den aufgeregten jungen Mann neben dem DJ-Pult kaum verstehen. Momentan lassen hüpfende Hochzeitsgäste zu *Can't Hold Us* von *Macklemore & Ryan Lewis* den Tanzboden erbeben. Ich rufe zurück: »Wie bitte? Was soll ich haben? Eine Mischpoke-Pension am *Friday*, für *Hank Granada*?«

Er beugt sich nun ganz nah an mein Ohr und brüllt hinein. Zum Glück trage ich einen professionellen Gehörschutz, sonst würde mein armes Trommelfell diese Attacke wohl kaum aushalten. »Nein. Hast du eine Karaoke-Version von *My Way*, von *Frank Sinatra*? Wir Jungs vom Junggesellenabschied haben gestern Nacht noch etwas auf die Melodie getextet und würden das jetzt gerne vorsingen. Wir brauchen fünf Mikrofone.«

Ich atme tief durch und versuche, die unerwarteten Informationen zu verarbeiten. Insgesamt ergibt sich daraus eine gute Nachricht – und drei schlechte. Zuerst die gute: Rein zufällig habe ich tatsächlich eine Karaoke-Version von diesem Lied. Es wurde nämlich vor Kurzem auf einem Firmenevent von einem ausgezeichneten

Frank-Sinatra-Double gesungen, den ich per Playback begleitet hatte. Das ist eine glückliche Fügung, denn es ist keinesfalls selbstverständlich für einen DJ, dass er Karaoke-Titel ohne Gesangsspur im Repertoire hat.

Nun zu den drei schlechten Nachrichten. Nummer eins: Der Song ist verdammt schwer zu singen, selbst für Profisänger. Nummer zwei: Kein Hochzeits-DJ der ganzen Welt hat fünf Mikrofone dabei, wenn das nicht rechtzeitig abgesprochen wurde. Nummer drei: Hier brennt gerade dermaßen die Hütte, dass es einem Verbrechen gleichkäme, die Party für eine ungeplante Gesangseinlage zu unterbrechen.

Besonders irritierend ist die Tatsache, dass der junge Mann neben mir kein Geringerer ist als Trauzeuge Johannes. Wir hatten im Vorfeld telefoniert und abgesprochen, dass nach dem Eröffnungstanz keine weiteren Beiträge mehr kommen sollten. Das geschah auf ausdrücklichen Wunsch des Brautpaars. Würde ein Vortrag bei Johannes angemeldet werden, sollte er ihn auf jeden Fall zu einem früheren Zeitpunkt in den Ablaufplan einbauen. Und jetzt kommt er selbst um ein Uhr nachts mit dieser Überraschung um die Ecke!

Na gut, denke ich, machen wir das Beste daraus. Vielleicht wird es ja witzig. Während ich weiter das Publikum im Auge behalte, kläre ich Johannes über die Möglichkeiten auf. Wir werden mit nur einem Mikrofon arbeiten, das sich der stimmsicherste der fünf Hobbysänger nah an den Mund halten soll. Die Lautstärke werde ich so anpassen, dass man die anderen vier auch hören wird. Johannes wird die Gesangseinlage selbst ansagen, ich soll nur das Playback abspielen. Das behagt mir, denn so weiß jeder Anwesende sofort, dass ich nichts damit zu tun habe. Ich ahne nämlich schon, dass das spontan getextete und ungeübte Lied nicht gerade ein Hörgenuss werden wird.

Wenige Minuten später hat sich die Möchtegern-Boygroup vor dem DJ-Pult versammelt, und ich blende die Musik aus. Fünf Männer in Anzügen scharen sich nervös um eine zerfledderte Papierserviette in der linken Hand von Johannes, auf der wohl der Text zu lesen ist. In der anderen Hand hält er das Mikrofon, in das er nun hineinspricht: »Liebe Sybille, lieber Carlo, wir Jungs vom Junggesellenabschied haben ein Lied für Euch getextet. Und das singen wir jetzt für Euch.«

Das ist doch ein toller Bandname: *Die Jungs vom Junggesellenabschied*. Es wird mucksmäuschenstill im Saal, und eine geistesgegenwärtige Servicekraft hellt die Deckenbeleuchtung per Dimmer auf. Mehr als fünfzig Augenpaare der bis eben noch feiernden Meute richten sich irritiert auf *Die Jungs vom Junggesellenabschied*. Braut Sybille und Bräutigam Carlo stehen händchenhaltend vor den Sängern und lächeln erwartungsvoll. Einen Herzschlag später gibt mir Bandleader Johannes ein Zeichen und hält sich das Mikrofon so lässig vor die Lippen, wie Sinatra persönlich das nicht besser hinbekommen hätte. Soweit zur Show. Nun zur Musik.

Ich spiele das Playback ab. Die weltbekannten Akkorde erklingen, und sofort zeigt sich die erste Tücke des Songs. Das Intro ist nämlich nur sechs Sekunden lang. In dieser kurzen Zeit müssen die Sänger die Tonart erfassen, ihre Stimmen darauf einstellen und vor allem: den richtigen Moment für den Einsatz finden. Das geht beim Spontankonzert der *Jungs vom Junggesellenabschied* kläglich in die Hose. Fast eine halbe Minute lang läuft das Instrumental weiter, ohne dass auch nur eine Silbe über die Lippen der Boygroup kommt. Hat Johannes einen spontanen Blackout? Mein Finger schwebt über der Stopp-Taste, bereit zum Abbruch, doch ich erhalte kein entsprechendes Zeichen. Als der erste zaghafte Ton aus einer der Kehlen erklingt, ist das Lied längst bei einem Akkord irgendwo in der Mitte angelangt. Der gesamte Text setzt damit viel zu spät ein. Schlimmer noch: Jeder einzelne Sänger beginnt zu einem anderen Zeitpunkt und in einer anderen Tonlage.

Wart Ihr schon einmal im Hundezwinger eines Tierheims? Ich habe vor Jahren mal einen besucht und wurde zur Begrüßung von der Meute angeheult. Es hörte sich in etwa an wie *Die Jungs vom Junggesellenabschied* am heutigen Abend. Bloß befinden wir uns hier nicht in einem Zwinger, sondern in einem geschmackvoll eingerichteten Hotel an der Ostsee, am schönsten Tag des Lebens der Brautleute Sybille und Carlo. Rasch mache ich das Playback etwas lauter, um das Gejaule zu überdecken. Den Text kann sowieso niemand verstehen, da jeder der Jungs seine eigene Version davon interpretiert. Dass die Hand von Johannes mit dem Serviettentext mittlerweile stark zittert, macht es den Sängern auch nicht gerade leichter mitzulesen.

Die Gesichtsausdrücke des Publikums schwanken zwischen Belustigung und Ratlosigkeit. Sybille und Carlo blicken betreten zu Boden. Die Anzeige auf meinem Musikcomputer verrät mir, dass noch über drei Minuten des Songs vor uns liegen. Das kann sich wie eine Ewigkeit anfühlen bei einer derart kläglichen Darbietung. Doch zum Glück ergreift in diesem Moment Bandleader Johannes die Initiative. Er begreift, dass es keinen Sinn mehr macht, dreht sich in meine Richtung und führt die flache Hand horizontal an seinem Hals vorbei. Das heißt: Schnitt! Aus! Schluss! Vorbei!

Ich blende die Musik aus, und das Publikum zeigt sich gnädig. *Die Jungs vom Junggesellenabschied* erhalten verhaltenen Applaus. Immerhin haben sie sich etwas getraut. Doch leider mit zu wenig Vorbereitung!

Licht aus, Musik an, und die Party kann weitergehen mit *Scream & Shout* von *Will.I.Am featuring Britney Spears*. Die Tanzfläche füllt sich zum Glück schnell. Johannes und seine Jungs verdrücken sich allerdings erst mal in Richtung Bar, um sich zum Trost eine Extrarunde Drinks zu gönnen.

Aktionen auf den letzten Drücker taugen nichts

Vielleicht wundert Ihr Euch, warum Euer liebes Brautpaar bereits viele Monate vor der Feier mit der Planung beginnt. Möglicherweise nervt es Euch sogar ein wenig, dass Ihr Euch so weit im Voraus schon damit befassen sollt. Doch in Wahrheit ist es aus Sicht der Gastgeber absolut sinnvoll. Denn sie sind nicht die Einzigen, die ihre Hochzeit feiern wollen, weswegen ihnen nur eine begrenzte Anzahl von Terminen zur Verfügung steht. Die meisten verlobten Paare in unseren Breiten möchten in den warmen Monaten von Anfang Mai bis Ende September ihre Hochzeit feiern und zwar bevorzugt samstags – denn freitags müssten viele Gäste extra einen Tag Urlaub nehmen. Das ergibt also von Anfang Mai bis Ende September, je nach Jahr, zwischen 21 und 23 Samstage.

Im Jahr 2014 haben sich in Deutschland rund 386 000 Paare das Jawort gegeben, mit Österreich und der Schweiz waren es rund 471 000[4]. Auch wenn einige Paare in anderen Monaten oder gar nicht feierten, ist Pi mal Daumen davon auszugehen, dass wir es allein im deutschsprachigen Raum von Anfang Mai bis Ende September an jedem der Samstage mit beinahe zwanzigtausend Hochzeitsfeiern zu tun haben. Und jede einzelne von ihnen braucht eine passende Räumlichkeit, Essen, Musik und Fotos. Euer liebes Paar tut also gut daran, sich rechtzeitig um all das zu kümmern!

Das Gleiche gilt für die Einladungen der Gäste. Bei einer durchschnittlichen Gästezahl von siebzig bis achtzig Personen ergibt sich rein rechnerisch, dass in diesem Zeitraum jedes Wochenende rund eineinhalb Millionen Menschen auf Hochzeiten zu Gast sind! Und parallel finden auch noch Geburtstage, Jubiläen, Firmenfeiern und sonstige Events statt. Je eher also die Save-the-Date-Karten oder Einladungen verschickt werden, desto besser stehen die Chancen, möglichst viele Zusagen zu erhalten.

Wie wir weiter oben gesehen haben, werdet Ihr vermutlich als Ansprechpartner auf den Einladungskarten genannt. Insofern seid Ihr auch entsprechend früh mit im Boot. Doch keine Panik, Ihr müsst nicht schon Monate im Voraus alles perfekt planen. Allerdings gebe ich zu bedenken: Zu locker solltet Ihr das Ganze auch nicht sehen. Macht deshalb bitte nicht den Fehler, alles auf

---

[4] In Deutschland waren es 2014 genau 385 952 Eheschließungen (Quelle: Statistisches Bundesamt), in Österreich waren es im selben Jahr 37 458 (Quelle: Statistik Austria) und in der Schweiz 41 891 (Quelle: Statistik Schweiz).

den letzten Drücker zu erledigen. Im Beispiel eben hätten Trauzeuge Johannes und seine Band *Die Jungs vom Junggesellenabschied* theoretisch über ein Jahr lang Zeit gehabt, ihre Darbietung vorzubereiten. So weit vorab waren nämlich die Save-the-Date-Karten rausgegangen, auf denen er als Ansprechpartner genannt war.

Die Gesangseinlage hätte ein schöner Moment auf der Feier werden können, wenn Johannes sich rechtzeitig um ein Playback gekümmert hätte. Ob vor oder nach dem Junggesellenabschied, die Jungs hätten sich einfach mal auf ein Bierchen treffen und die Nummer üben können. Niemand erwartet eine bühnenreife Performance, und man muss es mit dem Proben auch nicht übertreiben. Aber sich einfach so *gar nicht* vorzubereiten, ist fatal. Übrigens: Häufig habe ich erlebt, dass Trauzeugen gemeinsam mit allen Gästen ein Lied anstimmten, das ich mit einer Karaoke-Version begleitete. Dazu wurden meistens die Texte passend zum Brautpaar umgeschrieben und auf Blättern an die Hochzeitsgesellschaft verteilt. Gemeinsames Singen ist etwas Schönes, doch bitte überspannt den Bogen nicht. Die volle Länge eines Songs mit mehr als drei Strophen, der drei bis vier Minuten dauert, wird so gut wie nie durchgehalten. Beim ersten Refrain singen noch alle inbrünstig mit, doch spätestens ab dem zweiten wird der Gäste-Chor immer dünner. Bei allem, was länger als zwei Minuten dauert, macht sich erfahrungsgemäß eine Mischung aus Langeweile und Überforderung bei den Anwesenden breit. Bei richtig langen Songs singt am Schluss vermutlich nur noch Ihr – falls Ihr Euch dann überhaupt noch traut. Schreibt also am besten nur zwei bis drei Strophen neu, und nach maximal zwei Minuten soll der DJ den Song ausblenden – was Ihr ihm natürlich bitte rechtzeitig mitteilt!

Überhaupt ist die Koordination mit dem DJ immer entscheidend, wenn es um die Wiedergabe von Musik geht. Schließlich muss er sie mit seinem Equipment abspielen. Wenn Ihr eine Karaoke-Version oder sonstige Musik für einen Beitrag organisiert, informiert den DJ bitte einige Tage vor der Feier, damit er sich darauf vorbereiten kann. Bringt Ihr einen Titel zur Feier mit, so tut dies zur Sicherheit auf mehreren Medien. Am besten brennt Ihr eine Audio-CD (keine Daten-CD mit MP3-Dateien!) und bringt *zusätzlich* einen USB-Stick mit den Songs im MP3-Format mit. Die Audio-CD testet Ihr bitte vorher in einem normalen CD-Player, nicht in einem Rechner. Ich erhielt schon mal eine selbst gebrannte CD, die nur ein Knacksen wiedergab. Die Bemerkung des Trauzeugen, zu Hause auf seinem PC habe die CD wunderbar funktioniert, half da wenig. Schade: So musste der Vortrag leider ausfallen. Immer öfter erhalte ich von Trauzeugen einfach nur einen USB-Stick. Das birgt jedoch drei Risiken: Erstens können eine oder mehrere der Dateien kopiergeschützt sein, so dass sie mit einer professionellen DJ-Software nicht abgespielt werden können. Zweitens wird der USB-Stick vielleicht aus irgendeinem Grund vom Rechner des DJs nicht erkannt. Drittens gibt es auch DJs, die gar keinen Rechner einsetzen! Ob Ihr es glaubt oder nicht: Manche spielen aus CD-Playern ganz normale CDs ab, und einige wenige arbeiten sogar noch mit Plattenspielern und Schallplatten. Umgekehrt gibt es aber auch DJs, die gar keinen CD-Player dabeihaben – insofern solltet Ihr auf jeden Fall einen USB-Stick *und* eine Audio-CD als Alternativen vorbereiten. Streaming-Dienste wie Spotify oder YouTube, die direkt aus dem Internet Musik wiedergeben, könnt Ihr für einen solchen Einsatz vergessen: Was ist, wenn an diesem Tag und an diesem Ort keine Internetverbindung zur Verfügung steht? Das soll es auch im 21. Jahrhundert noch geben, und ich habe schon genug Locations ohne WLAN und mit miserabler Netzabdeckung erlebt.

Kommen wir nach diesem kleinen technischen Exkurs zurück zur schlechtesten Boygroup der Welt, deren Flop wir eben miterlebt haben: Ein weiteres Problem bestand in der Spontaneität und dem schlecht gewählten Zeitpunkt des Auftritts, der die Party unterbrochen hat. Wir werden in Teil 2 des Buchs noch dazu kommen, welche zeitliche Abfolge von Vorträgen optimal ist für eine Feier. Doch jetzt schauen wir uns erst einmal an, wie Ihr es als Trauzeugen besser machen könnt als Johannes im Beispiel eben.

Die 5 beliebtesten und am schnellsten ausgebuchten Hochzeitsmonate:

1. August

2. Juli

3. Mai

4. September

5. Juni

Sünde 5: Anspruchslosigkeit

It's Showtime

Trauzeugin Liane nickt mir vom Tisch des Brautpaars her zu und hebt unauffällig den Daumen. Das ist das vereinbarte Zeichen, und sogleich schlägt mein Herz einen Takt schneller, da ich unglaublich gespannt bin, ob die Überraschung für das Brautpaar gelingen wird.

Ich unterbreche die dezente Hintergrundmusik und spiele mit hoher Lautstärke den Song *Call Me Maybe* von *Carly Rae Jepsen* an. Die Brautleute Martha und Georg blicken erstaunt in meine Richtung. Der Hauptgang des Menüs ist gerade abgeräumt worden, und nach ihrer Planung sollte jetzt eigentlich vor dem Dessert eine Rede stattfinden. Von lauter Partymusik war zu diesem Zeitpunkt nicht die Rede.

Die Verwunderung der beiden wächst, als sich alle acht Gäste des Tisches mit dem Namen Aachen erheben, der sich direkt vor der Tanzfläche befindet. Es ist einer von insgesamt sieben runden Tischen in diesem Berliner Restaurant, das exklusiv für die Hochzeitsgesellschaft reserviert ist. An den anderen Tischen – alle von den Brautleuten nach den Stationen ihres Lebens benannt – blicken die Gäste erwartungsvoll in Richtung

Tanzfläche. Dort formieren sich die Leute vom Aachen-Tisch in einer Reihe und beginnen eine gleichmäßige Schrittfolge im Takt der Musik.

Jetzt stehen auch die Gäste des nächsten Tisches auf, London. Sie kommen nach vorne und bilden eine zweite Reihe, die sich den Tanzschritten der ersten anschließt. Ein Schritt nach vorne, Klatschen, links, zurück, links, rechts, rechts, Doppelklatschen. Das Ganze passiert so synchron wie in einem professionellen Musikvideo. Weiter geht es nacheinander mit den Besetzungen der Tische München, Bielefeld, Frankfurt und Paris. Die Tanzfläche vibriert unter den gleichmäßigen Schritten, und die Brautleute am letzten Tisch, Paderborn, kommen aus dem Staunen nicht heraus. Als sich nun auch an ihrem Tisch alle außer ihnen erheben – die Eltern von Braut und Bräutigam, die Trauzeugen Liane und Steve und sogar die Oma! – und sie alleine zurückbleiben, sind sie endgültig fassungslos.

Die Familienbesetzung bildet nun die erste Reihe des Flashmobs, und das Bild vor meinen Augen ist einzigartig. Alle neunundfünfzig Gäste sind vor mir auf der proppenvollen Tanzfläche versammelt und bewegen sich wie eine Einheit. Von der kleinen Bühne, auf der ich stehe, sehe ich über sie hinweg leere Tische, bis hin zu dem, wo nur noch die Brautleute sitzen. Sie lachen und klatschen mit. Mit einem Mal hat sich die Feier von einem ruhigen Dinner in eine Tanzperformance verwandelt. Ich muss grinsen. Mit dieser Steilvorlage kann es später nur eine super Party werden!

Für Euer Paar nur das beste Entertainment!

Ich weiß nicht, wie viele tausend Vorträge ich auf Hochzeitsfeiern bereits miterlebt habe. Jedenfalls war der überwiegende Teil davon leider grottenschlecht. Mindestens neunzig Prozent aller Beiträge hätten der Menschheit wirklich erspart bleiben können.

Die wenigsten Leute sind geborene Entertainer. Aber sobald jemand im Familien- oder Freundeskreis heiratet, meint plötzlich jeder, er könnte mal eben eine bühnenreife Vorstellung abliefern. Meistens wird dafür eine unoriginelle Vorlage aus dem Internet heruntergeladen. Oder man kopiert einfach eine Darbietung von einer anderen Feier. Das Ganze wird dann ohne Gefühl für Timing und ohne Rücksicht auf Verluste stümperhaft abgespult.

Die Gastgeber einer Hochzeit haben wirklich nur die beste Unterhaltung verdient. Großartig sind persönliche Beiträge, die individuell auf das Brautpaar eingehen. Die gefühlvoll oder witzig sind, im Idealfall beides. Ein unterhaltsamer Hochzeitsfilm mit Kinderfotos, eine ergreifende Rede, eine emotionale Gruppenaktion: All das kann wirklich toll sein, wenn es ehrlich von Herzen kommt. Ihr werdet in diesem Buch noch zahlreiche positive Beispiele finden. Wenn Ihr selbst einen Programmpunkt beisteuern wollt, dann plant ihn bitte rechtzeitig. Trauzeugin Liane im Beispiel eben hat den Flashmob lange vor der Hochzeit den Gästen per E-Mail angekündigt. Sie hatte ihre Idee kurz beschrieben und alle gebeten, sich während des Sektempfangs zu einer Probe im Festsaal einzufinden. In diesem Zeitraum würde das Brautpaar nämlich bei einem Fotoshooting etwas entfernt vom Gebäude beschäftigt sein und nichts mitbekommen. So war es dann auch. Mir hatte Liane rechtzeitig mitgeteilt, welcher Song verwendet werden sollte. Sie hatte eine einfache Schrittfolge dazu entwickelt, die von allen Gästen leicht umgesetzt werden konnte. So reichte dann auch die eine Probe, um innerhalb von zehn Minuten den Tanz einzustudieren und die Reihenfolge der Tische festzulegen.

Der Effekt dieser einfachen, aber gut koordinierten Maßnahme war gewaltig. Die Brautleute waren tief berührt. Die Gäste, die sich teilweise untereinander noch nicht kannten, entwickelten durch den gemeinsamen Beitrag ein Wir-Gefühl, das den Umgang miteinander von Anfang an lockerte. Das war später bei der Party sofort spürbar, wo es keinerlei Starthemmungen gab und sofort nach dem Eröffnungstanz alle Generationen auf der Tanzfläche loslegten.

Es ist Eure Aufgabe, diese magischen zehn Prozent an guten Beiträgen im Vorfeld herauszufiltern, wie zum Beispiel diesen Flashmob, und den peinlichen Rest knallhart abzulehnen. Lieber nur eine einzige richtig gute Darbietung als zehn schlechte. Ein Gefühl dafür könnt Ihr dadurch bekommen, dass Ihr ausführlich mit den Leuten sprecht, die aufgrund der Einladung einen Vortrag bei Euch anmelden. Am besten solltet Ihr mit ganz direkten Fragen herauskitzeln, worum es geht:

Was genau soll passieren?

Dauert das auch wirklich nicht länger als fünf bis sieben Minuten?

Ist das ein typischer Hochzeitsbeitrag, der genau so schon auf tausend anderen Hochzeiten stattgefunden hat?

Was hat das mit dem Brautpaar zu tun?

Warum sollte das dem Brautpaar und den Gästen gefallen?

Kommen darauf nur zögerliche oder unbefriedigende Antworten, darf der Beitrag zum Wohle aller getrost abgelehnt werden. Bloß keine falsche Bescheidenheit! Die Grundbedingung lautet in jedem Fall: Jeder Vortrag muss speziell für das Brautpaar entwickelt sein. Akzeptiert keine lieblosen Fertigtexte, wo lediglich die Namen der Brautleute eingesetzt werden. Ihr seid sozusagen die heimlichen Regisseure und stellt das Niveau der Show sicher. Die auf der Einladung vermerkte Deadline für die Anmeldung von Beiträgen schützt Euch vor unausgereiften Aktionen in letzter Minute, wie der Gesangseinlage der *Jungs vom Junggesellenabschied*. Vier Wochen vor dem Fest müssen Euch alle Aktionen bekannt sein, und dabei bleibt es dann auch.

Wenn aber dennoch ein übereifriger Gast am Tag der Feier mit einer Spontanaktion anrückt, solltet Ihr das mit dem Hinweis auf die Anmeldefrist unterbinden. Dabei braucht Ihr Euch auf keinerlei Diskussion einzulassen. Die Gäste hatten monatelang Zeit, etwas für das Fest vorzubereiten. Wer auf den letzten Drücker kommt, hat seine Chance eindeutig verpasst. Damit Euch ganz sicher niemand ungefragt dazwischenfunkt, kann das Brautpaar bei seiner Begrüßungsrede zum Empfang der Gäste vorgeben: Wer heute spontan einen Vortrag bringen will, möge sich bitte unbedingt mit unseren Trauzeugen absprechen! Dann könnt Ihr alles abfangen, und Euer liebes Paar braucht sich keine Sorgen mehr zu machen.

5 Eigenschaften, die Ihr als Trauzeugen mitbringen solltet:

- Zuverlässigkeit

- Organisationstalent

- Kommunikationsvermögen

- Durchsetzungsfähigkeit

- Freude an der Aufgabe

Teil 2

Der Ablaufplan, das Herzstück der Feier

Sünde 6: Überfrachtung

Die glorreichen Fünf – warum zu viele Beiträge keine gute Idee sind

In Kapitel 2 habt Ihr am Beispiel mit Emma und Jaques erlebt, was für schwerwiegende Folgen ein überladenes Programm haben kann. Zündet eine Planung nicht, langweilt sich das Publikum, und dass eine ausgelassene Stimmung entsteht, wird zuverlässig verhindert. Im schlimmsten Fall ist das Brautpaar so genervt, dass es keinen Spaß mehr an seiner eigenen Feier hat. Zugegeben, die Beiträge von Emma und Jaques waren besonders unpersönlich und kontraproduktiv. Aber auch tolle Beiträge, wie der oben beschriebene Flashmob, verlieren ihren Glanz, wenn sie lediglich einen weiteren Programmpunkt auf einer Liste mit unendlich vielen Beiträgen darstellen, die abgearbeitet werden müssen.

Jetzt denkt Ihr vielleicht: Moment! Ist es nicht eher langweilig, wenn zu wenig Programm stattfindet? Die Feier geht doch lange, und wir werden den ganzen Tag zusammen verbringen, da braucht man doch auch ein bisschen Abwechslung! Das ist ein berechtigter Einwand, wenn die Trauzeremonie und die Abendfeier an ein und demselben Tag stattfinden. Wir werden uns später noch genauer mit der eigentlichen Zeremonie und der Zeit unmittelbar danach befassen. Hier bleiben wir aber erst einmal beim Abendprogramm, denn die meisten Beiträge von Gästen werden erfahrungsgemäß hierfür bei Euch angemeldet werden. Bei der Zeremonie möchte sich niemand einmischen, und bei lustigen Vorträgen oder Aktionen denken die meisten Leute eher an den lockeren Teil der Abendfeier. Euer Job ist es, die besten Darbietungen auszusuchen und die Anzahl auf ein verträgliches Maß zu begrenzen.

Meiner Erfahrung nach darf es abends nicht mehr zu viel Programm geben, *gerade wenn* Trauzeremonie und Feier taggleich stattfinden! Denn es wird für alle ein sehr langer Tag, mit vielen Eindrücken und Gefühlen. Das strengt an, und außerdem ist die Aufmerksamkeitsspanne innerhalb einer Gruppe von Menschen begrenzt. Erst recht bei einer Festgesellschaft, die Alkohol konsumiert. Und das ist erfahrungsgemäß bei jeder Hochzeitsfeier im deutschsprachigen Teil Europas der Fall.

Zur Erinnerung: Diese Festgesellschaft kommt wahrscheinlich zum ersten Mal in dieser Besetzung zusammen. Die Gäste wollen sich untereinander besser kennenlernen und unterhalten, ohne pausenlos durch Beiträge davon abgehalten zu werden. Lockere Gespräche, kühle Drinks und passende Musik sind eine unschlagbare Kombination, um Menschen zusammenzubringen, das weiß jeder Firmenchef und jeder Eventprofi. Daher geben Unternehmen jährlich ein Vermögen für Mitarbeiterfeiern aus, und deshalb werden die größten Deals bei gemeinsamen Abendessen abgeschlossen. Dieses ebenso simple wie effektive Grundprinzip solltet Ihr und die Brautleute beherzigen.

Dennoch ist eine Hochzeit natürlich ein ganz besonderes Fest, das eigenen Regeln folgt, die auf berufliche Zusammenkünfte nicht zutreffen. Denn hier geht es um Emotionen. Eine Hochzeit ist ein Fest der Liebe und der wichtigste Tag im Leben der beiden Gastgeber. Es wäre daher traurig, wenn ihnen gar keine persönlichen Beiträge zuteilwerden. Eine magische Anzahl an Vorträgen hat sich bei Hunderten Feiern, die ich begleitet habe, immer wieder bewährt: genau so viele, wie Ihr Finger an einer Hand habt. Maximal fünf Programmpunkte, die die volle Aufmerksamkeit des Publikums verlangen, sind optimal! Und damit meine ich nicht nur Spiele oder lustige Beiträge, sondern auch Tischreden. Die werden nämlich häufig unterschätzt. Gerade Reden verlangen den Zuhörern ein besonders hohes Maß an Konzentration ab. Nichts ist schwerer, als allein durch Worte ein Publikum zu unterhalten, zu berühren und zum Lachen oder Weinen zu bringen. Selbst exzellente Redner bekommen Probleme, wenn die Zuhörer nicht mehr aufnahmefähig sind und abschalten. Deshalb solltet Ihr sämtliche Reden in der Abfolge ganz weit vorne einplanen, idealerweise für den früheren Abend. Selbstverständlich inklusive Eurer eigenen Rede, sofern Ihr eine halten wollt. Dazu werden wir später noch kommen.

Halten wir hier fest: Fünf Beiträge, inklusive Reden, sind perfekt. Sie alle sollten auf maximal jeweils sieben Minuten begrenzt werden. Länger kann kaum jemand am Stück einer Darbietung folgen, das ist menschlich. Erinnert Euch nur mal an die eigene Schulzeit: Wenn die Lehrer zu lange Monologe hielten, wart Ihr nach ein paar Minuten gedanklich bestimmt schon auf dem Pausenhof, ohne weiter zuzuhören. Im Gegensatz zur

Schule ist eine Feier keine Pflichtveranstaltung, bei der die Gäste still sitzen und schweigend zuhören müssen. Im Gegenteil, sie sollen sich ruhig angeregt unterhalten.

Das gesamte Rahmenprogramm muss auch mit dem Gastwirt oder dem Service-Chef der Location abgestimmt werden. Denn damit alle Gäste ihr Essen möglichst gleichzeitig und warm auf den Teller bekommen, ist die Küche auf feste Zeitfenster angewiesen. Vor allem bei einem gesetzten Menü ist das wichtig. Dabei können die Beiträge nur zwischen den einzelnen Gängen platziert werden und dürfen wirklich nicht länger als geplant dauern.

Wenn die fünf Beiträge stattgefunden haben, können im weiteren Verlauf des Abends gern noch vereinzelte Aktionen dazukommen, die am Rande laufen und nur kurz angesagt werden. Also Beiträge, bei denen keine große Aufmerksamkeitsspanne gefordert ist. Das kann die Aufforderung sein, sich ins Gästebuch einzutragen oder Postkarten mit Wünschen für die Brautleute auszufüllen, oder eine laufende Projektion von Fotos im Hintergrund, die nicht extra anmoderiert wird, um nur drei Beispiele zu nennen.

Gegebenenfalls könnt Ihr später, zusätzlich zu den fünf Beiträgen, noch eine bis maximal zwei wirklich unterhaltsame Partydarbietungen einplanen, wie Karaoke- oder Tanzeinlagen (die selbstverständlich vorher geprobt wurden!). Beiträge mit Musik sind nicht so anstrengend für die Gäste wie Reden. Insgesamt sollten diese wenigen zusätzlichen Showeinlagen nicht länger als jeweils fünf Minuten dauern. Sie können sehr gut als Überleitung zur Eröffnung der Tanzfläche eingesetzt werden.

Auch Filmbeiträge können unterhaltsam sein und haben den Vorteil, dass ihre Dauer vorher schon feststeht. Ihr könnt sie daher optimal in feste Zeitfenster einplanen. Zu inhaltlichen Beispielen werden wir später noch kommen. Beachtet jedoch die Tücken der Technik! Mitgebrachte Computer und Projektoren sollten unbedingt rechtzeitig vorab im Zusammenspiel ausprobiert werden. Am besten sprecht Ihr die Macher des Films oder der Diashow direkt darauf an und organisiert einen Testaufbau entweder in einem Nebenraum, oder Ihr nutzt die Zeit, wenn das Brautpaar für ein Fotoshooting abwesend ist. Ich habe bei meinen Einsätzen als Hochzeits-DJ bestimmt schon über hundert Mal das Argument gehört, man habe es bereits zu Hause oder am Arbeitsplatz getestet, wo angeblich alles bestens funktionierte. Und trotzdem standen dann viele Hobby-Filmer bei der Feier ratlos vor einer schwarzen Leinwand! Nicht wenige Beiträge sind komplett ausgefallen, da die Technik versagte. Apropos Leinwand: Es ist keineswegs selbstverständlich, dass die Hochzeitslocation eine besitzt oder dass es vor Ort eine weiße Wand als Projektionsfläche gibt. Falls die Macher des Films zwar ihr Werk, nicht aber eine eigene Leinwand mitbringen können, sollt Ihr diese offene Frage rechtzeitig mit der Gastronomie klären und gegebenenfalls eine Leinwand mieten. Ist eine Tonwiedergabe gewünscht, solltet Ihr den DJ in der Woche vor der Feier kontaktieren, um den Anschluss an seine Musikanlage zu besprechen. Denn den Erfolg sicherzustellen ist Chefsache – also Teil Eures Jobs.

Kommen wir zu guter Letzt zum entspannten Teil des Abends, der Party! Hat der Eröffnungstanz stattgefunden, sollten keine weiteren Unterbrechungen mehr stattfinden. Denn wenn erst einmal richtig gefeiert wird, will niemand mehr anspruchsvollen Vorträgen lauschen. Die Leute wollen feiern, also lasst die Gäste gemeinsam tanzen und Spaß haben – wenn ein guter DJ im Einsatz ist, wird er die Stimmung gekonnt zum Kochen bringen. Das kann er aber nur, wenn ihm keine Stimmungskiller in Form von Pausen oder langweiligen Darbietungen dazwischenfunken.

Die optimale Reihenfolge der wichtigsten Rahmenprogrammpunkte:

1. Reden (bis zu drei à fünf bis sieben Minuten, vor und während des Essens)
2. Vorträge, bei denen alle still sein sollen und zuhören müssen, beispielsweise moderierter Diavortrag oder Film (bis zu zwei à fünf bis sieben Minuten, während oder kurz nach dem Essen)
3. Aktionen, die am Rande laufen und die nur kurz angesagt werden, beispielsweise Gästebuch, Ausfüllen von Postkarten usw. (bis zu zwei à ein bis zwei Minuten Ansagedauer, während oder nach dem Essen)
4. Unterhaltsame Showeinlagen mit Musik wie Karaoke oder Tanzdarbietung (bis zu zwei à vier bis fünf Minuten, nach dem Essen und vor der Eröffnung der Tanzfläche)
5. Party mit Tanz für alle Gäste ohne weitere Unterbrechungen (spätestens ab 22.30 Uhr)

Anmerkung: Wenn alle in der Übersicht genannten Programmpunkte straff durchgezogen werden, kommen wir schon leicht auf eine Dreiviertelstunde Rahmenprogramm. Das ist meiner Erfahrung nach das absolute Maximum. Je weniger Beiträge und damit Unterbrechungen, desto mitreißender entwickelt die Feier ein Eigenleben.

Sünde 7: Planlosigkeit

Der beste Ablaufplan nützt nichts, wenn nur Ihr ihn kennt

Wir haben eben erörtert, welche Art von Überraschungen Ihr für die Abendfeier einplanen könnt und zu welcher Zeit sie am meisten Sinn machen. Nun schauen wir uns an, wie genau der Plan aussehen sollte. Bestimmt wird es Euch freuen zu hören, dass Ihr das nicht allein machen müsst. Denn es ist nicht Euer Job, einen lückenlosen Zeitplan zu entwerfen. Das ist die Aufgabe der Gastgeber, die hierzu mein Buch *Wer Ja sagt, darf auch Tante Inge ausladen. Tipps vom Profi für die perfekte Hochzeitsfeier* zu Rate ziehen können.

Euer liebes Brautpaar wird Euch hoffentlich spätestens einen Monat vor der Feier einen Zeitplan schicken – am besten in einem digitalen Format, das Ihr flexibel bearbeiten könnt –, in dem alle wichtigen Programmpunkte des Tages eingetragen sind, komplett mit Uhrzeit, genauer Location und den Hauptverantwortlichen. Das konnte zum Beispiel so aussehen:

18:30–19:00 Empfang – Caterer für Getränke, DJ für Hintergrundmusik -> Gartensaal

19:00–19:15 Gäste nehmen Platz, Begrüßungsrede – Braut und Bräutigam, DJ Funkmikrofon -> Festsaal

So geht das Zeile für Zeile weiter, bis sich ein lückenloses Bild ergibt. Ihr findet in diesem Dokument alle relevanten Angaben – bis auf jene magischen fünf Überraschungsbeiträge, die Ihr sorgfältig auswählt. Ihr könnt diese Programmpunkte nun entsprechend ergänzen. Und zwar so, dass es einerseits eine Überraschung für das Brautpaar bleibt und andererseits trotzdem perfekt zum vorliegenden Zeitgerüst passt. Um das zu bewerkstelligen, brauchen wir eine Art »doppelte Buchführung«. Das klingt kompliziert, ist aber ganz einfach.

Und zwar funktioniert das so: Euer liebes Paar hat beispielsweise ein dreigängiges Menü eingeplant, hoffentlich mit Angabe der Pausendauer zwischen den Gängen. Dann wisst Ihr schon mal, dass Ihr zwischen diesen Gängen fünfzehn Minuten Zeit für Vorträge habt. Erstellt eine Kopie des Planes und benennt die Datei um, damit es später keine Verwechslung gibt. Hängt zum Beispiel einfach das Wort »Trauzeugenversion« mit an und ergänzt auch das aktuelle Datum, denn vielleicht wollt Ihr später noch mal etwas verändern. Sobald es eine Veränderung von Euch oder dem zweiten Trauzeugen gibt, macht Ihr eine neue Kopie mit aktualisiertem Datum. So wisst Ihr immer genau, welche Version dem Planungsstand entspricht. Das wird vor allem dann wichtig, wenn Ihr später Euren Plan an Dienstleister oder Gäste weiterreicht, die einen Vortrag einbringen möchten (den Ihr vorher absegnet!). Hier sollte jeder Beteiligte auf dem aktuellen Stand gehalten werden. Ich selbst habe schon erlebt, dass mir verschiedene Pläne vorlagen, die denselben Namen trugen, und das hat für Verwirrung bei allen Beteiligten gesorgt.

Die Trauzeugenversion des Plans unterscheidet sich von der Brautpaarversion dadurch, dass die von Euch koordinierten Beiträge hier genau aufgeführt sind. Deshalb darf das Brautpaar Eure Version niemals zu Gesicht bekommen, sonst ist die Überraschung dahin! Die beiden Pläne sehen dann beispielsweise so aus:

Ablaufplan Brautpaarversion
19:15–19:35 1. Gang, Hochzeitssuppe – Catering
19:35–19:50 Pause zwischen den Gängen, Zeit für Reden – Catering

Ablaufplan Trauzeugenversion
19:15–19:35 1. Gang, Hochzeitssuppe – Catering
19:35–19:50 **Rede Brautvater** *– Funkmikrofon DJ*

Ihr seid sozusagen Lückenfüller, und das ist in diesem Kontext durchaus als Kompliment gemeint! Denn durch Euren geheimen Zweitplan gelingt das eigentlich Unmögliche: Die Brautleute können ihr eigenes Fest minutiös planen, und trotzdem erleben sie tolle Überraschungen. Das absolute Sahnehäubchen ist, wenn Ihr den Brautleuten noch mitteilt, wann sie mit Überraschungen rechnen dürfen. Und zwar, indem Ihr die Brautpaarversion auf neutrale Weise ergänzt. Die Brautleute wissen dann, *dass* etwas stattfinden soll, aber nicht genau, *was* es ist. Das kann in etwa so aussehen:

19:35–19:50 Pause zwischen den Gängen, Beitrag eins, an den Tischen bleiben – Trauzeugen

Die Pause auf dem ursprünglichen Plan, den Ihr vom Brautpaar erhalten habt, wird damit als Beitrag gekennzeichnet, ohne dass Ihr die Überraschung herausposaunt. Die Gastgeber sind dann aber vorbereitet und wissen, dass sie sich zur gegebenen Zeit nicht von der Feier entfernen sollten. Wenn Ihr dieses Prinzip einmal verinnerlicht habt, wird es ein Leichtes sein, den perfekten Ablaufplan durch Überraschungen zum richtigen Zeitpunkt zu ergänzen.

Übrigens kann es auch sein, dass bereits Beiträge vom Brautpaar persönlich eingeplant sind, wie die oben genannte Rede des Brautvaters. Das hat dann natürlich Priorität, und sämtliche bei Euch angemeldeten Überraschungen müssen sich dem anpassen. Sollte es aus organisatorischen Gründen den Bedarf geben, etwas umzustellen, besprecht Ihr das am besten direkt mit den Brautleuten. Dafür müsst Ihr die Überraschung ja nicht verraten. Ihr könnt einfach sagen, dass Ihr am Zeitpunkt X gerne einen kleinen Beitrag einbauen möchtet, der dann besonders gut passen würde. Ob es denn möglich wäre, dafür den Zeitplan etwas zu verändern. Wenn Ihr beispielsweise heimlich plant, dass alle Gäste Ballons mit Grußkarten für das Brautpaar starten lassen sollen, dann macht das natürlich am meisten Sinn bei einem Empfang im Freien. Sollte hier etwas anderes seitens der Brautleute geplant sein, darf das gern auf einen sinnvollen Ausweichplatz verschoben werden – wenn Ihr es den Gastgebern neutral auf deren Zeitplan ankündigt und sie über die Korrektur im Bilde sind.

5 Tipps für den optimalen Ablaufplan:

- Doppelte Buchführung mit einem zweiten Ablaufplan, den nur die Trauzeugen kennen, nicht aber die Brautleute

- Benennung des geheimen Plans mit Datum sowie entsprechende Aktualisierung des Namens bei neueren Versionen

- Platzierung von Beiträgen in günstige Lücken, z. B. in Pausen zwischen den Gängen

- Ergänzung der Brautpaarversion mit neutralem Hinweis auf Beiträge, ohne die Überraschung zu verraten

- Rücksprache mit dem Brautpaar, wenn von ihnen geplante Beiträge aus organisatorischen Gründen verschoben werden müssen

Sünde 8: Hochzeitszeitung zur Unzeit

Altes aus der Klatschpresse

Während ich einen doppelten Espresso trinke, bereite ich mich hinter meinem DJ-Pult auf die Eröffnung der Tanzfläche vor. Ich gehe die Wunschliste mit den Lieblingstiteln des Brautpaars noch einmal durch und habe eine ungefähre Ahnung, wohin die Reise heute musikalisch gehen könnte. Es ist bereits nach 23 Uhr, und wir liegen mit dem Zeitplan um eine Stunde zurück, da heftiger Regen dem Barbecue im Freien in die Quere kam und die Küche umdisponieren musste. Eigentlich hatte der Eröffnungstanz bereits um 22 Uhr stattfinden sollen. Aber das ist gar nicht so schlimm, denn die Stimmung in dem bunt beleuchteten Gewölbekeller in der Nähe von München ist gut. Nach dem Dessert haben schon viele Gäste von ihren Sitzplätzen am anderen Ende des Raums zur Bar auf meiner Seite gewechselt. Grüppchen stehen mit Drinks in der Hand beisammen, und es wird viel gelacht. Entsprechend habe ich die Hintergrundmusik etwas in Richtung Party gelenkt, und ein geschmeidiger House-Beat lässt bereits die ein oder andere Hüfte wackeln.

Ich liebe dieses Gefühl, das sich einstellt, kurz bevor

eine Party richtig losgeht, man kann es förmlich greifen. Es liegt ein elektrisches Kribbeln in der Luft, und es ist deutlich zu spüren, dass die Leute bereit sind zum Feiern. Ich sehe es an ihren Gesichtern, an ihren Bewegungen und an der Art, wie sie miteinander lachen. Ein kleiner zusätzlicher Funke wird reichen, um die erwartungsvolle Stimmung zu entzünden und den Startschuss für eine volle Tanzfläche zu geben. Ich freue mich auf den Einstieg unter derart günstigen Bedingungen und halte Ausschau nach dem Brautpaar Sarah und Mark, deren Eröffnungslied *All of me* von *John Legend* bereits in meinem DJ-Programm bereit steht.

Doch statt der Gastgeber tritt in diesem Moment Trauzeugin Britt an mein DJ-Pult, unter ihrem Arm klemmt ein Karton. Sie fragt: »Kann ich bitte mal ein Mikrofon haben?«

Grundsätzlich ja, denke ich. Aber warum ausgerechnet jetzt? Ich frage freundlich: »Wofür brauchst du das denn? Willst du die Brautleute zur Tanzfläche bitten?«

Britt schüttelt den Kopf und klopft auf den Deckel des Kartons. »Wir wollen jetzt die Hochzeitszeitung verkaufen.«

Ich zucke innerlich zusammen. Wir sind nun seit fünf Stunden in diesem Raum, haben ein üppiges Buffet und eine Handvoll unterhaltsamer Vorträge hinter uns. Dazwischen hätte es jede Menge guter Gelegenheiten gegeben, die Zeitung zu verteilen. Doch die gute Britt hatte offenbar bisher etwas anderes zu tun. Was mag sie wohl mit »verkaufen« meinen?

Ich reiche ihr zögerlich das Mikrofon und hoffe, dass es schnell geht. Weil sie sofort anfängt zu reden, muss ich die Musik abrupt abwürgen.

»Liebe Gäste, wir, die Trauzeugen, möchten jetzt die Hochzeitszeitung verteilen. Ein Exemplar kostet mindestens fünf Euro. Aber Ihr könnt so viel spenden, wie Ihr wollt. Den Erlös sammeln wir für Sarah und Mark, als Taschengeld für die Hochzeitsreise. Geht bitte alle noch mal auf die Plätze, ich komme herum. Danke.«

Ich muss mir ein Kopfschütteln verkneifen. Mist. Wie befürchtet, dackelt die fünfzigköpfige Partymeute brav zu den Plätzen zurück. Die Elektrizität ist schlagartig aus der Luft verschwunden. Es wird in Handtaschen nach Kleingeld gewühlt, viele gehen raus zur Garderobe, um Portmonees aus Mänteln zu fischen. Einige bleiben gleich draußen zum Rauchen. Das Licht im Saal wird auf Anweisung von Britt aufgehellt, damit die Leute besser lesen können. Damit ist die Partyatmosphäre auf einen Schlag zerstört. Britt beginnt ihre einsame Runde am Kopf der U-förmigen Tafel, wo das Brautpaar sitzt. Immerhin, Sarah und Mark müssen wohl nichts für das selbst gedruckte Käseblatt bezahlen. Auch mir hat die Trauzeugin kostenlos eines der dünnen Hefte dagelassen. Während das zähe Verkaufsgeschäft an der Tafel stattfindet, blättere ich es durch. Die Musik fahre ich zwischenzeitlich notgedrungen wieder auf Hintergrundlautstärke zurück.

Was ich in dem Schriftstück finde, habe ich so oder ähnlich schon in etlichen Hochzeitszeitungen gesehen. Es ist eine einfallslose Mischung aus allgemeinen Texten zur Ehe, die wohl im Internet zusammengesucht wurden und die überhaupt nichts Persönliches über das Brautpaar aussagen. Dazwischen befinden sich eingescannte Kinderfotos der Gastgeber. Der Bräutigam als Baby mit Sabberlätzchen, die Braut als Kleinkind nackt in der Badewanne. Über die Beziehung der beiden, die immerhin schon seit sieben Jahren ein Paar sind, erfahre ich hier rein gar nichts.

Zwanzig Minuten dauert es, bis das letzte Exemplar verkauft ist. Der größte Teil der Gäste hat die Zeitung bereits durchgelesen, der Rest blättert noch. Braut Sarah kommt mit einem ungeduldigen Gesichtsausdruck zu mir und sagt: »Du, Thomas, lass uns jetzt einfach loslegen, okay?« Nichts lieber als das, denke ich. Doch jetzt wird es bestimmt wesentlich schwerer als vorhin, die Party in Gang zu bringen. Schade, dass wir aufgrund dieser überflüssigen Aktion den optimalen Startschuss verpasst haben.

Ein Festsaal ist kein Lesesaal

Ähnliche Situationen wie im letzten Beispiel habe ich schon häufig miterleben müssen. Einmal wurde die Hochzeitszeitung sogar mitten in der Nacht verteilt, als die Feier am Toben war. Natürlich war jeder Gast neugierig und wollte gleich in seinem Exemplar schmökern. Oft wurde dann verlangt, das Licht im Saal aufzuhellen, und ich als DJ sollte am besten auch noch die Musik leise machen. Dann saßen plötzlich alle Leute schweigend auf ihren Plätzen und lasen anstatt zu feiern. Es ist Schwerstarbeit, einen solchen Knick in der Stimmungskurve wieder auszubügeln.

Ich verstehe die Motivation der Freizeitredakteure sehr gut. Sie haben sich für das Projekt viel Arbeit gemacht und möchten nun natürlich auch erleben, wie es bei den Gästen ankommt. Sie hoffen auf Anerkennung für das Geleistete. Dagegen ist auch überhaupt nichts einzuwenden. Wie bei so vielen Aspekten einer Hochzeitsfeier kommt es allerdings auch hier auf das Timing an! Und natürlich auch auf das Wie und Was.

Beginnen wir mit dem *Was*. Falls einer der Gäste eine Hochzeitszeitung erstellt, habt Ihr darauf wahrscheinlich wenig Einfluss. Wenn Ihr allerdings selbst beteiligt seid oder sogar aus eigenen Stücken eine Hochzeitszeitung plant, könnt Ihr ein schönes Erinnerungsstück mitgestalten. Ich will hier nicht tiefer als nötig in die Materie einsteigen, denn es gibt Hunderte Internetseiten und ganze Bücher zu diesem Thema. Dort könnt Ihr Euch Inspirationen holen. Ich spreche bewusst von *Inspiration*. Denn nichts ist unpersönlicher und langweiliger, als aus den genannten beliebigen Quellen Textvorlagen direkt zu übernehmen. In dieser Hinsicht bitte ich Euch auch, dieses Buch hier nicht als simple Vorlage zum Kopieren der darin beschriebenen Beiträge zu sehen. Vielmehr soll es Euch helfen, eigene Ideen zu entwickeln, speziell für Euer liebes Paar und niemanden sonst.

Auch bei einer Hochzeitszeitung ist eine einzige Frage entscheidend: Was hat das Ganze mit den Brautleuten zu tun? Anstatt abgegriffene Allgemeinplätze über die Ehe durchzukauen, möchten die Leser das Brautpaar darin wiederfinden. Was zeichnet die beiden und ihre Beziehung aus? Kinderfotos sind ganz nett, doch noch interessanter für eine Hochzeit ist, was die beiden im Erwachsenenalter verbindet. Heutzutage sind Bräute in Deutschland bei der Heirat durchschnittlich einunddreißig Jahre alt, Bräutigame dreiunddreißig[5]. Das Sand-

---

[5] Angaben für 2014, Deutschland. Quelle: Statistisches Bundesamt. Österreich: Sie 30. Er 32. Quelle: Statistik Austria. Schweiz: Sie 30. Er: 32. Quelle: Statistik Schweiz.

kastenbild von vor über drei Jahrzehnten ist ein schöner Gag, sagt aber herzlich wenig über die heutigen Gastgeber aus.

Berichtet lieber von lustigen Anekdoten, die beide gemeinsam erlebt haben. Auch interessant ist, wie die Familien zueinander stehen. Fotos von der Braut mit den Schwiegereltern oder vom Bräutigam mit der Schwiegeroma sind für die Festgesellschaft viel aufschlussreicher – denn die betreffenden Personen sind vermutlich alle auf der Feier anwesend. Für die Gestaltung einer ansprechenden Hochzeitszeitung bedarf es also vor allen Dingen echten Interesses an den Brautleuten und ihren Gästen.

Vermutlich wird Euch Euer liebes Paar rechtzeitig einen E-Mail-Verteiler mit den Kontaktdaten der Gäste zur Verfügung stellen. Damit habt Ihr die Möglichkeit, bei den richtigen Personen heimlich nach Bildern und Infos zu fragen. Heimlich deshalb, damit das Brautpaar nichts davon mitbekommt und die Hochzeitszeitung eine Überraschung bleibt. Auch unterhaltsame Anekdoten könnt Ihr bei den Familien und Freunden der Brautleute erfragen. Peinliche Geschichten sollten nicht unbedingt rein, wie ich finde. Das gebietet der Respekt gegenüber den Gastgebern. Außer natürlich, es entspricht ihrem Sinn für Humor. Falls Ihr nicht selbst an der Hochzeitszeitung beteiligt seid, könnt Ihr den Machern mit den Kontakten aus der Adressliste weiterhelfen.

So viel zum Inhalt einer Hochzeitszeitung. Kommen wir nun zum *Wie*, zur Verteilung. Im Beispiel eben habt Ihr miterlebt, wie Ihr es bitte nicht machen solltet. Trauzeugin Britt hat gleich zwei große Fehler gemacht. Der erste war der Zeitpunkt, der das Fest an einer ungünstigen Stelle unterbrach und in eine Lesestunde verwandelte. Das ist völlig unnötig. Wie bereits festgestellt, erstreckt sich eine Hochzeitsfeier in der Regel über viele Stunden, und es gibt im Verlauf des Tages zahlreiche Gelegenheiten. Das kann beispielsweise am Nachmittag bei Kaffee und Kuchen sein. Man könnte auch überlegen, je eine Ausgabe der Zeitung in die Hotelzimmer der Gäste zu legen. Oder die Hefte werden gut sichtbar beim Ausgang gestapelt, so dass die Gäste ein Exemplar zum Abschied mitnehmen können. Dann kann die Zeitung am nächsten Tag in Ruhe gelesen werden, und die Macher werden ihr Lob im späteren Kontakt mit den Gästen erhalten. Wenn die Verteilung unbedingt bei der Abendfeier stattfinden soll, empfiehlt sich der frühe Abend. Die Gäste können zwischendurch darin schmökern und sich darüber unterhalten.

Der zweite Fehler von Britt war, die Zeitung zu verkaufen. Zwar ist das Ziel löblich, nämlich Geld für die Flitterwochen des Brautpaars zu sammeln. Doch ehrlich gesagt ist der so erzielbare Erlös nicht der Rede wert. Fünfzig Gäste zahlen je fünf Euro oder auch etwas mehr. Am Ende landen wir vielleicht bei dreihundert Euro. Natürlich ist das eine schöne Summe. Doch wenn wir uns vor Augen halten, dass die Hochzeit und die Flitterwochen vermutlich mehrere Tausend Euro kosten, kann man einen solchen Posten getrost vernachlässigen – im Vergleich dazu sind dreihundert Euro dann doch nicht so viel. Außerdem entstehen durch den Verkauf zwei weitere Probleme: Erstens nimmt er unnötig viel Zeit in Anspruch, wodurch der Feier Energie geraubt wird. Und zweitens ist es unglaublich nervig für die Gäste!

Wer hat auf einer Hochzeitsfeier schon Kleingeld dabei, wo Essen und Getränke gratis sind und Kleider ohne Taschen getragen werden? Außerdem ist davon auszugehen, dass die Gäste dem Brautpaar bereits ein großzügiges Hochzeitsgeschenk überreicht haben, meistens in Form von Bargeld. Warum also hier noch mal Scheine verlangen? Das wirkt kleingeistig und untergräbt die Großzügigkeit der Gastgeber. Ihre Lieben haben fraglos ein kostenloses Exemplar verdient!

**5 unpersönliche Artikel,
die immer wieder in Hochzeitszeitungen
erscheinen:**

- Die zwölf Gebote einer Hochzeitsfeier

- Trinkordnung

- ABC der Ehe

- Hochzeitskalender, von Papierhochzeit über Silber-
  hochzeit bis Kronjuwelenhochzeit nach fünfundsiebzig
  Jahren, mit allen Zwischenschritten

- Wenn sie sagt, wenn er sagt: Möchtegern-komische
  Sprüche über den Unterschied von Mann und Frau

Sünde 9: Zerstreuung

Der Selfie-Magnet

»Kannst du mal *Sugar* von *Robin Schulz* auflegen?«, fragt die blonde Lady im Glitzerkleid.

Ihr Musikwunsch würde normalerweise klasse funktionieren, doch jetzt irritiert er mich. Ich erwidere: »Das habe ich doch gerade eben erst gespielt.«

Sie runzelt die Stirn. »Ach so, da war ich wohl gerade draußen. Magst du's noch mal spielen?«

Ich verspreche ihr, dass ich es später noch einmal einbauen werde, wenn es passt, und mache weiter. Würde ich das Lied jetzt sofort bringen, kämen sich die Leute auf der Tanzfläche veräppelt vor, bestimmt würden viele das Weite suchen. Es war schon der achte Doppelwunsch des Abends. Das macht es mir nicht gerade leichter, hier einen musikalischen Sog aufzubauen. Es ist ohnehin leider eine der wenigen Feiern, auf der sich trotz aller Anstrengungen meinerseits keine mitreißende Stimmung entwickelt. Das kann passieren, wenn etwas Grundlegendes im Argen liegt. Beispielsweise wenn zerstrittene Familien zusammenkommen oder brütende Hitze einen Saal ohne Klimaanlage in eine Sauna verwandelt. Hier jedoch sind die Familien gut drauf, und die Klimaanlage funktioniert bestens. Die Hauptursache für den zähen Verlauf der Party befindet sich draußen.

Mein Blick wandert wohl zum hundertsten Mal zu der großen Glasfront am gegenüberliegenden Ende des mit riesigen Kronleuchtern ausgestatteten Saals hier in einem Berliner Hotel. Auf der Terrasse steht das Hochzeitsgeschenk von Trauzeuge Malte. Dort erstrahlt im Scheinwerferlicht ein dreirädriger Kastenwagen italienischer Bauart, der im Retrodesign zu einer Fotobox umgebaut wurde. Die Gäste können sich vor dem feuerroten Heck platzieren und mit einem Selbstauslöser Bilder machen. Hinter ihnen ist eine Fotoleinwand aufgebaut, die den Markusplatz in Venedig zeigt, und es steht eine Requisitenbox mit venezianischen Masken und Verkleidungen bereit.

Das alles hat Malte für ein kleines Vermögen bei einer Eventagentur gemietet. Er hat damit Geschmack bewiesen und liebevoll ein Geschenk ausgesucht, das zu den Brautleuten passt. Denn die beiden werden übermorgen ihre Hochzeitsreise nach Venedig antreten. Kurz bevor das Essen um neunzehn Uhr losging, hatte Malte das bis dahin unter Segeltuch verborgene Gefährt enthüllt. Die Überraschung ist ihm gelungen, die Gastgeber Ines und James fielen ihm mit Freudentränen um den Hals. Das war ein besonders schöner Moment, der allen Anwesenden sicherlich lange in Erinnerung bleiben wird.

Allerdings sind seitdem fünf Stunden vergangen, und ich muss gestehen: Jetzt stört das Ding gewaltig. Denn wie die Motten zum Licht werden die sechzig Gäste immer wieder zu dem originellen Gefährt gezogen. In immer neuen Konstellationen und Verkleidungen lassen sich die Leute blitzen. Es müssen mittlerweile schon Tausende

Bilder zustande gekommen sein. Und weil es in der lauen Sommernacht so angenehm mild ist, bleiben viele Gäste auch zwischendurch gerne länger mit ihren Drinks draußen. Direkt bei dem Wagen steht eine große Lounge-Sitzgruppe, die zum Verweilen einlädt.

Es freut mich natürlich, dass das Geschenk so ein Hit ist. Doch leider verhindert es auch, dass die Feier richtig in Gang kommt. Hat sich eine größere Gruppe auf der Tanzfläche eingefunden, ist es nur eine Frage der Zeit, bis jemand von draußen einige Tänzer mit sich zerrt, um das nächste gemeinsame Bild zu machen. Draußen wiederum ist die Musik kaum hörbar, da die Glastür aus Rücksicht auf die anderen Hotelgäste stets geschlossen gehalten werden muss. Deshalb kommen immer wieder Leute zu mir und wünschen sich Musiktitel, die ich bereits gespielt habe.

Verschärft wird das Problem dadurch, dass jetzt, nach Mitternacht, bereits viele ältere Gäste gegangen sind. Die verbliebene Gesellschaft verteilt sich nun auf zwei Schauplätze, wodurch der Festsaal regelrecht verwaist wirkt. Statt Partylaune herrscht hier drinnen eher Abschiedsstimmung. Es würde wohl niemanden wundern, wenn plötzlich das Licht anginge und eine Putzkolonne mit dem Aufräumen anfinge.

Ich befinde mich in einem Dilemma. Als neutraler Beobachter des Geschehens sehe ich die Gefahr, dass diese Feier viel zu früh enden wird. Meine Buchung läuft bis vier Uhr früh, und jetzt ist es noch nicht mal eins. Wenn es uns nicht gelingt, bald Schwung in die Kiste zu bringen, wird das nichts mehr mit der ausgelassenen Party.

Andererseits bringe ich es nicht übers Herz, Malte oder die Brautleute darauf hinzuweisen. Die Fotobox ist ja eigentlich ein geniales Geschenk. Trotzdem würde ich ihnen am liebsten raten, sie dichtzumachen, damit sich die restlichen Gäste hier im Saal versammeln und gemeinsam feiern.

Während ich hin und her überlege, was ich tun kann, kommt Irina zu mir, die Trauzeugin der Braut. Sie hat Malte bei der Aktion unterstützt. Jetzt sieht sie sehr müde aus und fragt: »Sag mal, was hältst du davon, wenn wir jetzt draußen langsam Schluss machen und die Leute reinbitten? Irgendwie habe ich das Gefühl, dass sich die ganze Feier sonst verläuft.«

Am liebsten möchte ich Irina um den Hals fallen. Sie hat die Situation erkannt und richtig eingeschätzt. »Das ist eine super Idee«, erwidere ich. »Meinst du denn, das ist für Malte okay?«

Sie lächelt. »Na klar. Spiel einfach *Everybody* von den *Backstreet Boys*, dann werden er und die Jungs schon in die Gänge kommen.«

Ich muss grinsen. Das ist eine gute Wahl. Keine Frage, Irina weiß, wovon sie spricht. Dank ihrer Initiative können wir jetzt alle gemeinsam noch einmal richtig Gas geben.

Haltet die Schäfchen beisammen

Es ist für eine Hochzeitsfeier problematisch, wenn sie sich räumlich verläuft. Das kann beispielsweise bei einem zu großen Saal der Fall sein, der von Anfang an leer wirkt. Oder wenn sich das Fest auf mehrere Räume verteilt. Letzteres lässt sich manchmal nicht vermeiden, etwa wenn der Speisesaal zu klein ist oder wenn nach dem

Essen auf einen anderen Partybereich ausgewichen werden muss. In diesem Fall hat es sich bewährt, den Speisesaal offiziell zu schließen und die gesamte Festgesellschaft in den anderen Raum umziehen zu lassen.

Ein wichtiges Ziel einer Hochzeitsfeier ist ja, dass die Gäste miteinander Spaß haben und sich besser kennenlernen. Wird die Gruppe immer wieder auseinandergerissen und auf kleine Grüppchen verteilt, kann kein verbindendes Wir-Gefühl entstehen. In einer solchen Situation gesellen sich automatisch die Leute zueinander, die sich ohnehin bereits kennen, und die einzelnen Cliquen vermischen sich nicht. Das wirkt sich negativ auf die Stimmung aus. Stellt Euch ein Konzert in einer ausverkauften Halle oder ein Public Viewing beim Fußball vor, wo sich die Besucher gegenseitig in ihrer Begeisterung anstecken. Würde man die Konzertbesucher auf mehrere kleine Räume verteilen oder blieben beim Fußball alle zu Hause in ihren Wohnzimmern, wäre die Stimmung einfach nicht dieselbe. Jeder bliebe für sich allein.

Optimal ist es also, wenn die Gruppe die meiste Zeit beisammenbleibt. Auf die Wahl der Räumlichkeiten werdet Ihr als Trauzeugen wohl wenig Einfluss haben. Immerhin könnt Ihr aber eingreifen, wenn bei einer Feier unnötige Nebenschauplätze eröffnet werden sollen. Wir haben das eben am Beispiel einer Fotobox auf der sommerlichen Terrasse erlebt.

Der Trend zu solchen Installationen, auch Photobooth genannt, hat in den letzten Jahren stark zugenommen. Ich weiß gar nicht mehr, wann ich die letzte Feier ohne sie erlebt habe. Über die Sinnhaftigkeit lässt sich streiten. Einerseits ist es natürlich ganz nett, wenn auf diese Weise lustige Bilder der Gäste entstehen. Andererseits wird es bestimmt einen professionellen Fotografen geben, der die schönsten Momente festhält und ansprechende Bilder von allen Gästen macht.

Vor allem aber stellt sich die grundlegende Frage, was Selfies eigentlich mit der Hochzeit zu tun haben. Wir leben in einem Zeitalter, in dem pausenlos unzählige Schnappschüsse gemacht werden, und oft werden sie in der Hoffnung auf positives Feedback sofort bei Facebook und Co. gepostet. Wenn ich im Urlaub vor einem hübschen Motiv stehe, kann ich meistens auch nicht widerstehen, mich selbst davor abzulichten. Doch was ist eigentlich meine Motivation? Es geht doch in Wahrheit gar nicht um den Wiener Stephansdom im Hintergrund, sondern um die Tatsache, dass *ich* dort war. Diese Ich-Bezogenheit lässt sich in jeder Photobooth bestens ausleben. Die Gäste feiern sich selbst vor dem Hintergrund einer Hochzeit. Zudem wird der Spieltrieb geweckt. Es macht einfach Spaß, verschiedene Masken, Utensilien und Hintergründe auszuprobieren. Diese verführerische Kombination führt jedoch vor allem zu einem: zur Ablenkung davon, worum es bei diesem besonderen Fest eigentlich geht.

Fotoboxen können durchaus eine Bereicherung für eine Hochzeitsfeier sein. Allerdings stellt sich da natürlich die Frage, wann und wie sie eingesetzt werden. Keinesfalls sollte der Apparat abseits vom Geschehen aufgebaut werden und dort einen Nebenschauplatz eröffnen. Selbst ein nüchterner Durchgang zur Toilette kann als Standort zu einem Problem werden, wenn er wie ein Spinnennetz immer wieder vorbeiziehende Gäste einfängt und zu Ansammlungen von Gaffern führt. Erst recht ist Vorsicht geboten, wenn der Nebenschauplatz besonders attraktiv ist, wie die Terrasse mit Lounge-Möbeln im Beispiel eben.

Idealerweise sollte eine Photobooth dort stehen, wo die Party stattfindet, also nahe der Tanzfläche oder der Bar. Dadurch wird das Fotomachen zum Teil der Feier, anstatt dass es mit ihr konkurriert. Ich habe schon Feste erlebt, wo sich die Box zwar im selben Raum befand, jedoch in einer entfernten Ecke, und die Wirkung war fast die gleiche, als hätte sie in einem anderen Raum gestanden. Also haltet die Schäfchen bitte möglichst beisammen!

Bei Maltes tollem Geschenk, dem italienischen Kastenwagen, wäre das natürlich nicht gegangen. Hier hätte aber sicherlich eine andere Taktik Wunder gewirkt, nämlich eine zeitliche Begrenzung. Während des Essens, zwischen den Gängen und auch in der Zeit danach wurden bereits etliche Fotos gemacht. Hätte Malte von Anfang an offiziell angekündigt, dass das fotografische Gefährt nur bis 22 Uhr seinen Dienst tut, hätte das bestimmt niemand in Frage gestellt. Ab dem Eröffnungstanz wäre die Gruppe dann beisammengeblieben, anstatt sich immer wieder aufzuteilen.

Ein anderer, sehr sinnvoller Einsatz von Fotoboxen ist es, eine längere Wartezeit zu überbrücken. Bei Festen, wo die Trauzeremonie und die Abendfeier am selben Tag stattfinden, gibt es oft lange Spannen zwischen den einzelnen Programmpunkten. Steht beispielsweise beim nachmittäglichen Kaffee und Kuchen eine Fotobox bereit, ist das sehr unterhaltsam für die Gäste, und es kommt keine Langeweile auf. Auch bei Buffets, die oft mehr als zwei Stunden dauern, kann es eine auflockernde Wirkung haben. Das Essen ist dann nicht so steif.

Aber spätestens wenn die Party losgeht, sollte der Nebenschauplatz endgültig geschlossen werden, damit die Gästeschar ihre ungeteilte Aufmerksamkeit auf die gemeinsame Party richtet – anstatt dass sich jeder Einzelne auf Selfies feiert.

5 Tipps zur Verwendung von Fotoboxen und Co.:

- Möglichst keine Nebenschauplätze, während die Party läuft

- Platzierung möglichst nah bei der Tanzfläche oder Bar

- Gern zeitlich begrenzen und vor der Party beenden

- Tagsüber zum Füllen längerer Spannen ohne Programmpunkte einsetzen

- Bei Aktionen im Freien grundsätzlich ans Wetter denken – auch schönes Wetter kann zum Problem werden, wenn die Gäste deswegen nicht mehr an der Party innen teilnehmen

Sünde 10: Aufgeblasenheit

Je zäher der Ablauf, desto müder die Gäste

An dieser Stelle möchte ich Euch noch einen wichtigen Rat zur Ablaufplanung geben, der mir sehr am Herzen liegt. Ihr könnt ihn auf alle anstehenden Hochzeitsereignisse anwenden, nicht nur auf die Abendfeier. Auch wenn es banal klingt: Plant bitte alle Programmpunkte *realistisch* und *straff*.

Das ist gar nicht so einfach, vor allem falls Ihr noch nicht viel Erfahrung mit der Organisation von Feierlichkeiten besitzt. Doch auch wenn Ihr keine professionellen Eventmanager seid, kann ein einfaches Hilfsmittel Wunder wirken: Visualisierung. Stellt Euch jeden einzelnen Programmpunkt, der mit Eurer Planung zu tun hat, bildlich vor. Berücksichtigt dabei unbedingt die erwartete Gästezahl. Warum diese entscheidend ist, wird unser folgendes Beispiel verdeutlichen.

Nehmen wir an, dass zur Feier achtzig Gäste kommen sollen. Sie alle werden an der Trauzeremonie in der Kirche teilnehmen und sollen anschließend mit einem Autokorso zur Location weiterfahren. Als Überraschung plant Ihr, dass dort alle gemeinsam mit dem Brautpaar Ballons steigen lassen. Die Fahrt dauert laut Routenplaner fünfzehn Minuten. Nehmen wir weiter an, die Trauzeremonie beginnt um 14:00 Uhr und soll bis 14:45 Uhr dauern. Wann wird die Kolonne also an der Location eintreffen, und wann müssen die Ballons folglich fertig vorbereitet sein?

Um das einzuschätzen, spielt Ihr am besten im Geiste die ganze Szene wie einen Film ab. Ihr startet am Ende der Zeremonie, um 14:45 Uhr. Getragene Musik erklingt in der Kirche, achtzig Gäste bewegen sich langsam zum Ausgang. Das dauert vielleicht fünf Minuten. Was machen sie dann? Gratulieren sie dem Brautpaar? Davon ist auszugehen, wenn sie keine anders geartete Ansage seitens der Gastgeber erhalten. Sie stellen sich also brav in eine Reihe, überwiegend paarweise. So werden aus den achtzig Gästen vierzig Paare. Die Gratulation dauert etwa eine halbe Minute pro Paar. Wir müssen also von zwanzig Minuten Gratulationszeit ausgehen. Zusammen mit der Dauer des Auszugs aus der Kirche liegen wir bei fünfundzwanzig Minuten. Anschließend müssen alle Gäste zu den Pkws. Wie weit sind die Parkplätze entfernt, fünf Minuten? Dann sitzen alle in den Autos, und der hupende Konvoi startet. Zwar zeigt die Routenplanung im Internet fünfzehn Minuten Fahrzeit an, doch die Kolonne wird garantiert langsamer fahren. Rechnen wir getrost ein Drittel hinzu, so kommen wir auf zwanzig Minuten Fahrzeit. Dann braucht die Gruppe vielleicht fünf Minuten vom Parkplatz der Location zum Sektempfang, und dort müssen dann die Ballons startklar sein.

Qualmt Euch jetzt schon der Kopf vom Zählen und Rechnen? Keine Sorge, Ihr habt ja genügend Zeit, das alles in Ruhe zu durchdenken. Meiner Rechnung nach kommt die Gruppe im Beispiel jedenfalls um 15:40 Uhr beim Sektempfang an. Es liegen fünfundfünfzig Minuten zwischen dem Ende der Zeremonie und der Ankunft. Damit hätten wir ein wichtiges Kriterium der Organisation erfüllt, nämlich die Dauer *realistisch* einzuschätzen. Es wäre fatal gewesen, wenn wir vergessen hätten, die zwanzig Minuten für die Gratulation einzuplanen. Das hätte zu einem unrealistischen Zeitplan geführt, mit einer verfrühten Ankunftszeit um 15:20 Uhr und daraus resultierendem Stress mit den Ballons. Davor hat uns die bildhafte Vorstellung des Ablaufs bewahrt.

Doch genauso wichtig ist es, *straff* zu planen. Die Versuchung liegt nahe, aus dem obigen Beispiel den Schluss zu ziehen, man sollte ruhig grundsätzlich noch etwas zusätzliche Zeit als Puffer einplanen. Zugegeben, vielleicht dauert der Weg zum Parkplatz doch etwas länger, oder vielleicht gerät die Kolonne in einen Stau – es gibt viele unvorhersehbare Faktoren. Doch wenn Ihr aus diesem Grund willkürlich Pufferzeiten in den Ablaufplan einbaut, wird garantiert alles *noch länger* dauern als geplant.

Bleiben wir in unserem Beispiel, um zu verdeutlichen, was ich meine. Die Gäste haben natürlich mit der Einladung die wichtigsten Eckdaten erhalten. Dort steht, dass die Trauzeremonie um 14:00 Uhr beginnen wird und dass um 15:40 Uhr der Empfang in der Location stattfindet. Würden wir hier einen Zeitpuffer einplanen und den Empfang auf 16:00 Uhr legen, würde das automatisch zu einem verlangsamten Ablauf führen. Die Gäste wissen dann ja, dass sie reichlich Zeit haben. Es wird auf dem Weg zum Wagen ein Schwätzchen gehalten, Onkel Hannes raucht noch eine Zigarette, und Cousin Manni ruft bei einem Kumpel an. Die ganze Kolonne setzt sich später in Bewegung. Das Gleiche passiert bei der Ankunft. Am Ende haben wir dann 16:15 Uhr, bis die letzten Gäste gemächlich eingetrudelt sind.

Setzen wir dagegen den Empfang gleich von Anfang an realistisch auf 15:40 Uhr, ist davon auszugehen, dass die letzten Gäste um spätestens 16:00 Uhr da sein werden – selbst falls es auf dem Weg zu unerwarteten Verzögerungen kommen sollte. Dann haben wir im Vergleich mit der ursprünglichen Planung nur zwanzig anstatt fünfunddreißig Minuten verloren.

Vielleicht haltet Ihr das für Haarspalterei und habt den Eindruck, dass es auf eine Viertelstunde mehr oder weniger nicht ankommt. Im Prinzip habt Ihr damit recht, bloß ist das ja sehr wahrscheinlich nicht die einzige Verzögerung, die sich an diesem Tag ergeben wird! Wir sprechen von einer Hochzeit, die von 14 Uhr in der Kirche bis um 4 Uhr früh in der Location dauert. Ganze vierzehn Stunden wird die Festgesellschaft zusammen verbringen. Wenn in dieser Spanne immer wieder unnötige Zeitpuffer eingeplant werden, addiert sich das zu Stunden zusammen, die in einer gähnenden Langeweile münden können.

Übrigens kann auch das Gegenteil eintreten, und manches passiert früher als geplant. In unserem Beispiel könnte ein Wolkenbruch vor der Kirche dazu führen, dass alle in die Autos flüchten und zwanzig Minuten eher in der Location ankommen. Dann sollte die Gratulation hier stattfinden, im Trockenen, und die Ballons können in der Zwischenzeit startklar gemacht werden. Es empfiehlt sich immer, einen Plan B für schlechtes Wetter oder sonstige Störfaktoren bereitzuhalten. Auch die solltet Ihr Euch in der Planungsphase bildlich vor

Augen führen. Je klarer Ihr die zu erwartende Situation visualisiert, desto besser. Meistens kommt es nämlich genau in den Planungsabschnitten zu Pannen, in denen niemand genau weiß, was eigentlich passieren soll. Klärt unklare Programmpunkte gemeinsam mit dem Brautpaar. Ihr werdet merken, dass es Spaß macht, sich gemeinsam für alle Eventualitäten zu wappnen. Je mehr Sicherheit Ihr gewinnt, desto größer wird die Vorfreude auf das Fest – denn Ihr wisst genau, dass es keine großen Pannen geben wird.

Apropos Panne: Im Beispiel eben ging es darum, Gasballons für das gemeinsame Steigenlassen vorzubereiten. Bei solchen Aktionen, in denen die Gesetze der Physik eine entscheidende Rolle spielen, reicht die Vorstellung allein nicht aus. Was *rein theoretisch* funktioniert, kann in der Praxis trotzdem danebengehen. Ihr müsst es also auch rechtzeitig ausprobieren. Etliche Male habe ich miterlebt, dass gasgefüllte Ballons vorbereitet worden waren, die durchaus flugfähig waren. Als allerdings die Hochzeitsgäste vor dem Start selbst beschriftete Grußkarten daran hängen sollten, erwies sich diese Fracht häufig als zu schwer. Viele Ballons hoben gar nicht ab, oder sie verhungerten auf geringer Flughöhe. Es wären größere Ballons nötig gewesen, oder man hätte sie gründlicher mit Gas füllen müssen. Allerdings auch nicht *zu* gründlich! Denn wenn Ballons zu vollgepumpt sind, platzen sie in einer gewissen Flughöhe, weil sich das Gas im niedrigen Luftdruck dort oben weiter ausdehnt und die Hülle zum Reißen bringt. Doch es gibt noch mehr zu beachten: Das Befüllen sollte nicht zu früh vor dem Abflug geschehen. Helium hat nämlich die unbequeme Eigenschaft, durch die Gummihaut von Ballons zu entweichen. Das geschieht zwar langsam, doch wenn die Ballons beispielsweise am Vortag gefüllt werden und da noch luftig unter der Zimmerdecke schweben, kann es sein, dass sie am nächsten Nachmittag wie welkes Laub auf dem Boden liegen. Dass so etwas passieren kann, lässt sich nur durch einen Test herausfinden, den Ihr natürlich nicht erst einen Tag vor der Feier vornehmt. So bekommt Ihr auch ein Gefühl dafür, wie schwierig das Befüllen ist und wie lange es dauert. Dann erst könnt Ihr diesen Punkt sinnvoll in den Zeitplan einbauen. Dieses Prinzip gilt übrigens für alle Programmpunkte, bei denen Technik und Materialien im Spiel sind: Nur ein vorheriger Probedurchgang kann sicherstellen, dass alles funktioniert, wenn es wirklich darauf ankommt!

Nicht unerwähnt bleiben soll noch eine letzte Tücke in Bezug auf das Steigenlassen von Ballons: Selbst wenn Ihr alles gründlich getestet und vorbereitet habt, kann das Wetter Schwierigkeiten machen. Herrscht starker Wind, kann es passieren, dass die Ballons zwar abheben, dann aber sofort in einem Baum landen, wo sie sich verheddern. Falls Euch am Tag der Feier also ein forsches Lüftchen um die Nase weht, sucht unbedingt einen Startplatz mit reichlich Abstand zu Bäumen, Gebäuden, Strommasten und Ähnlichem.

Die 5 häufigsten Planungsfehler bei Hochzeitsfeiern:

- Schlecht geplante oder unerprobte Beiträge dauern in der Realität viel länger als geplant, und die Feier wird dadurch insgesamt langweilig für die Gäste

- Zu viele Beiträge (Reden, Präsentationen, musikalische Darbietungen etc.), die auf Dauer einfach nur anstrengend und ermüdend für das Publikum sind

- Stimmungstötende Unterbrechungen der Party, nachdem die Tanzfläche bereits eröffnet wurde (beispielsweise durch Hochzeitstorte um Mitternacht oder verspätete Vorträge und Spiele)

- Keine klaren Vorgaben vom Brautpaar, was gewünscht/erlaubt ist und was nicht

- Überforderter »Zeremonienmeister«, der die Wünsche des Brautpaars nicht gegen übereifrige Gäste oder eine bornierte Gastronomie durchsetzen kann

Teil 3

Der Junggesellen-
abschied und warum
er nicht peinlich
sein muss

Sünde 11: Gesichtsverlust

Das Beben der Uckermark

In der lauen Sommernacht drängen sich Hunderte Besucher vor der Freilichtbühne in der Nähe von Templin. Wir befinden uns auf einem Musikfestival, wo verschiedene Bands aus der Region auftreten. Diesmal bin ich nicht als DJ hier, sondern ganz privat. Mein Puls pocht vor Aufregung, denn gleich soll auf der Hauptbühne etwas ganz Außerordentliches stattfinden. Etwas so Absurdes, dass es meine Vorstellungskraft sprengt.

Nachdem eine der Bands ihr Programm beendet hat, tritt ein großer Mann in einem amerikanischen Footballspieler-Outfit auf die Bühne: breite Schulterpolster, eng anliegende Hosen, Turnschuhe. Die Kleidung ist deutlich zu klein und droht bei der nächsten Bewegung aus den Nähten zu platzen. Um die unausweichliche Schmach halbwegs anonym zu überstehen, trägt er eine verspiegelte Sonnenbrille und eine Baseballkappe. Ich muss Euch gestehen: Dieser Mann ist einer meiner besten Freunde! Und der einzige Grund, warum er in diesem albernen Aufzug vor etwa fünfhundert Musikfans auf einer Bühne steht, sind wir, die Begleiter bei seinem Junggesellenabschied. Trauzeuge Jan und zwei weitere Freunde stehen mit angespannten Gesichtern neben mir. Bis eben glaubte wohl keiner daran, dass das Ganze wirklich stattfinden würde. Doch was wir hier angezettelt haben, ist nun nicht mehr aufzuhalten.

Ein Moderator in Jeans und Jackett tritt zu unserem Freund und stellt ihn dem Publikum vor. »Das hier ist ein angehender Bräutigam aus Hamburg und darüber hinaus ein sensationeller Tänzer. Er wird uns gleich mit einer Performance einheizen.« Wegen der Brille und der Mütze kann ich den Gesichtsausdruck unseres Freundes nicht erkennen, doch er wirkt äußerst blass im Scheinwerferlicht. Es ist keine Viertelstunde her, dass wir anderen ihm von seinem anstehenden Gastauftritt berichtet hatten. Trauzeuge Jan hatte eine spontane Idee und es tatsächlich fertiggebracht, hinter den Kulissen einen der Veranstalter davon zu überzeugen, unser Kumpel sei professioneller Tänzer und habe schon mehrere bekannte Bands auf Tourneen begleitet. Er wolle bald heiraten und würde seiner Braut zu Ehren nun eine Tanzeinlage abliefern. Ob das nicht eine tolle Ergänzung der Show wäre, in der Umbaupause zwischen zwei Musikgruppen.

Und so soll es nun geschehen. Bloß dass unser Freund wahrlich kein Profitänzer ist. Zudem ist er alles andere als nüchtern. Denn um sich mental auf seinen Überraschungsauftritt vorzubereiten, musste die erstbeste Flasche Schnaps herhalten, die sich finden ließ.

Der Moderator hält ein Mikrofon in seine Richtung und fragt: »Wie heißt denn deine Verlobte?«

Unser Freund scheint angestrengt nachzudenken und sagt schließlich: »Süße.« Es gibt einige Lacher aus dem Publikum, aber insgesamt scheint die Neugier auf die Tanzperformance zu überwiegen. Die Leute vor der Bühne sind erstaunlich still.

»Einen donnernden Applaus bitte für unseren Tänzer aus Hamburg!« Die Ansage hallt über das Gelände wie ein Bombenalarm. Das Publikum lässt sich nicht zweimal bitten, und es wird kräftig geklatscht. Ich kann mir in diesem Moment keinen Ort im ganzen Universum vorstellen, an dem ich weniger gerne wäre als dort oben, auf dieser Bühne, in der Haut meines armen Freundes. Dieser tapfere Mann hat sich garantiert nur deshalb darauf eingelassen, weil er uns, den besten Freunden, beweisen will, dass er das wirklich durchzieht. Von alleine wäre er zweifellos niemals auf die Idee gekommen, sich das anzutun – dafür kenne ich ihn einfach zu gut.

Und dann geht es los, der DJ hinter den Kulissen spielt den vereinbarten Song ab. Aus den gewaltigen Lautsprechern dröhnt der Anfang eines Welthits aus den Neunzigern: »*I like to move it move it, I like to move it move it, you like to move it!*« Es folgen Bässe, die den Boden vibrieren lassen. Das Publikum klatscht im Takt mit. Die Scheinwerfer springen an – doch unser Freund steht reglos da. Sekunden dehnen sich zur Ewigkeit. Dann setzt der Beat ein, und unser Kumpel hüpft los. Nach einigen ungeschickten Drehungen landet er in der Position, in der Wettläufer auf den Startschuss warten. Etwas weniger anmutig vielleicht. Der Aufprall lässt die komplette Bühne beben. Ein Mikrofonständer fällt um, und das darauffolgende Donnern hallt durch die ganze Uckermark. Nach einer kurzen Schockstarre springt unser Freund wieder auf und tänzelt von links nach rechts und wieder zurück. Eine Drehung aus der Hüfte, ein Stolpern, ein Beinahesturz – und weiter geht das Gehüpfe. Das

Klatschen des Publikums wird leiser. Offensichtlich geschieht gerade nicht das, was sich die Leute erhofft hatten. Schon jetzt ist klar, dass wir es hier nicht mit einer professionellen Tanzperformance zu tun haben.

Trotzdem kämpft sich unser Freund weiter wacker über die Bühne. Er richtet sich auf und dreht sich im Kreis, wie die Figur auf einer aufgezogenen Spieluhr. Sein Repertoire scheint mit diesen Moves erschöpft zu sein. Was jetzt? Der Moderator steht wie erstarrt am Rand der Bühne, als hätten ihn die unbeholfenen Drehungen unseres Kumpels hypnotisiert. Erste Buh-Rufe aus dem Publikum scheinen ihn aufzuwecken. Mit eiligen Schritten verschwindet er hinter den Kulissen. Während unser Freund doch noch eine neue Figur in seine Choreografie einbaut – den allseits bekannten Hampelmann –, wird die Musik langsam ausgeblendet. Aus dem Publikum gibt es Pfiffe, und irgendjemand ruft: »Ausziehen, ausziehen!« Rundum ratlose Gesichter. Niemand scheint so richtig zu wissen, was von dieser Darbietung zu halten ist.

In dieser unbehaglichen Situation liefert unser Freund den genialsten Moment seines Auftritts: Er hebt beide Hände in die Luft und winkt der Menge in alle Richtungen zu, ein strahlendes Lächeln auf den Lippen. Es ist eine Gewinnergeste, die man von Politikern nach erfolgreich verlaufenen Wahlen kennt. Vielleicht ist es ein Reflex der Erleichterung oder ein Triumphgefühl, das sagt: *I did it!* Er muss sich fühlen wie jemand, der sich an einem Bungee-Seil in die Tiefe gestürzt hat und sicher unten angekommen ist. Seine Freude darüber, etwas Bedrohliches überstanden zu haben, ist ansteckend. Tatsächlich gibt es nun einen ordentlichen Applaus, und der angehende Bräutigam verlässt im lockeren Laufschritt die Bühne. Was für ein würdiger Abgang für einen fast zwei Meter großen Mann in einem viel zu kleinen Footballoutfit!

Penis-Lollis sind nicht süß

Das eben beschriebene Erlebnis liegt nun schon über zehn Jahre zurück. Es ist mittlerweile ausreichend Gras über die Sache gewachsen, und der tapfere Tänzer und ich sind noch immer engste Freunde. Zum Glück ist er nicht nachtragend. Er war auf meiner eigenen Hochzeit letztes Jahr Trauzeuge und hat sich nicht mit einer ähnlich peinlichen Aktion revanchiert. Ich hätte es ihm nicht verdenken können, nach der äußerst unangenehmen Situation, in die wir ihn damals gebracht hatten. Zwar ist das Ganze nicht auf meinem Mist gewachsen, aber ich habe auch nichts dagegen unternommen.

In der Zwischenzeit habe ich Hunderte Hochzeitsfeiern beruflich begleitet und von etlichen Brautleuten Berichte von ihren eigenen Junggesellenabschieden erhalten. Dadurch sehe ich im Nachhinein alles mit anderen Augen. Mit dem Wissen von heute hätte ich die Bühnenaktion von damals um jeden Preis verhindert. Denn insgesamt war es ein fantastischer Junggesellenabschied, der so eine peinliche Aktion gar nicht nötig gehabt hätte.

Es scheint ein verbreiteter Volkssport zu sein, angehende Bräute und Bräutigame kurz vor der Hochzeit beim Junggesell/-innenabschied in peinliche Situationen zu bringen. Oft sind diese Streiche auf unangenehme Weise sexualisiert. Eine Braut berichtete mir, sie musste auf der Hamburger Reeperbahn penisförmige Lollis aus einem Bauchladen verkaufen. Nachdem sie ein betrunkener Passant nach dem Kauf begrapschte, hat sie die anstößigen Zuckerdildos kurzerhand in einen Abfalleimer geworfen und ist entnervt nach Hause gefahren. Was ihre JGA-Mitstreiterinnen mit dem restlichen Abend anfingen, hat sie nie gefragt – sie wollte das alles einfach nur so schnell wie möglich vergessen. Das haben auch die beteiligten Mädels verstanden, und auf der Hochzeitsfeier wurde das Thema nicht noch einmal angesprochen. Ein Bräutigam erzählte, er wurde beim JGA in einen Strip-Club geführt. Dort wurde er selbst auf der Bühne von einer Stripperin entkleidet, bis auf die Unterhose – und das vor fremdem Publikum! Als »Belohnung« goss die Dame ihm am Ende der Darbietung den Inhalt eines Eiskübels vorne in die Boxershorts. Es war eine Lachnummer für die Besucher des Lokals, doch der Bräutigam fand das gar nicht witzig. Manche Ladys und Gentlemen werden beim JGA sogar genötigt, fremde Menschen auf der Straße zu küssen, für ein paar Euro pro Kuss. Sorry, aber was daran amüsant sein soll, verstehe ich nicht. Auch wenn die Ehe noch nicht mit Brief und Siegel geschlossen wurde, sind die Brautleute ein sich liebendes Paar. Das Knutschen mit irgendwelchen Fremden ist doch wirklich das Letzte, was man ihrer Beziehung zumuten sollte! Erst recht so kurz vor dem romantischsten Tag ihres Lebens.

Woher der verbreitete Wunsch nach Demütigung oder sexueller Bloßstellung von angehenden Brautleuten kommt, bleibt rätselhaft. Historisch gesehen könnte ein Grund darin liegen, dass die Ehe bis ins letzte Jahrhundert hinein einen völlig anderen Stellenwert hatte als heute. Geschlechtsverkehr vor der Heirat war gesellschaftlich geächtet. Vielleicht sollten durch Anzüglichkeiten bei der Verabschiedung von Junggesellinnen und Junggesellen moralische Tabus bewusst gebrochen werden. Nach dem Motto: Sollen die beiden ruhig noch mal etwas erleben, ehe sie in den sicheren Hafen der Ehe einfahren – denn als vermähltes Paar werden sie in aller Öffentlichkeit zu sexuellen Abenteuern abseits der Beziehung keine Gelegenheit mehr haben. Diese Haltung hat sich wohl zu einer Art Tradition entwickelt.

Heutzutage geht allerdings wohl niemand mehr ernsthaft davon aus, dass ein Paar bis zum Jawort keusch miteinander lebt. Außerdem heiraten die wenigsten den ersten Partner, mit dem sie sexuelle Erfahrungen gesammelt haben. Paare, die sich für die Ehe entscheiden, sind erwachsen und wissen meistens sehr genau, was sie tun und welchen Versuchungen sie fortan aus freien Stücken entsagen möchten. Es ist also nicht nötig, ihnen auf der Zielgeraden zu zweifelhaften Erlebnissen und Erkenntnissen zu verhelfen. Das kompromittierende Verhalten einiger Truppen von JGAs ist vor allem angesichts der Tatsache absurd, dass hier jeweils der engste Freundeskreis von Braut oder Bräutigam zusammenkommt. Warum sollte ausgerechnet dieser geschützte Zirkel, der dem Paar im weiteren Leben bei allen Problemen zur Seite stehen soll, zum Ausgangspunkt von Streichen und Häme werden?

Es mag sein, dass es einige wenige Brautleute witzig finden, sich in der Öffentlichkeit danebenzubenehmen. Sollte Euer liebes Paar dazugehören, dann nur zu: Besorgt T-Shirts mit albernem Aufdruck, kauft peinliche Konsumgüter und zieht los, um sie auf offener Straße verscherbeln zu lassen. Viel wahrscheinlicher aber ist es, dass Ihr damit in ein tiefes Fettnäpfchen tretet. Führt Euch bitte vor Augen, dass Brautleute in der Regel immer nervöser werden, je näher die Hochzeit rückt. Sie sind die Gastgeber eines enorm wichtigen Festes. Die Planung entpuppt sich meistens als viel komplizierter als gedacht. Oft müssen kurzfristig wichtige Entscheidungen getroffen und weitreichende Kompromisse eingegangen werden. Sorgt bitte nicht durch unnötige Grenzerfahrungen beim JGA für zusätzlichen Stress. Im folgenden Kapitel wollen wir uns anschauen, wie der JGA für alle Beteiligten zu einem ganz wunderbaren Erlebnis werden kann.

**Die 5 überflüssigsten Aktionen
am JGA der Braut:**

- Obszönen Trash aus dem Bauchladen verkaufen
- Küsse an Passanten verkaufen
- Peinliche T-Shirts und Perücken tragen
- Dessousparty mit nach Hause bestellter Dildo-Verkäuferin
- Besuch einer Strip-Show

Die 5 überflüssigsten Aktionen am JGA des Bräutigams:

- Obszönen Trash aus dem Bauchladen verkaufen

- Mit möglichst vielen Frauen tanzen

- Kussstempel mit Lippenstift von möglichst vielen Frauen sammeln

- Besuch einer Karaoke-Bar

- Besuch einer Strip-Bar

Sünde 12: Eile

Warum nicht gleich ein ganzes Wochenende?

Bisher habe ich Euch noch nicht berichtet, was sich um den unfreiwilligen Auftritt meines Freundes auf der Templiner Festivalbühne herum ereignet hat. Das peinliche Erlebnis tritt gegenüber alledem in den Hintergrund, denn es war ein großartiges gemeinsames Wochenende. Unser Freund ist, wie gesagt, nicht nachtragend, und umso mehr weiß er glücklicherweise zu schätzen, was ihm dieses Wochenende insgesamt geboten hat.

Trauzeuge Jan hatte alles organisiert, so dass ich in den Genuss kam, ohne große Anstrengung ein gemeinsames Abenteuer mitzuerleben. Unser Bräutigam war in seiner Kindheit Pfadfinder, und Naturerlebnisse sind für ihn das Größte. Er liebt Ausflüge und Übernachtungen im Freien. Daher war schnell klar, dass ein einzelner Tag nicht reichen würde. Mit seiner Verlobten wurde also ein Wochenende im Sommer vereinbart, das sie ihrem künftigen Ehemann freihielt. Der Termin lag wenige Wochen vor der Hochzeitsfeier. Wir informierten unseren Freund darüber, dass wir an besagtem Wochenende etwas mit ihm unternehmen wollten, doch er wusste nicht, um was es sich handelte. Ihm wurde lediglich mitgeteilt, dass er Übernachtungsutensilien und wetterfeste Kleidung mitnehmen sollte.

Am vereinbarten Termin holten wir ihn ab und traten eine Reise an, deren Ziel er nicht kannte. Allein das kribbelnde Gefühl der Neugier war für ihn schon großartig. Unsere Fahrt führte uns aus Hamburg an die Mecklenburger Seenplatte. Dort erwarteten uns an einem See zwei kleine Hausboote, die Jan für das ganze Wochenende gemietet hatte. Sie waren von der Motorleistung her gerade so stark, dass man keinen Motorbootschein vorlegen musste, um sie zu lenken. Jeder von uns durfte also mal Kapitän am Steuer spielen.

Mit diesen Booten erlebten wir traumhafte Tage mitten in der Natur. Etliche Seen in dieser Region sind über befahrbare Kanäle miteinander verbunden. So konnten wir uns frei bewegen und fanden immer wieder wunderschöne Plätze unter freiem Himmel. Wir grillten an Deck oder legten an wild bewucherten Ufern an und machten es uns an einem Lagerfeuer gemütlich. Die Boote hatten Kojen, in denen wir nach den Erlebnissen des Tages sanft in den Schlaf geschaukelt wurden. Wir fühlten uns wie Abenteurer, und es hätte uns kaum überrascht, wären wir Mark Twains berühmter Romanfigur Huckleberry Finn auf einem Holzfloß begegnet.

Das Intermezzo auf der Bühne des Musikfestivals ergab sich spontan aus unserer Partylaune am zweiten Tag unserer Reise. Das Tanzen war seitens des Trauzeugen durchaus geplant, jedoch in weit harmloserem Rahmen als auf einer Festivalbühne! Wir legten in Templin an, um den Ort unsicher zu machen. Bevor wir dort an Land gingen, offenbarte Trauzeuge Jan unserem Freund, dass er das Footballoutfit von einem anderen Mitglied der Runde anlegen sollte. Derjenige ist gut einen Kopf kleiner als der Bräutigam, so dass die Kleidung an vielen Stellen spannte und er ein entsprechend albernes Bild abgab. In diesem Kostüm sollte er auf dem Marktplatz in Templin zur Musik aus einem Kassettenrecorder tanzen und den Footballhelm bei Passanten herumgehen lassen, bis er von diesen so viel Geld erhalten hatte, dass er uns allen ein Bier ausgeben konnte. Das war die einzige Aufgabe, die er bei seinem JGA lösen sollte.

Ab dann fing es an, peinlich zu werden. Rückblickend gesehen hätten wir uns das affige Kostüm wirklich sparen können. Auf dem Marktplatz war kaum etwas los, und die wenigen Passanten suchten angesichts der tänzerischen Anstrengungen unseres Freundes schnell das Weite. So kamen nur einige Cents zusammen. Im Gespräch mit Einheimischen erfuhren wir von dem Musikfestival etwas außerhalb. Das erklärte, warum die Stadt wie ausgestorben zu sein schien. Wir fuhren eigentlich nur hin, um noch etwas zu erleben. Worin das später gipfeln würde, konnten wir zu diesem Zeitpunkt noch nicht ahnen. Davon habt Ihr ja bereits gelesen. Nach der Tanzeinlage unseres Freundes auf der größten Bühne der Region hatten wir noch viel Spaß. Wir feierten in einer Musikkneipe bis in die frühen Morgenstunden. Am nächsten Tag schliefen wir aus und fuhren mit den Hausbooten in aller Ruhe zurück zum Ausgangspunkt unserer Reise. Es fühlte sich an, als wären wir Wochen unterwegs gewesen. Dabei waren es insgesamt nur drei Tage, von Freitag bis Sonntag. Die vielen Ereignisse und die Schönheit der Natur machten dieses Wochenende für uns alle zu einem unvergesslichen Erlebnis.

So möchte ich Euch an dieser Stelle einen Tipp geben: Wenn es sich irgendwie ermöglichen lässt, plant für den Junggesellenabschied doch ein ganzes Wochenende ein. Es muss kein Trip in die Natur sein. Vielleicht ist Euer Bräutigam oder Eure Braut ja eher ein Fan von Städtereisen. Sucht in diesem Fall einen schönen Ort aus, der idealerweise nicht zu weit entfernt liegt oder der sich zumindest von allen Teilnehmern gut mit öffentlichen Verkehrsmitteln erreichen lässt. Um das Gemeinschaftsgefühl der Gruppe zu stärken, könnt Ihr eine Ferienwohnung für alle mieten. Die Kosten teilt Ihr unter den Teilnehmern auf. Sicherlich wird das alles nicht ganz billig, doch denkt immer daran, welches Vermögen Eure Brautleute für die gemeinsame Feier ausgeben werden. Sie haben es verdient, dass Ihr ihnen vorab einen schönen Kurztrip ermöglicht. Und dieses einmalige Erlebnis wird ein Leben lang für gemeinsame Erinnerungen sorgen.

Sollte ein mehrtägiger Trip aus organisatorischen Gründen oder aufgrund eines geringen Budgets nicht möglich sein, gibt es viele Alternativen für ein schönes gemeinsames Erlebnis, das an einem einzigen Tag oder Abend stattfinden kann. Auch ohne horrende Kosten. Dazu werden wir noch kommen. Natürlich muss auch in diesem Fall ein Termin gefunden werden, der für alle Beteiligten machbar ist. Im folgenden Kapitel will ich Euch zeigen, worauf bei der Terminkoordination zu achten ist.

5 Ideen für schöne Kurztrips am JGA:

- Städtereise
- Naturerlebnis wie Camping oder Wanderung
- Wellness-Hotel
- Ferienwohnung im Grünen
- Bootsfahrt

Sünde 13: Rudelgeheul

WhatsApp, Alter?

Trauzeuge Arthur berichtete mir kürzlich von seinem katastrophalen Stress bei der Vorbereitung des JGA für seinen besten Freund Joshua, der in Hannover lebt. Nachdem dieser ihm die gewünschten weiteren fünf Teilnehmer und ihre Kontaktdaten genannt hatte, stürzte sich Arthur in die Vorbereitungen und beging sogleich einen folgenschweren Fehler: Er gründete bei WhatsApp eine Gruppe eigens für den JGA. Da er die anderen fünf Männer noch nicht persönlich kannte, sondern nur aus den Erzählungen des Bräutigams, hielt er das für einen effektiven Weg der Kommunikation. Es hatte sich bisher einfach noch kein Treffen ergeben, und auf diese Weise konnten alle Teilnehmer jederzeit die anderen erreichen und ihre Ideen mitteilen. Arthur dachte sich, dass es schnell ein vertrautes Gefühl in der Gruppe schaffen würde.

Was zunächst wie eine gute Idee klang, entpuppte sich jedoch schnell als Albtraum für den Organisator. Denn ebenso, wie zu viele Köche den Brei verderben, vereiteln zu viele Individualisten ein schönes Gruppenerlebnis. Das fing schon bei der Terminfindung an. Fest stand, dass es ein Abend irgendwann im April sein sollte, denn die Hochzeit würde im Mai stattfinden. Da Joshua beruflich stark eingespannt war, schied eine Reise aus, und es kam nur ein gemeinsamer Abend in Hannover in Frage. Arthur meinte es gut, als er in die Runde hinein fragte, wann es den anderen passen würde. Das Resultat, das in bunten Sprechblasen auf seinem Smartphone ankam, lautete:

> Matze: Ich kann immer nur dienstags und mittwochs.

> Uwe: Werktags bin ich in Koblenz. Gerne am Wochenende.

> Gerald: Samstags wäre super, dann kann man sonntags ausschlafen.

> Ivo: Weiß noch nicht. Die Prüfungstermine für mein Staatsexamen stehen noch nicht fest.

> Hannes: Bei mir geht es nur werktags. Am Wochenende hat meine Freundin Schichtdienst, und ich muss mich um die Katze kümmern.

Trauzeuge Arthur wurde klar, dass er konkreter werden musste. Also schrieb er in die Runde:

Arthur: Joshua ist beruflich im Stress. Er kann immer nur am Wochenende. Wann lässt es sich bei Euch einrichten?

Matze: Dienstag oder Mittwoch wäre mir lieber. Vielleicht können wir Joshua ja am Feierabend mit einer Flasche Champagner im Büro überraschen?

Uwe: Am Freitag, den 10.04., passt es perfekt. Ich kann es mit der Rückfahrt von Heidelberg verbinden.

Gerald: Samstag, 16.04. oder 23.04.

Ivo: Ich treffe mich nächsten Montag mit meiner Lerngruppe, dann müssten die Prüfungstermine feststehen. Ich sage dann Bescheid.

Hannes: Wochenende geht nicht. Aber wenn, dann sonntags, ab 20 Uhr. Dann ist meine Freundin wieder zurück vom Schichtdienst.

Gerald: Nachtrag meinerseits, sorry, am 23.04. geht es doch nicht, aber der 30.04. würde auch passen.

Ich könnte diesen ermüdenden Schriftwechsel jetzt seitenlang fortsetzen, Sprechblase um Sprechblase, gefüllt mit immer neuen Vorschlägen, Gegenvorschlägen und spontanen Abweichungen. Das Schicksal von Arthur möchte ich Euch allerdings ersparen, deshalb fasse ich hier zusammen, zu welchem Ergebnis er schließlich kam. Da es aus Sicht des Bräutigams unter der Woche schlichtweg unmöglich und auch ein Sonntag denkbar ungünstig war, schieden Matze und Hannes aus. Dem schien seine Katze ohnehin wichtiger zu sein als Joshua. Als Arthur das Datum Samstag, den 16.04., festlegte und das in der Gruppe mitteilte, war allerdings das Geheul von Matze und Hannes groß.

> Matze: Da kann ich nicht. Lasst es uns doch im März oder Anfang Mai machen! Ich will unbedingt dabei sein!

> Hannes: Am 23.04. würde meine Freundin Urlaub bekommen und kann bei der Katze bleiben. Lasst uns diesen Termin nehmen!

> Gerald: Aber ausgerechnet am 23.04. kann ich doch nicht! Das habe ich doch bereits geschrieben!

Und so weiter und so fort. Arthur entschied, dass das Terminproblem nicht allein über die App gelöst werden konnte, und führte Telefonate mit sämtlichen Beteiligten. Wie ein Diplomat versuchte er, zwischen allen zu vermitteln. Am Ende blieb es jedoch ein unumstößlicher Fakt, dass unmöglich alle sechs, inklusive ihm selbst, gleichzeitig zugegen sein konnten. Übrig blieben Uwe, Gerald, Ivo und Arthur für das Datum 16.04.

Das zähe Hin und Her bei der Terminsuche hatte bereits mehr als zwei Wochen verschlungen. Die Stimmung in der Gruppe war gereizt, noch ehe überhaupt konkret darüber gesprochen wurde, was eigentlich genau an diesem Datum veranstaltet werden sollte. Nun ging die nächste Runde mit Vorschlägen los. Matze und Hannes fühlten sich wie Verstoßene, blieben aber hartnäckig in der Gruppe und streuten immer wieder gehässige Kommentare ein.

> Gerald: In der Innenstadt gibt es ein tolles mexikanisches Restaurant, wo ich schon öfter mit Joshua gegessen habe. Er liebt das scharfe Essen dort. Ich würde fünf Sombreros besorgen. Wir holen Joshua zu Hause ab, ziehen die Hüte an und beginnen den Abend mit einer Runde Tequila als Aperitif. Dann geht es ins Restaurant, und anschließend ziehen wir weiter durch die Bars.

> Matze: Das wäre nicht mal an Fasching witzig.

> Ivo: Ich bin für Bowling. Ich habe einen Gutschein für die Bowlingbahn in Hannover.

> Hannes: So ein Scheiß. Das kann Joshua jeden Abend machen, die Bowlingbahn ist doch bei ihm um die Ecke. Ihr solltet Euch lieber was Besonderes einfallen lassen!

So wurde von den beiden Ausgeschlossenen ein Vorschlag nach dem nächsten schlechtgemacht, ohne dass sie konstruktive Gegenvorschläge machten. Arthur sah schließlich keinen anderen Weg, als die App-Gruppe für Matze und Hannes zu sperren. Ihm war klar, dass sich das nicht besonders förderlich auf die Stimmung bei der Hochzeitsfeier auswirken würde – schließlich würden sie alle sich dort begegnen. Aber anders wusste er sich nicht mehr zu helfen.

Der nächste Problemkandidat war Ivo. Der Dauerstudent sagte zwischenzeitlich ab, weil seine Lerngruppe sich an dem Abend treffen wollte. Schließlich sagte er doch wieder zu, er wollte allerdings erst später dazustoßen. Das Restaurant wäre ihm sowieso zu teuer. Ob man sich denn nicht bei ihm zu Hause treffen könne, das sei auch billiger als die Drinks in der Bar.

Je mehr Arthur sich um die Organisation bemühte, desto mehr beschlich ihn das Gefühl, dass er für alle Unstimmigkeiten verantwortlich gemacht wurde. Er war derjenige, der die Runde überhaupt ins Leben gerufen und mit Abstand am meisten Zeit investiert hatte. Aber allen anderen schienen seine Ideen nicht gut genug zu gefallen, und außerdem nahmen es ihm wohl einige der Verbliebenen übel, dass er zwei Jungs aus der Gruppe ausgeschlossen hatte – denn diese kannten sich sehr wohl untereinander.

Nach Wochen zermürbender Diskussionen vereinbarte die Gruppe folgende Kompromisslösung: Es sollte zunächst ohne Ivo mit Sombreros zu Joshua gehen, dann ins mexikanische Restaurant. Anschließend würde man weiterziehen zu einer Bowlingbahn, wo Ivo dazustoßen würde (seine Lerngruppe würde bis dahin fertig sein, und dank des Gutscheins würde er nichts bezahlen müssen) und danach in eine Bar (wo Ivo wiederum nicht mehr dabei sein würde).

Als endlich der 16.04. gekommen war, fühlte sich Arthur hundeelend. Er hatte Bauchschmerzen und Durchfall, offensichtlich war ihm der Stress auf den Magen geschlagen. Dennoch schleppte er sich zum JGA, mit Medikamenten im Gepäck. Auch wenn er einen großen Teil des Abends auf diversen Toiletten verbrachte, war es für die anderen ein lustiger Abend. Und am wichtigsten: Bräutigam Joshua hatte wirklich Spaß! Im Nachhinein bereute Trauzeuge Arthur allerdings, dass er jemals auf die Idee gekommen war, eine App-Gruppe zu gründen und sich zwischen den Fronten aufzureiben.

5 Fehler bei der Terminsuche für den Junggesellenabschied:

- Gruppe über einen Messenger-Dienst oder Social Media

- Übermäßige Rücksicht auf die Bedürfnisse einzelner Gruppenmitglieder

- Vorgabe zu vieler möglicher Termine

- Ungünstiger Termin aus Sicht von Braut oder Bräutigam

- Termin kurz vor der Hochzeit

Die Terminvergabe ist Chefsache!

Social Media sind aus unserer Zeit nicht mehr wegzudenken. Allerdings gibt es Anlässe, an denen sie mehr schaden als nutzen. Dazu gehört die Vorbereitung von JGAs. Auch Chat-Gruppen von Brautjungfern, deren Mitglieder sich bei der Planung der Hochzeitsfeier einbringen wollen, können schnell unnötigen Stress verursachen. Persönliche Befindlichkeiten und der eigene Geschmack werden auf diese Weise schnell über die Interessen der Brautleute gestellt. Ebenso können Neid auf Trauzeuginnen und Trauzeugen die Stimmung vermiesen. Denn warum ist ausgerechnet Freundin Eliza von der Braut als Trauzeugin erwählt worden und nicht Schwester Ina oder Cousine Margarete?

Macht Euch also darauf gefasst, dass Eure Arbeit als Trauzeugen auch sehr viel mit zwischenmenschlichem Geschick zu tun haben wird. Lasst Euch nicht verunsichern, wenn Eure Vorschläge von einigen Seiten unsachlich kritisiert werden. Meiner Erfahrung nach braucht jedes Rudel einen Leitwolf – sonst versinkt alles im Chaos. Sicherlich haben Euch die Brautleute aus gutem Grund als Trauzeugen gewählt, und dafür braucht Ihr Euch nicht zu rechtfertigen. Betrachtet es als einen wertvollen Vertrauensvorschuss, auf den Ihr Euch jederzeit berufen könnt.

Dass es zu Unstimmigkeiten zwischen Euch und anderen Mitgliedern des JGA kommt, muss nicht zwingend der Fall sein. Und falls doch, bleibt ganz entspannt: Je weniger Ihr auf Provokationen und Seitenhiebe reagiert, desto weniger Angriffsfläche werdet Ihr bieten. Aber Ihr müsst Euch auch nicht alles gefallen lassen! Wenn Ihr die Teilnehmer souverän in ihre Schranken verweist, wird sich das Gezeter auf ein Minimum reduzieren.

Die effektivste Herangehensweise ist, wenn Ihr von Anfang an klar als Hauptverantwortliche in Erscheinung tretet. Das beinhaltet auch, dass Ihr die wichtigen Entscheidungen fällt. Eine demokratische App-Gruppe, in der jeder Teilnehmer zu jeder Tages- und Nachtzeit seine persönlichen Befindlichkeiten herausposaunen kann, ist da wenig hilfreich. Der Streit zwischen Arthur und den anderen Mitstreitern, den wir im Beispiel eben erlebt haben, hätte von Anfang an vermieden werden können. Fragt am besten gar nicht erst, wann es den anderen Teilnehmern des JGA terminlich passen würde! Viel besser ist es, Ihr klärt im Vorfeld mit der Braut oder dem Bräutigam zwei bis drei mögliche Termine, die von ihrer Seite aus günstig sind. Achtet bitte darauf, dass diese Termine nicht zu dicht vor der Hochzeitsfeier liegen. Auch wenn es den Brautleuten vielleicht noch nicht bewusst ist: Garantiert werden sie kurz vor dem Fest stark eingespannt sein, und es könnte in Stress ausarten. Der JGA sollte daher spätestens drei Wochen vor der Hochzeit stattfinden.

Eure zwei bis drei Terminvorschläge schickt Ihr bitte mit reichlich Vorlauf per E-Mail in die Runde der möglichen Teilnehmer. Inwieweit Ihr eine Online-Terminverwaltung für die Koordination des Termins nutzt, wie beispielsweise Doodle, bleibt Euch überlassen. Es kann äußerst praktisch sein, ist allerdings auch weniger persönlich als die direkte Ansprache per E-Mail. Wenn Ihr die Nachricht etwa drei Monate vor dem frühestmöglichen JGA-Termin schickt, hat jeder genug Zeit, sich darauf einzustellen und alles zu planen. Um niemandem auf den Schlips zu treten, solltet Ihr am Anfang eine allgemeine Anrede wählen. Das kann etwa so aussehen:

Hallo allerseits,

ich bin der Trauzeuge von Joshua und organisiere den JGA. Ich freue mich darauf, gemeinsam mit Euch einen tollen Event für unseren Bräutigam zu gestalten. Joshua hätte für den Junggesellenabschied Zeit am 09.04., 16.04. oder 23.04. Bitte teilt mir mit, welcher Termin Euch am besten passt. Wir werden dann dasjenige Datum wählen, an dem die meisten von Euch Zeit haben.

Ich bitte um eine Rückmeldung innerhalb einer Woche, damit wir alles Weitere planen können. Höre ich bis dahin nichts von Euch, gehe ich davon aus, dass keiner der Termine für Euch in Frage kommt und dass Ihr folglich leider nicht am JGA teilnehmen könnt. Das wäre natürlich schade, aber bitte habt Verständnis, dass Joshuas Terminkalender Vorrang hat. Unser Bräutigam hat schon reichlich Stress mit der Planung der Hochzeitsfeier.

Liebe Grüße,
Trauzeuge Arthur

Mit einer klaren Ansage wie dieser wird jeder gut zurechtkommen. Ihr bietet damit genug Alternativen und lasst ausreichend Zeit, um die Termine zu prüfen. Habt Ihr nach einer Woche noch nicht alle Antworten, schreibt Ihr die fehlenden Personen direkt an und fragt kurz, aber höflich nach. Beispielsweise so:

Hallo David,

vor einer Woche habe ich Dir drei mögliche Termine für den JGA von Joshua per E-Mail geschickt. Bisher habe ich leider noch keine Antwort von Dir erhalten. Bitte gib mir kurz Bescheid, welche der Termine für Dich in Frage kommen.

Danke und viele Grüße,
Trauzeuge Arthur

Lasst Euch bezüglich der Termine auf keine Diskussionen ein, sie werden auf keinen Fall in Frage gestellt. Wie angekündigt, wählt Ihr dann das Datum aus, an dem die meisten Zeit haben – so erspart Ihr Euch mühsame Konflikte mit den Ausgeschlossenen, sofern es welche gibt. Es hat dann nichts mit ihnen persönlich zu tun, denn das Datum wurde demokratisch gewählt. Das wird jeder einsehen. Sollten tatsächlich alle Teilnehmer an allen drei Terminen Zeit haben, umso besser. Dann könnt Ihr ein Datum frei wählen, das für Euch und Euren Ehe-Schützling besonders günstig ist. Hilfreich kann es auch sein, wenn Eure Braut oder Euer Bräutigam Euch vor der Planung des JGA mitteilt, welcher der in Frage kommenden Teilnehmer ihr oder ihm besonders am Herzen liegt. Dieses ehrliche Gespräch bleibt natürlich Euer

Geheimnis: Niemand soll das Gefühl bekommen, zweite Wahl zu sein für den schönen Anlass. Trotzdem ist es am Ende weniger schlimm, wenn ein guter Bekannter nicht dabei ist, als wenn es den engsten Freund trifft.

5 Tipps für eine effektive Planung des JGA-Termins:

- Kommunikation via E-Mail mit Ansprache der gesamten Gruppe

- Vorgabe von zwei bis drei möglichen Daten, die mit Braut oder Bräutigam abgesprochen sind

- Klare Vorgaben für den äußeren Rahmen

- Souveräner Umgang mit Kritik anderer Teilnehmer

- Termin spätestens drei Wochen vor der Hochzeit

Sünde 14: Fantasielosigkeit

Überraschungsgäste

»Jule, schön dich zu sehen!« Ramona fällt ihrer Freundin an der Wohnungstür um den Hals. Fast ein halbes Jahr ist vergangen, seit Ramona Jule in der Hamburger Weinbar gebeten hatte, ihre Trauzeugin zu werden. Ramona lebt in ihrer Geburtsstadt Freiburg, Jule in der weit entfernten Hansestadt. Daher hatte ihre Kommunikation in Sachen Hochzeit bisher überwiegend per E-Mail und Telefon stattgefunden. Trauzeugin Jule hatte sich schon vor Wochen angekündigt, da sie am Freitag beruflich in Freiburg zu tun habe. Das wäre doch ein toller Anlass, um an diesem sommerlichen Samstag gemeinsam zu frühstücken! Bei dieser Gelegenheit könnten sie dann in Ruhe darüber reden, was für die Hochzeit in zwei Monaten noch vorzubereiten sei. Da Ramonas Verlobter an diesem Wochenende nicht zu Hause ist, würden sie auch über die geheimen Themen, wie das Brautkleid, sprechen können – damit will die angehende Braut ihren Zukünftigen nämlich am Tag der Hochzeit überraschen. Auf dem Holztisch in der Wohnküche hat Ramona ein Frühstück mit Eiern, Croissants, Toast, Kaffee und frisch gepresstem Orangensaft vorbereitet.

Den reich gedeckten Frühstückstisch kommentiert Jule mit: »Das ist ja ein Traum!«

Die beiden Freundinnen setzen sich und beginnen einen angeregten Plausch, während sie selbst gemachte Marmeladen von Ramonas Mutter kosten. Nach zwanzig Minuten klingelt es an der Tür. Dort steht Nachbarin Henriette, die ebenfalls mit Ramona befreundet ist. Sie möchte ihr eine DVD zurückgeben, die sie sich vor Kurzem geliehen hatte. Kurz entschlossen bittet Ramona sie herein. Jule und Henriette kennen sich von früheren Begegnungen, und es gibt viel zu erzählen. Genug zu essen ist allemal da. Natürlich ist die Hochzeit das Hauptthema, und auch Henriette hat hierzu gute Ideen.

Gegen Mittag klingelt das Telefon. Es meldet sich Klaus, ein alter Freund von Ramona aus Studienzeiten. Er sei gerade in Freiburg am Bahnhof auf der Durchreise, ob er sie nicht auf ein Bierchen einladen könne, ehe er weiterdüst. Ramona erklärt, dass sie Besuch hat, und Klaus erweitert die Einladung kurzerhand auf alle drei. Nach dem langen Frühstück spricht nichts gegen einen kleinen Spaziergang, und alle sind einverstanden.

Auf dem Weg über die sonnige Eisenbahnstraße passiert das Trio den Colombipark, wo gerade eine Weinausstellung stattfindet. Unterschiedliche Rebsorten ranken sich dort unter freiem Himmel, und Schautafeln erklären die Besonderheiten. An einer dieser Tafeln stehen zwei Menschen, die Ramona im Vorbeigehen verblüfft anstarrt. Kann das sein? Sind das wirklich ihre Schwester Amelie und deren Mann Robert? Tatsächlich, die beiden kommen auf sie zu, und es gibt eine stürmische Begrüßung. Das Paar wohnt in München. Was treibt sie denn nach Freiburg?

In diesem Moment fällt bei Ramona der Groschen. Das alles kann kein Zufall sein! Verdutzt blickt sie Jule an. »Sag mal, hast du das organisiert?«

Jetzt braucht sich Jule ihr Grinsen endlich nicht mehr zu verkneifen. »Sagen wir mal so: Ich habe dem Zufall etwas nachgeholfen. Du hast doch heute wohl sonst nichts mehr vor, oder? Das ist doch ein traumhafter Tag für einen Junggesellinnenabschied, findest du nicht?«

Bitte kein JGA von der Stange

Ich ziehe meinen Hut vor Jule. Sie hat es geschafft, die angehende Braut auf wunderschöne Weise zu überraschen. Über eine Entfernung von Hunderten Kilometern hinweg ist es ihr gelungen, ein »zufälliges« Zusammentreffen von Ramonas engstem Kreis zu organisieren. Am Bahnhof traf die Gruppe auf Klaus, der aber gar nicht alleine da war, sondern zusammen mit zwei weiteren engen Freunden Ramonas. Die achtköpfige Gruppe verbrachte einen wunderbaren Tag in Freiburg. Bei einem Stadtspaziergang, dessen Route Jule vorab geplant hatte, passierten sie wichtige Stationen aus Ramonas Kindheit und Jugend. In einem selbst ausgedruckten Mini-Stadtführer hatte Jule zu jedem der Orte eine lustige Anekdote verfasst. Die Vergangenheit wurde lebendig an diesem besonderen Tag. Abends ging die Gruppe in Ramonas Lieblingspizzeria essen. Zum Ausklang stieß man in einer netten Bar mit Cocktails an. Am nächsten Morgen trafen sich alle noch zu einem gemeinsamen Frühstück in einem Café, ehe die Freunde sich verabschiedeten.

Um dieses einmalige Erlebnis zu ermöglichen, hatte Jule rechtzeitig mit der Vorbereitung begonnen. Auch für sie war die Terminfindung eine der größten Herausforderungen gewesen, denn alle Beteiligten vom JGA wohnten weit auseinander – bis auf Nachbarin Henriette. Diese konnte Jule tatkräftig vor Ort unterstützen. Sie weihte den Verlobten Kai in das Vorhaben ein, und er fühlte bei Ramona vorsichtig vor, welches Wochenende passen könnte. Für just diesen Termin gab Kai vor, er müsse beruflich verreisen. In Wahrheit fuhr er einfach nur zu seiner Familie in Passau.

Per E-Mail informierte Jule die anderen Teilnehmer über den Plan, und sie alle organisierten sowohl ihre Anreise als auch ihre Unterkunft selbst. Mit den Reisedaten entwickelte Jule den zeitlichen Ablauf. Nachbarin Henriette war sogar so geistesgegenwärtig, sich rechtzeitig vorher etwas von Ramona zu leihen, um einen unauffälligen Grund für ihr Erscheinen am betreffenden Samstag zu haben. Die angehende Braut konnte unmöglich Verdacht schöpfen. Auch der Anruf von Klaus war noch unauffällig. Erst als sie unterwegs auf ihre Schwester und deren Mann trafen, begriff Ramona, dass das alles kein Zufall sein konnte.

Eine einfachere Variante eines solchen Überraschungs-JGAs kann so aussehen: Euer liebes Brautpaar bleibt gemeinsam zu Hause, und nur eine Hälfte ist eingeweiht. Der- oder diejenige überredet die andere Hälfte zu einem gemütlichen Tag in den eigenen vier Wänden. Dann klingelt es plötzlich an der Tür, und siehe da: Eine Gruppe von Freunden steht vor der Tür und holt die Braut oder den Bräutigam für ein gemeinsames Erlebnis ab.

Was genau zusammen unternommen wird, hängt stark von den Interessen und Vorlieben Eures Schützlings ab. Was bereitet ihm oder ihr Freude? Und vor allem: Wie vermeidet Ihr peinliche Klischees? Immer wieder sieht man in Städten JGA-Gruppen durch die Straßen ziehen, die in albernen Kostümen versuchen, auf Teufel komm raus etwas Besonderes zu erleben. Dabei sind gerade das 08/15-Junggesellenabschiede, wie sie seit Jahren durchgeführt werden. Die Kostüme und pseudowitzigen Aktionen haben oft überhaupt nichts mit der Braut oder dem Bräutigam zu tun. Die Utensilien solcher JGAs können von der Stange gekauft und jedem übergestülpt werden.

Wenn Ihr Euren lieben Brautleuten ein wirklich besonderes Erlebnis schenken wollt, nehmt Euch ein Beispiel an Jule. Sie hat einen maßgeschneiderten Plan für Ramona entwickelt, und ihre Stadtführung hätte für keine andere Braut auf der ganzen Welt gepasst. Doch keine Sorge, so detailliert müsst Ihr gar nicht unbedingt vorgehen. Am wichtigsten ist, dass Ihr eine Gruppe zusammentrommelt, die Eurer Braut oder Eurem Bräutigam nahesteht. Schöne Erlebnisse müssen auch nicht spektakulär sein. Alleine schon das Zusammenkommen unter dem Banner des freudigen Anlasses ist etwas Besonderes. Wenn es Euch zusätzlich gelingt, ein individuelles i-Tüpfelchen einzubauen, schafft Ihr die beste Grundlage für ein stimmiges Gesamterlebnis.

Die kleine Variante zu zweit

Ein JGA muss nicht automatisch mit einer größeren Gruppe begangen werden. Aus verschiedenen Gründen kann es angebracht sein, dass nur Ihr und Eure Braut oder Euer Bräutigam gemeinsam etwas unternehmt. Vielleicht hat sie oder er nur wenig enge Freunde und keine Lust, den entfernteren Bekanntenkreis einzubeziehen. Oder der Stress vor dem Polterabend und der Hochzeitsfeier ist schon so groß, dass eine zusätzliche Aktion im größeren Rahmen einfach nur nerven würde.

Wenn das der Fall ist, könnt Ihr ganz einfach zu zweit etwas Schönes unternehmen. Ob es sich um einen Wellness-Tag in einer Therme handelt, einen Shopping-Trip in der City oder eine Wanderung in der Natur: Das Wichtigste ist, dass es zu Eurem Ehrengast passt. Eine sehr originelle Variante, die Ihr ganz individuell gestalten könnt, ist eine Art Schnitzeljagd mit öffentlichen Schließfächern, wie es sie beispielsweise in Bahnhöfen und großen Einkaufszentren gibt. Jedes der Schließfächer beinhaltet einerseits den Schlüssel für das nächste, dessen Adresse dort hinterlegt ist. Andererseits enthält es Utensilien für die nächste gemeinsame Aktion. So könnt Ihr ein ganz persönliches Abenteuer gestalten. Zum Beispiel:

1. Schließfach: Selfie-Stick für das Smartphone, um den ganzen Tag zu dokumentieren, sowie Tageskarten für öffentliche Verkehrsmittel

2. Schließfach: Badezeug und Schlüssel für eine Motorbootfahrt

3. Schließfach: Picknickkorb mit Bier und Mützen für den Minigolfplatz

4. Schließfach: Zwei Bierchen/Piccolos/Wasser für zwischendurch

5. Schließfach: Kettenhemden und Schilde für ein Mittelalter-Abendessen

6. Schließfach: Schicke Kleidung für die Bar auf der Dachterrasse eines Hotels

7. Schließfach: Zahnbürste, Deo und Hotelzimmerschlüssel für die Übernachtung

Je nach Budget und Angebot in der näheren Umgebung könnt Ihr das ganz individuell anpassen. Diese Variante ist natürlich auch mit einer kleinen Gruppe machbar, verliert dann aber etwas den Reiz der persönlichen Überraschung.

5 Ideen für individuelle JGAs:

- Überraschungsgäste an heimlich mit dem Partner abgestimmtem Termin

- Schnitzeljagd mit Schließfächern

- Wellness-Tag in einer Therme

- Radtour

- Club-Tour durchs Nachtleben

Sünde 15: Vollrausch

Fest verankert

Mareks Schädel fühlt sich an wie ein prall gefüllter Gasballon. Er öffnet die Augen. Sofort wird er von grellem Sonnenlicht geblendet, so dass er sie augenblicklich wieder schließen muss. Die kurze Momentaufnahme hat ihm eine hohe Stuckdecke gezeigt. Moment! Im Schlafzimmer seiner Neubauwohnung hätte er an dieser Stelle als Erstes eine weiße Hängelampe gesehen. Und wenn nicht über Nacht die Heinzelmännchen da waren, um filigrane Stuckarbeiten zu verrichten, müsste die Decke eigentlich schmucklos sein. Wo, zum Teufel, ist er hier?

Dann fällt es ihm wieder ein. Alles. Oder zumindest: fast alles. Gestern hatten sie sich zu Dominiks JGA in Frankfurt getroffen. Mit zwei anderen Jungs wollten er als Trauzeuge und Bräutigam Dominik das Kneipenviertel Sachsenhausen unsicher machen. Begonnen hatte alles in einer Apfelweinkneipe. Marek als gebürtiges Nordlicht aus Kiel kannte das Getränk nur vom Hörensagen und war sehr interessiert an der regionalen Trinkkultur. Da Dominik erst vor Kurzem nach Frankfurt gezogen war, hatte Marek noch keine Gelegenheit gehabt, seinen Kumpel zu besuchen. Der »Äppelwoi«, wie man ihn hier in Hessen nannte, war in Tonkrügen serviert worden, sogenannten »Bembeln«. Die Besonderheit der urigen Gastwirtschaft war, dass als größte Einheit Zwölfer-Bembel aufgetischt wurden. Sie fassten zwölf »Gerippte«, so hießen die speziellen Apfelweingläser. Ein solches Glas konnte 0,3 Liter aufnehmen. Das bedeutet, der Zwölfer-Bembel fasste mehr als dreieinhalb Liter Apfelwein! Und sie hatten gestern nicht nur einen davon bestellt...

Marek öffnet erneut die Augen, was einen stechenden Schmerz in den Schläfen auslöst. Trotzdem richtet er sich ächzend auf und sieht sich um. Er liegt auf einer riesigen Couch in einem gemütlichen Wohnzimmer mit Kamin, das er noch nie zuvor gesehen hat. Durch ein deckenhohes Fenster strahlt unbarmherzig die helle Morgensonne herein und beleuchtet die Szenerie. Marek ist lediglich mit seiner Unterwäsche bekleidet. Der Rest seines gestrigen Outfits liegt zerknäult auf dem Boden: schwarzer Anzug mit weißem Hemd, Krawatte, Hut. Das Motto des Abends war *Blues Brothers* gewesen. Die Idee kam von Marek. Dominik ist ein großer Fan des Kultfilms, und sie alle hatten sich wie die Hauptfiguren Jake und Elwood Blues gekleidet. Zu dem Kostüm gehörte ein markantes Accessoire, nach dem Marek nun verzweifelt den Boden vor der Couch abtastet. Endlich findet er die Sonnenbrille im berühmten Design, die unter das Sitzmöbel gerutscht war.

Kaum hat er die Brille aufgesetzt, fühlt er sich etwas besser. Zwar ist das Stechen in den Schläfen noch immer da, doch wenigstens schmerzen die Augen nicht mehr. Langsam steht er auf und schlüpft in Hose und Hemd. Seine Gedanken kreisen weiter um die Zwölfer-Bembel. Wie viele davon hatten sie wohl geordert? Der Apfelwein hatte ihm sehr gut geschmeckt, allerdings hatte er keine Vorstellung davon, wie viel Alkohol er enthielt. An drei Bestellungen von Zwölfer-Bembeln konnte er sich noch klar erinnern, die der Vierergruppe mehr als zehn Liter Äppelwoi auf den Tisch befördert hatten. Dann wurde seine Erinnerung schwammig, und er sah vom späteren Abend nur noch einzelne Bilder. Da war diese Bar oder Disco, wie hieß die noch? Jedenfalls waren da riesige tote Insekten in beleuchteten Glaswürfeln auf der Tanzfläche eingelassen. Oder waren die an den Wänden?

Später hatten sie irgendwo an einem Stand im Freien eine Frankfurter Rindswurst gegessen. Anschließend hatte Leon, einer aus der Gruppe, eine Runde Pfläumchen spendiert. Das Zeug schmeckte verdammt süß, daran kann Marek sich noch erinnern. Und dass man vor dem Trinken mit dem Deckel auf die Theke klopfen musste. Aber danach kommt nichts mehr. Seine Erinnerung hört an dieser Stelle auf, als hätte man einen Fernseher in seinem Kopf abgeschaltet.

Langsam schwankt er vom Wohnzimmer in den Flur. Weiße Wände, weiße Türen und Holzdielen ziehen vorbei. Noch immer verrät ihm nichts, in wessen Zuhause er sich hier befindet. Dominiks Wohnung ist das jedenfalls nicht. Da vernimmt er hinter einer der Türen eine Klospülung. Marek verharrt gespannt bei der Tür und wartet darauf, dass sich sein unbekannter Gastgeber zeigt. Als Nächstes hört er einen erschreckten Aufschrei und die Worte: »Heilige Scheiße, was ist das?« Es folgt Rauschen vom Wasserhahn und gelegentliches Fluchen. Die Sinfonie aus Kraftausdrücken dehnt sich über Minuten. Marek würde am liebsten anklopfen, traut sich aber nicht.

Endlich wird der Wasserhahn abgestellt, und Leon kommt auf den Flur, gehüllt in einen Frottee-Bademantel. Er ist derjenige, der den Pflaumenlikör spendiert hatte, und er wirkt leichenblass. Bei Mareks Anblick zuckt er zusammen – offensichtlich sieht der auch nicht viel besser aus als er selbst. »Guten Morgen, Marek. Verdammt krasse Nacht, was?«

Marek nickt und bereut die Bewegung sofort, die ihm einen glühenden Dolch durch die Schläfen zu rammen scheint.

Leon sieht ihn auf seltsame Weise an und fragt: »Hast du's schon gesehen?«

Marek hebt fragend die Brauen. »Was gesehen?«

Leon erwidert: »Oha, also noch nicht.« Er fasst Marek am Oberarm. »Okay, komm mal mit ins Bad.« Leon führt Marek vorsichtig vor den großen Spiegel über dem Waschbecken. »Und jetzt zieh die Sonnenbrille und dein Hemd aus.«

Eine ungute Vorahnung erfüllt Marek. Irgendetwas war da doch noch nach den Pfläumchen gewesen, irgendein Geschäft, in dem sie sich länger aufgehalten hatten. Was war das noch? In dem Raum gab es merkwürdige Stühle, wie beim Friseur. Fast scheint er die Erinnerung greifen zu können, doch sie entgleitet ihm wie ein feuchter Aal. Er legt die Brille ab und knöpft mit zitternden Fingern das Hemd auf. Als er es abstreift, entdeckt er auf seiner linken Schulter eine runde Folie. Darauf ist ein schwarzer Anker zu sehen, auf dem eine Meerjungfrau sitzt.

Marek schielt grinsend rüber zu Leon und sagt: »Ich

kann mich gar nicht daran erinnern, wo wir das Ding gekauft haben. Solche Aufkleber hab ich zuletzt in meiner Kindheit gesehen.«

Leon schüttelt den Kopf. »Ich fürchte, das ist kein Aufkleber.« Er lässt den Bademantel über seine Schulter gleiten, und dort prangt, inmitten von geröteter Haut, ebenfalls ein schwarzer Anker, auf dem eine Meerjungfrau sitzt. »Wir sind wohl im Vollsuff im Tattoo-Studio gelandet.«

Mit großen Augen greift Marek nach der durchsichtigen Folie auf seiner eigenen Schulter und löst sie an einer Ecke ab. Es brennt etwas, und was darunter zu sehen ist, lässt keinen Zweifel: Leon hat recht. Das hier ist eine echte, bleibende Tätowierung. »Ach du Scheiße! Haben wir jetzt alle so ein Ding? Auch Dominik? Tamara wird ausflippen!«

Rauschend, aber nicht berauschend

Ein JGA ohne Alkohol? Undenkbar! Zumindest gilt das für den größten Teil aller spaßhungrigen Gruppen, die gemeinsam losziehen. Mir wurde zwar durchaus schon von JGAs berichtet, wo sich auch nüchterne Teilnehmerinnen als bleibende Erinnerung eine niedliche Tätowierung verpassen ließen, zum Beispiel ein Herz am Fußknöchel. Das war allerdings vorher abgesprochen worden und stellte einen Beweis der Wertschätzung für den besonderen Anlass dar, der damit ein bleibendes Symbol erhielt. Im Beispiel eben ist allerdings der Abend komplett außer Kontrolle geraten. Ein Anker mit Meerjungfrau ist wohl nicht gerade ein Motiv, das romantische Hochzeitsgefühle ausdrückt. Bräutigam Dominik war im Nachhinein ebenso wenig davon begeistert wie seine Mitstreiter. Braut Tamara nahm es mit Humor. Glücklicherweise ermöglicht es die moderne Lasertechnologie heutzutage, sich von solchen Ausrutschern zu befreien...

Es liegt mir fern, als Spaßbremse aufzutreten und den Alkoholkonsum auf JGAs grundsätzlich zu verurteilen. Allerdings werden gerade angehende Bräute bei diesem Anlass häufig schon früh am Abend von der Gruppe genötigt, Schnaps oder anderen harten Alkohol zu trinken. Meistens geschieht das in Form von kleinen Fläschchen, die von Mitgliedern der Gruppe unterwegs gereicht werden, sozusagen als »Snack für zwischendurch«.

Wenn Ihr Eure Braut oder Euren Bräutigam vor solchen Anflügen von Komasaufen beschützen wollt, ohne sie als Spielverderber wirken zu lassen, kann ein Trick helfen. Das ist allerdings nur erforderlich, wenn Ihr befürchtet, die JGA-Truppe will die Braut oder den Bräutigam wirklich auf Teufel komm raus abfüllen. Gerade in ländlichen Gegenden ist diese Haltung sehr verbreitet, und es wird teilweise ein massiver Gruppenzwang aufgebaut, der zu unschönen Diskussionen bei der gemeinsamen Tour führen kann. Dem könnt Ihr vorbeugen: Ihr selbst besorgt die Fläschchen und bereitet eine spezielle Marge für Euch und Euren Schützling vor, in der Ihr den Alkohol durch andere Flüssigkeiten ersetzt. Natürlich informiert Ihr die Braut oder den Bräutigam rechtzeitig darüber. Auf diese Weise wird niemand der anderen merken, wenn der Star des Abends statt Wodka reines Wasser trinkt oder statt Pflaumenlikör Apfelsaft. Sollen die anderen ruhig so viel Schnaps konsumieren, wie sie möchten – Ihr selbst und Eure Braut oder Euer Bräutigam behaltet stets den Überblick. Ihr könnt selbst steuern, wie viel Rausch Ihr Euch gönnen möchtet, ohne vom Gruppenzwang überrannt zu werden. Vielleicht sind die anderen ja auch vernünftiger als gedacht, und Ihr müsst gar nicht diskutieren oder tricksen! Dann können die präparierten Flaschen ungenutzt in der Tasche bleiben.

5 Tipps für einen JGA ohne böses Erwachen:

- Inhalt von Schnapsfläschchen durch alkoholfreie Getränke ersetzen

- Früh am Abend essen gehen, um die Basis für weitere Drinks zu schaffen

- Exotische Getränke und Cocktails meiden

- Keine unnötige Eile aufkommen lassen

- Magnesium und Kopfschmerztabletten mitführen

Teil 4

Von Brautkleidern, Anzügen, Standesämtern und Zeremonien

Sünde 16: Egozentrik

Die Jury

Mit feuchten Händen steht Luzie in der Umkleidekabine der Boutique. Sie schwitzt nicht nur wegen der stickigen Luft in der kleinen Kabine, sondern auch vor Nervosität. Zum ersten Mal trägt sie ihr schönes Brautkleid zusammen mit dem aufwändigen Silberkollier, das eine befreundete Schmuckschmiedin extra für sie angefertigt hat. Das Kleid ist von schlichter Eleganz. Ärmellos, glatt und geschmeidig legt es sich um ihren Oberkörper und ihre Hüften, der gewellte Rock endet kurz über dem Boden und sorgt für eine schlanke Silhouette. Der glänzende Silberschmuck bildet einen eleganten Kontrast zu dem perlweißen Seidenstoff. Luzie atmet tief durch und nimmt all ihren Mut zusammen, um sich ihrem Publikum draußen zu zeigen.

Ihre Begleiterinnen sind ihre Trauzeugin Beatrice, ihre Schwester Eva und zwei weitere Freundinnen. Die Hochzeitsgruppe befindet sich im angesagtesten Brautmodengeschäft der Kölner Innenstadt. Für diesen Samstagnachmittag hatten sie sich bei der Besitzerin angemeldet und waren mit einem Glas Prosecco empfangen worden. Vorher war Luzie bereits zweimal da gewesen und hatte nach stundenlangen Anproben Dutzender Kleider zwei Modelle in die engere Auswahl genommen. Welches der beiden sie wählen würde, sollte der heutige Nachmittag entscheiden. Die gemeinsame Auswahl des Brautkleides hatte sich Luzie statt eines JGA gewünscht, im Anschluss würden sie alle zusammen schick essen gehen.

Luzie zieht den Vorhang auf und ruft »Tadaa!«. Ihre Freundinnen sitzen auf Stühlen vor einem kleinen Laufsteg, der etwas erhöht die Umkleidekabinen flankiert. Langsam schreitet Luzie über den Steg. Im Hintergrund läuft der Soundtrack von *Sex and the City*, zu hören ist gerade der Song *It's Amazing* von *Jem*. Am Ende des Laufstegs bleibt sie stehen, wiegt die Hüften im Takt und dreht sich um die eigene Achse. Die Mädels jubeln und klatschen. Luzie tritt über eine Stufe zu ihnen hinunter und fragt: »Na, was meint Ihr?«

»Das sieht super aus!«, sagt ihre Schwester. Die anderen nicken anerkennend.

Bloß Trauzeugin Beatrice scheint nicht recht überzeugt. Sie steht auf, umkreist die angehende Braut langsam und mustert sie von oben bis unten, wie ein Ausstellungsstück in einem Museum. Schließlich sagt sie: »Ich finde, du solltest ein Kleid mit langen Ärmeln wählen, vielleicht aus Spitze. Das wirkt festlicher. Außerdem sollte der Rock länger und weiter sein. Am besten wäre ein richtiger Reifrock. Was du da trägst, sieht eher aus wie ein normales Abendkleid, das zufällig weiß ist. Nicht wie ein Brautkleid. Und dieses Kollier ist ja sehr schön, aber das passt doch nicht zu einer Hochzeit!«

Luzie fühlt sich durch das vernichtende Urteil wie vor den Kopf gestoßen. Die konkreten Gegenvorschläge sind geradezu schockierend. Sie hatte nicht erwartet, dass ihre Vorauswahl grundsätzlich in Frage gestellt werden würde. Was Beatrice da beschreibt, ist eins von diesen typischen Prinzessinnenoutfits, die noch nie Luzies Geschmack entsprochen haben. Eigentlich sollte ihre Freundin das wissen. Und, was viel schlimmer ist: Mit dieser Bemerkung hat Beatrice nichts Geringeres getan, als Luzie mit einem Schlag die Freude zu verderben. Auch das zweite Kleid, das Luzie für heute hatte zurücklegen lassen, ist kurzärmlig und schlicht. Sie spürt, wie sich Tränen in ihren Augen sammeln, und schaut hilfesuchend in die Runde. Die anderen wirken wie betäubt. Mit einem Mal ist die gelöste Stimmung dahin.

Luzies Schwester Eva ergreift schließlich als Erste das Wort: »Weißt du was, Beatrice? Du hast völlig recht. So ein Kleid mit langen Spitzenärmeln und Reifrock wäre sicherlich genau das Richtige!« Sie macht eine rhetorische Pause und fügt dann hinzu: »Zumindest das Richtige für dich! Aber zu meiner kleinen Schwester würde das genauso wenig passen wie eine Rockerkutte mit Försterhut. Wenn du dich wirklich nützlich machen willst, dann sei still und hol lieber noch eine neue Runde Sekt für uns alle.«

Das hat gesessen. Beatrice wird blass, und die vorwurfsvollen Blicke, mit denen die anderen Frauen sie anstarren, tun ihr Übriges. Schnaubend dreht sie sich um und zieht davon. Eva steht auf und umarmt ihre Schwester. »Süße, du siehst wirklich umwerfend aus. Das hast du alles ganz toll ausgesucht. Ich kann mir kein Kleid vorstellen, das besser zu dir passen würde. Lass dich nicht verunsichern.« Auch die beiden Freundinnen zeigen sich begeistert von dem Kleid und dem Kollier.

Luzie lächelt und wischt sich die Tränen aus den Augenwinkeln. Das war genau das, was sie jetzt hören wollte!

Wo Zurückhaltung angesagt ist

Euer liebes Brautpaar hat sich garantiert in den letzten Wochen und Monaten sehr viele Gedanken gemacht um alles, was mit der Hochzeit zusammenhängt. Location, Dienstleister, Essen, Standesamt, Trauredner, all das will wohl überlegt und gut organisiert sein. Euer Rat kann in vielen Bereichen sehr wertvoll und hilfreich sein. Einen Fehler jedoch solltet Ihr niemals machen: Euren eigenen Geschmack über den der Brautleute zu stellen! Es stand Beatrice einfach nicht zu, das favorisierte Brautkleid ihrer Freundin Luzie schlechtzumachen und ihre eigenen Vorstellungen als Maß der Dinge zu nehmen.

Wenn Eure Braut oder Euer Bräutigam Euch nach Eurer Meinung fragt, dürft und sollt Ihr durchaus ehrlich sein. Doch der unverzeihliche Fehler, den Beatrice begangen hat, war, das Kleid nicht mit den Augen ihrer Freundin zu betrachten. Es mag sein, dass sie selbst sich ein wallendes Prinzessinnenkostüm für die eigene Hochzeit wünscht. Aber das ist in einem solchen Moment gar nicht gefragt! Es geht vielmehr darum: Passt das ausgewählte Stück zur Braut und zu ihrem Geschmack? Wirkt es authentisch? Wenn sich Luzie wirklich in ein Spitzenkleid mit Reifrock quälen müsste, käme das einer Verkleidung gleich. Es ist niemandem zu wünschen, in einem Kostüm auf der eigenen Hochzeit aufzutreten, in dem er oder sie sich überhaupt nicht wohl fühlt.

Nicht zu vernachlässigen ist auch der Aspekt der

Funktionalität – gerade bei Brautkleidern. Einer der Gründe, warum sich Luzie für ihr Modell entschieden hat, war, dass sie sich darin bequem bewegen kann. Sie tanzt gerne und möchte auch beim Gang zur Toilette nicht auf die Begleitung von Brautjungfern angewiesen sein, damit diese ihr den Rock hochhalten. Wenn Eure Braut ein aktiver Mensch ist, solltet Ihr sie ruhig darin unterstützen, sich nicht wie eine reglose Puppe verpacken zu lassen.

Das Gleiche gilt selbstverständlich für die Herren bei der Auswahl des Anzugs. Ist der Bräutigam eher pragmatisch und kostenbewusst, wird er sicherlich einen Anzug bevorzugen, den er später auch bei anderen festlichen Anlässen tragen kann. Es macht dann wenig Sinn, ihn zu einem Frack mit Zylinder und einer Hose mit seidenen Zierstreifen zu überreden. Also: Wenn Eure Meinung gefragt ist, dann posaunt bitte nicht heraus, was Ihr Euch selber wünschen würdet. Teilt stattdessen ehrlich mit, was am besten zur Braut oder dem Bräutigam passt – aus *deren* Sicht. Sollte Euer Schützling in Sachen Mode besonders unsicher sein und ausdrücklich Euren guten Geschmack zu Rate ziehen, ist natürlich jeder gute Einfall Eurerseits willkommen. Ihr könnt dann von Anfang an gemeinsam das Sortiment durchforsten und die Perlen herauspicken. Im Beispiel oben jedoch hatte Luzie ihre Wahl eigentlich bereits getroffen, und es ging ihr nur noch darum, diesen besonderen Moment mit ihren Freundinnen zu teilen und zu feiern. Trauzeugin Beatrice hätte das erkennen und sich zurückhalten müssen. Nach ihrem Fauxpas zog sie sich übrigens weitestgehend aus der weiteren Planung heraus, und Schwester Eva übernahm die Rolle der Zeremonienmeisterin. Das war ganz im Sinne der Braut, da sie durch diesen Vorfall das Vertrauen in ihre Trauzeugin verloren hatte.

Es gibt noch viele weitere Bereiche, wo sich Euer Geschmack nicht unbedingt mit dem des Brautpaars decken muss. Natürlich könnt Ihr beispielsweise Deko-Vorschläge machen, doch seid bitte nicht beleidigt, wenn diese nicht mit Begeisterung aufgenommen werden. Vor einigen Jahren begleitete ich als Wedding Guard ein Architekten-Ehepaar bei der Planung ihrer Hochzeit. Die beiden legten viel Wert auf modernes Design und bevorzugten klare Linien. Die Trauzeugin der Braut meinte es sicher gut, als sie ihnen fünf verschiedene selbst gebastelte Einladungskarten vorlegte. Ihre Idee war, die Gestaltung der Karten als Hochzeitsgeschenk einzubringen. Sie war sehr überzeugt von ihren handwerklichen Fähigkeiten. Mit Hingabe hatte sie viel Zeit investiert, um in bester DIY-Manier Schere, Kleber und Pinsel zu schwingen. Es gab eine Variante mit Stoffschleifchen, eine mit Herzen, eine mit Blumenmuster, eine mit einem ausgeschnittenen Brautpaar und eine mit einer weißen Taube darauf. Die einzige Gemeinsamkeit der kleinen Kunstwerke war, dass sie überhaupt nicht zu dem Design passten, das die Brautleute längst bei einer professionellen Grafikagentur in Auftrag gegeben hatten!

Durch die ungefragt vorgelegten Bastelstücke geriet das Brautpaar in eine äußerst unangenehme Situation. Zwar wussten sie das Engagement der Trauzeugin sehr zu schätzen, doch leider entsprach das Ergebnis weder ihrem Geschmack noch ihren Ansprüchen. Der Hobby-Designerin die Wahrheit auf eine Weise zu verdeutlichen, die nicht verletzend wirken würde, erwies sich als nahezu unmöglich – aber letztlich war ein offenes Gespräch unumgänglich. Die Trauzeugin äußerte zwar Verständnis, war aber sichtlich enttäuscht und zog sich danach weitestgehend aus den Hochzeitsvorbereitungen zurück. Ich kann verstehen, dass sie sich gekränkt fühlte, doch ganz ehrlich: Niemand hatte sie um den Entwurf von fünf verschiedenen Einladungskarten gebeten! Wenn sie vorher mit dem Brautpaar darüber gesprochen hätte, anstatt auf eine freudige Überraschung zu spekulieren, hätte sie sich jede Menge Arbeit und vor allem auch Frust ersparen können.

Abschließend möchte ich Euch ein grundlegendes Rezept im Umgang mit Brautleuten wärmstens ans Herz legen, mit dem Ihr nichts verkehrt machen könnt: Falls Ihr in Geschmacksfragen unsicher oder sogar ganz anderer Meinung seid als Euer liebes Paar, dann haltet Euch am besten zurück. Sagt auch mal gar nichts dazu, wenn die beiden von ihrer – in Euren Augen – schlechten Wahl wirklich überzeugt sind. Ihr müsst nicht alles kommentieren. Im Idealfall besitzt Ihr die menschliche Größe, auch dann ein Kompliment auszusprechen, wenn eine Entscheidung von Braut oder Bräutigam in Euren Augen eher unvorteilhaft wirkt. Sofern ihre Wahl spürbar von Herzen kommt, wird sie bestimmt das Richtige für die beiden sein!

5 Bereiche, in denen Ihr Euren persönlichen Geschmack gern für Euch behalten dürft:

- Brautkleid
- Anzug des Bräutigams
- Design der Einladungskarten
- Blumendekoration
- Auswahl der Speisen und Getränke

Sünde 17: Vergesslichkeit

Wer hat eigentlich die Ringe?

Nebelschwaden ziehen um die mittelalterliche Burg am herbstlichen Waldrand. Die Atmosphäre an diesem Ort hat etwas Magisches an sich, als wäre die gesamte Hochzeitsgesellschaft durch die Zeit in die Vergangenheit gereist. Wir befinden uns im Turmzimmer, mit Blick auf ein wolkenverhangenes Mittelgebirge. Eine Seite des Raums besteht aus einer halbrunden Nische, die einen kleinen Turm bis zur gebogenen Außenmauer ausfüllt. Dort steht ein massiver Holztisch und vor ihm zwei schwere Stühle, deren Rückseiten dem Raum zugewandt sind. Dann folgen mehrere Reihen mit lederbezogenen Stühlen, auf denen die Gäste Platz genommen haben. In der ersten Reihe sehe ich die Trauzeugen Isabelle und Mehmet. Ich selbst sitze am äußersten linken Ende derselben Reihe und halte einen kleinen MP3-Player in meinen Händen, der über ein langes Kabel unauffällig mit einem Lautsprecher unter dem Trautisch verbunden ist. Während der Zeremonie soll ich an abgesprochenen Punkten bestimmte Musikstücke abspielen. Außerdem empfängt der Verstärker das Signal des Funkmikrofons, das auf der Tischplatte bereit liegt. Da ich heute mit der

Beschallung der Abendfeier betraut bin und meine gesamte Technik dabeihabe, setze ich hier einen Teil davon ein, so dass die Brautleute nicht extra etwas von einem anderen Anbieter mieten müssen.

Eine zierliche blonde Frau tritt hinter den Trautisch und sortiert einige Papiere. Die Dame ist eine Standesbeamtin aus der nächsten Gemeinde. Deren Standesamt bietet als besonderen Service an, dass Hochzeiten an einigen ausgewählten Terminen direkt hier in der Burg stattfinden können. Ein Stockwerk tiefer befindet sich ein Restaurant, in dem heute anschließend die Feier stattfinden soll. Das Brautpaar, Adele und Burhan, hat sich die perfekte Location für eine Hochzeit mit mittelalterlichem Flair ausgesucht. Mit zur einen Hälfte deutschen und zur anderen Hälfte türkischen Gästen treffen hier an diesem historischen Ort zwei Kulturen aufeinander.

Nun betritt der Bräutigam den Raum und geht nach vorne, zum rechten der beiden Stühle. In seinem dunklen Dreiteiler, mit einer weißen Rose im Knopfloch und perlweißem Einstecktuch, sieht er sehr elegant aus. Das Gemurmel der Gäste wird leiser, jeder spürt, dass es gleich losgehen wird. Ich drehe mich in Richtung Tür an der Rückseite des Raumes um und sehe den Brautvater darin stehen. Wir nehmen Blickkontakt auf, und er nickt mir zu. Daraufhin spiele ich das Lied für den Einzug der Braut ab: *Kanon in D* von *Pachelbel*, in einer Streicherversion von *Jean-François Paillard*. Passend zum historischen Ambiente erfüllt das klassische Stück den Raum mit wohliger Gänsehautatmosphäre. An der Seite ihres Vaters tritt Braut Adele nun durch die Tür, gehüllt in ein wallendes Brautkleid mit Schleier. Alle Gäste stehen auf. Mit feuchten Augen und einem strahlenden Lächeln schreitet Adele an den Stuhlreihen vorbei. Vorne empfängt sie Burhan. Sanft fasst er ihre Hände, auch seine Augen glänzen im Licht des Deckenkronleuchters.

Als die Zeremonie beginnt, läuft zunächst alles wie am Schnürchen. Die Standesbeamtin hält nach einer kurzen Begrüßung eine geistreiche Rede. Sie macht regelmäßig Pausen, so dass Burhans Schwester Pinar, die an der Seite des Tisches steht, alles für die aus der Türkei angereisten Gäste übersetzen kann. Zwar wurden Burhan und seine Schwester in Deutschland geboren und sind hier aufgewachsen, doch ein Teil der Verwandtschaft spricht ausschließlich Türkisch. Zwischendurch spiele ich an einer vereinbarten Stelle der Rede ein türkisches Liebeslied ab, das mir der Bräutigam vorher zur Verfügung gestellt hatte. Auch das wird positiv aufgenommen. Die türkischen Gäste wissen es bestimmt zu schätzen, dass die Gastgeber sich so viel Mühe geben.

Schließlich kommt der große Moment, in dem die beiden sich das Jawort geben sollen. Burhans Stimme ist laut und deutlich zu hören, und er gibt sein Versprechen sogar zweimal: zuerst auf Türkisch, dann auf Deutsch: »Evet. Ja.« Adele ist so aufgewühlt, dass sie kaum sprechen kann, doch schließlich sagt auch sie: »Ja. Evet.« Unter dem Jubel der Hochzeitsgesellschaft küssen sich die beiden innig. Es ist ein perfekter Moment, den kein Hollywood-Regisseur besser hätte inszenieren können. Doch bei den nächsten Worten der Standesbeamtin zuckt Trauzeuge Mehmet schlagartig zusammen: »Sie dürfen nun die Ringe tauschen.«

Adele und Burhan drehen sich zu ihm um. Mehmet springt von seinem Stuhl auf und fängt an, hektisch die

Taschen seines Anzugs abzuklopfen. Alle Farbe ist aus seinem Gesicht gewichen. Trauzeugin Isabelle starrt ihn mit großen Augen an. Das Brautpaar scheint nicht recht zu begreifen, was gerade passiert. Burhans Schwester tritt neben Mehmet, fragt ihn etwas und erschrickt bei seiner Antwort sichtlich. Es entsteht ein großer Tumult unter den Gästen, als klar wird: Mehmet hat die Ringe nicht dabei!

Ich bin fassungslos. Sofern Mehmet die Ringe nicht verloren hat, können sie eigentlich nur an einem einzigen Ort sein: in seinem Hotelzimmer. Leider befindet sich das Hotel über zwanzig Minuten von dieser abgelegenen Burg entfernt. Hin- und Rückweg einberechnet, würde es also über vierzig Minuten dauern, bis er wieder hier wäre. Ich bezweifle, dass die Standesbeamtin so viel Zeit hat, um zu warten. Von den Brautleuten mal ganz abgesehen. Was nun?

Wenn die beiden im Anschluss auch gleich noch kirchlich heiraten würden, könnten die Ringe dort getauscht werden – doch bei dieser Hochzeit mit zwei Religionen, der christlichen und der islamischen, hält das Standesamt die einzige Zeremonie ab. Das Brautpaar wird also keine zweite Chance bekommen.

Mehmet rauft sich verzweifelt die Haare. Während rundherum laut diskutiert wird, bleibt Burhans Vater ganz ruhig. Der stattliche ältere Herr geht hinüber zu den Eltern der Braut und spricht mit ihnen, vor allem mit der Mutter. Die beiden fassen sich an den Händen, und schließlich wendet sich der türkische Vater an die Standesbeamtin. Er scheint ihr etwas zu überreichen. Sie geht damit zum Brautpaar, auch die Trauzeugen kommen dazu, und nach einem kurzen Gespräch greift sie zum Mikrofon. Als die Beamtin anfängt zu reden, kehrt schnell Ruhe ein: »Liebe Familien der Brautleute, liebe Freunde. Als ein Symbol für die Zusammenführung von zwei Familien werden wir heute ein ganz besonderes Ritual erleben. Lieber Burhan, hier ist der Ehering von Adeles Mutter, den Sie Ihrer Braut stellvertretend anlegen dürfen, bis Sie beide Ihre eigenen Ringe bekommen. Und liebe Adele, Ihnen überreiche ich den Ring von Burhans Vater, den Sie Ihrem Mann nun anlegen dürfen.«

So kommt es doch noch zum Ringtausch, und die schöne Geste der Eltern rettet die Zeremonie. Ein Glück, dass Burhans Vater so geistesgegenwärtig ist und wir es mit einer so flexiblen Standesbeamtin zu tun haben! Unter dem Applaus der Hochzeitsgesellschaft schieben sich die beiden die Ringe über die Ringfinger. Erfreulicherweise sind sie nicht zu eng. Ich bin gespannt, ob Mehmet die richtigen Trauringe heute noch auftreiben wird…

Alles am rechten Platz

Später stellt sich heraus, dass die Ringe tatsächlich noch auf Mehmets Hotelzimmer waren. Eigentlich hatte er sie – samt Schmuckkästchen – in die Innentasche seines Jacketts stecken wollen. Am Morgen stellte er vor dem Ankleidespiegel allerdings fest, dass das zu einer unvorteilhaften Ausbuchtung führte. Er versuchte, die Ringe ohne Kästchen einzustecken, das schien ihm aber zu unsicher. Zu leicht hätten sie bei einer unvorsichtigen Bewegung herausrutschen können. Also packte er sie wieder zurück in die kleine Kiste und ließ diese in der Innentasche seines Mantels verschwinden.

Als er und seine Freundin zur Trauzeremonie aufbrechen wollten, regnete es stark. Die beiden wussten, dass sie oben an der Burg noch ein paar Minuten vom Parkplatz ins Innere benötigen würden. Also entschied sich Mehmet, eine Regenjacke überzuziehen. Die beiden waren bereits spät dran und mussten sich beeilen. Sein Mantel, samt den Ringen, blieb einsam auf dem Zimmer zurück. Es ist schwer zu sagen, was genau in seinem Kopf vorging. Hatte er in der Hektik gar nicht mehr an die Ringe gedacht, oder glaubte er, sie seien in der Regenjacke? Ganz egal, das Ergebnis war die größte Panne auf einem ansonsten perfekt organisierten Fest. Erst in dem Moment, als die Standesbeamtin den Ringtausch ankündigte, fiel ihm siedend heiß sein Mantel in weiter Ferne ein. Da war es allerdings bereits zu spät.

Zu Mehmets Verteidigung sei gesagt, dass ihn die bevorstehende Hochzeit seines besten Freundes emotional sehr viel mehr aufwühlte, als er es für möglich gehalten hatte. Das ganze Geschehen brachte ihn völlig durcheinander – und das kann Euch durchaus auch passieren! Daher solltet Ihr Euch mit einer kleinen Checkliste vor einem solchen Fiasko schützen. Notiert alles auf einen Zettel, was Ihr unbedingt zur Zeremonie mitnehmen müsst. Beginnt mit der Niederschrift aber bitte nicht erst auf den letzten Drücker, etwa kurz vor der Feier. Erstens wäre dann die Gefahr groß, dass Ihr doch etwas vergesst, und zweitens müssen einige Dinge vielleicht längerfristig vorbereitet werden. Es ist beispielsweise unabdingbar, dass Ihr im Standesamt einen gültigen Personalausweis oder Reisepass vorlegt. Prüft also bitte, ob Eure Papiere am Tag der Zeremonie noch gültig sein werden. Falls nein, beantragt die Verlängerung rechtzeitig.

Wenn der große Tag gekommen ist, solltet Ihr Eure Checkliste an einem Ort platzieren, den Ihr auf jeden Fall vor dem Verlassen Eurer Wohnung oder Eures Hotelzimmers im Blick habt. Egal, ob Ihr die Garderobe wählt oder die Notiz mit Klebestreifen von innen an die Eingangstür oder an den Badezimmerspiegel heftet: Erst wenn Ihr jeden einzelnen Punkt auf der Liste abgehakt habt, brecht Ihr auf. Falls die Zeremonie und die Hochzeitsfeier am selben Tag stattfinden, solltet Ihr natürlich auch unbedingt einen Ablaufplan mitnehmen. Wenn Ihr sichergehen wollt, dass nicht im falschen Moment Euer Handy klingelt, schreibt das Stummschalten mit auf die Checkliste. Denn auch diese kleine, aber sehr wichtige Handlung wird in der Aufregung leicht vergessen. Selbst auf einer Beerdigung habe ich es bereits erleben müssen, dass mitten in die Trauerrede hinein ein Handy ertönte. Das wäre an sich schon schlimm genug gewesen, doch der Klingelton war an diesem traurigen Tag ausgerechnet die Melodie von *Don't Worry, Be Happy*. In solchen Momenten möchte man dem Eigentümer des Geräts am liebsten an die Gurgel springen – und es wäre fatal, wenn Ihr das seid, die sich einen solchen Ausrutscher leisten! Zu Hause lassen solltet Ihr Euer Mobiltelefon freilich nicht. Ihr müsst am Tag der Feier generell erreichbar sein für das Brautpaar, Gäste und Dienstleister. Schaltet es am besten gleich nach der Zeremonie wieder an.

Unabhängig davon, ob Ihr mit dem eigenen Auto zur Zeremonie fahrt, solltet Ihr Euren Führerschein dabeihaben. Denn es könnte aus unvorhersehbaren Gründen erforderlich sein, dass Ihr Mitglieder der Hochzeitsgesellschaft – oder sogar die Brautleute selbst! – von A nach B fahren müsst. Natürlich gilt das erst recht, wenn Ihr direkt mit der Fahrt des geschmückten Hochzeitsautos betraut seid.

Übrigens: Es ist nicht zwangsläufig Eure Aufgabe, die Eheringe mitzubringen. Häufig wird es so gehandhabt, dass die Brautleute den Standesbeamten die Ringe direkt vor der Zeremonie selbst übergeben. In diesem Fall liegen sie meistens in der Schmuckschatulle auf dem Trautisch bereit. Auch kommt es vor, dass Brautleute ihre Familienmitglieder oder enge Freunde für die Ringübergabe wählen, als Zeichen der Verbundenheit. Fragt Euer liebes Paar am besten danach, wie die Ringübergabe organisiert werden soll.

5 Dinge, die Ihr für die Trauzeremonie auf keinen Fall vergessen solltet:

- Gültigen (!) Personalausweis oder Reisepass

- Eheringe (falls vom Brautpaar erbeten)

- Führerschein (für alle Fälle, auch falls Ihr nicht mit Eurem Pkw anreist)

- Ablaufplan

- Stumm geschaltetes Mobiltelefon

Sünde 18: Blauäugigkeit

Champagner für alle

Die Trauzeugen Camilla und Steffen treffen bereits eineinhalb Stunden vor dem Brautpaar beim Standesamt in Hamburg Altona ein. Es befindet sich im Altonaer Rathaus, einem schmucken Gebäude aus dem achtzehnten Jahrhundert. Aufgrund seiner ansprechenden Architektur und der Nähe zur Elbe ist dieses Standesamt besonders beliebt. An einer Seite des Gebäudes, wo sich eine kopfsteingepflasterte Straße ohne störenden Durchgangsverkehr befindet, beginnen die beiden Trauzeugen ihr Werk. Aus Steffens Kombiwagen holen sie einen Tapeziertisch, weiße Tischdecken und mehrere Kunststoffkisten mit Sektgläsern. Diese hat Camilla bei einem Caterer gemietet. Da die Sonne scheint, können die beiden den Schönwetterplan vorbereiten: einen Sektempfang für alle Traugäste im Freien, der nach der Zeremonie stattfinden soll. Der Plan B für Regen wäre gewesen, den Empfang im Foyer des Rathauses aufzubauen.

Die beiden gestalten die Outdoor-Bar liebevoll. Camilla hat Blumen besorgt, Steffen herzförmige Ballons. Vier davon füllt er aus einer kleinen Gasflasche mit Helium und befestigt an jeder Ecke des Tisches einen. Die

Gläser werden ordentlich in einem großen Rechteck angerichtet, das eine Hälfte des Tischs einnimmt. Die andere Hälfte wird bestückt mit Silbertabletts, auf denen belegte Brote und Brezeln bereitliegen. Die Krönung des Ganzen ist eine große silberne Schüssel. Steffen füllt sie zur Hälfte mit Crushed Ice, das er auf dem Hinweg von einer Tankstelle besorgt hat. Darin platziert er feierlich ein halbes Dutzend Flaschen Champagner. Außerdem stellt er sechs Liter Orangensaft und mehrere Flaschen Mineralwasser bereit. Das sollte seiner Meinung nach für die erwarteten zwanzig Personen genügen.

Da die Hochzeitsgesellschaft über einen anderen Eingang das Gebäude betritt, können Camilla und Steffen ganz in Ruhe arbeiten. Zehn Minuten, bevor die Trauzeremonie beginnen soll, ist alles fertig. Voller Stolz betrachten die beiden Trauzeugen ihr Werk. »Das hätte selbst der Caterer nicht besser hinbekommen«, freut sich Camilla.

Steffen blickt auf die Uhr. »Das glaube ich auch. Jetzt müssen wir aber schleunigst rein, die Gäste sind bestimmt schon alle da.« Mit einem letzten Blick auf ihr Kunstwerk begeben sie sich ins Gebäude.

Dreißig Minuten später führen Camilla und Steffen eine heitere Hochzeitsgesellschaft ins Freie und freuen sich darauf, ihnen ihre Bar zu präsentieren. Vor allem für Braut und Bräutigam soll es eine schöne Überraschung werden. Zwar wissen die beiden, dass der Empfang stattfinden soll, doch wie das Ganze aussieht, haben Camilla und Steffen nicht verraten.

Als die Gruppe um die Ecke biegt, ist der Schreck bei den Trauzeugen groß: An ihrer Bar stehen fremde Menschen mit Sektgläsern in der Hand! Mindestens dreißig Personen, die ebenso festlich gekleidet sind wie ihre eigene Hochzeitsgesellschaft, drängen sich um den Ausschank. Entsetzt rennt Steffen hin und erblickt eine Dame um die fünfzig, die gerade hinter der Theke den letzten Champagner öffnen will. Die fünf anderen Flaschen stehen entkorkt neben dem Kübel. Auch die Tabletts mit den Häppchen sind fast leer geräumt. Atemlos spricht er die Frau an: »Wer sind Sie, und was fällt Ihnen ein, unseren Champagner auszuschenken?«

Sie blickt ihn verdutzt an. »*Ihr* Champagner? Gehört das hier denn nicht zur Hochzeit von Erwin und Marla?«

Steffen schüttelt den Kopf. »Aber nein! Unser Brautpaar heißt Iris und Jörn. Die kommen da hinten. Ich bin ihr Trauzeuge, und wir haben das hier vorhin eigenhändig aufgebaut!«

Die Dame wird knallrot. Einige der umstehenden Gäste haben das Gespräch mitbekommen, und ihnen vergeht auf der Stelle das Kauen. Betretene Blicke treffen den Trauzeugen und sein ratloses Gegenüber. Als sich die Frau halbwegs gefasst hat, sagt sie: »Oh mein Gott, das tut uns sooooo leid! Unser Brautpaar ist noch mit dem Fotografen und den Eltern im Innenhof, um Bilder zu machen. Wir haben gedacht, das hier ist für uns!«

Nun kommt auch Trauzeugin Camilla dazu, die der Hochzeitsgesellschaft vorausgeeilt ist, und Steffen erklärt ihr rasch die Situation. Dann fragt er: »Was sollen wir denn jetzt machen?« Die beiden blicken in Richtung der sich nähernden Gruppe, die von dem ahnungslosen Brautpaar angeführt wird.

Camilla hat eine spontane Idee: »Wie auch immer das jetzt gelaufen ist, wir werden hier laut Zeitplan einen

Aufenthalt von einer Stunde haben. Die müssen wir nutzen. Was hältst du davon, schnell noch mal zur Tanke zu fahren und ein paar Flaschen Sekt und Knabbereien zu kaufen? Salzstangen, Erdnüsse und Chips oder so. Ist doch besser als nichts!«

Die fremde Dame hat das mitbekommen und bringt sich ein: »Ich komme mit, und wir übernehmen die Kosten! Das ist das Mindeste, was wir tun können.«

Steffen nickt. »Das wissen wir zu schätzen.« Er wendet sich an Camilla: »Sagst du es Iris und Jörn?«

»Na klar.« Plötzlich muss sie lachen. »Mensch, von der Story werden wir noch in Jahren sprechen!«

Ihr seid nicht die Einzigen in der Behörde

Was wir eben erlebt haben, hätte nicht nur in einem der beliebtesten Standesämter Hamburgs passieren können. In fast jeder Behörde wird mit engen Zeitfenstern gearbeitet, egal, ob in Groß- oder Kleinstädten. Ihr könnt sicher sein, dass Eure Gesellschaft am betreffenden Tag nicht die einzige sein wird. Eine Ausnahme kann eine Trauung sein, die außerhalb des Standesamtes stattfindet. Im Beispiel der Burg haben wir vorhin eine Location gesehen, die gegen Aufpreis exklusiv aufgesucht wird. Dort war nur eine einzige Hochzeitsgesellschaft zugegen. Ähnlich kann es bei einer weltlichen Zeremonie mit einer freien Traurede ablaufen, die einen rein symbolischen Charakter hat. Jedenfalls solltet Ihr auch dann vorab klären, ob Eure Runde die einzige vor Ort sein wird. Auch bei vielen Kirchen ist es gängig, dass mehr als ein Brautpaar pro Tag in den Stand der Ehe geführt wird. Wenn das auch bei Euch so ist, solltet Ihr die Zeitfenster zwischen den Trauungen erfragen. Gerade wenn Ihr einen Empfang oder sonstige Aktionen im Freien plant, ist das entscheidend.

Unabhängig von diesen Faktoren gilt aber in jedem Fall: Eine Getränkebar unbeaufsichtigt zu lassen ist ein Risiko. Das Dilemma von Camilla und Steffen war, dass sie als Trauzeugen natürlich bei der Zeremonie zugegen sein mussten und nicht gleichzeitig draußen aufpassen konnten. Das Missverständnis mit der anderen Gruppe wäre sicherlich nicht passiert, wenn sie bei ihrer Deko daran gedacht hätten, die Namen von Braut und Bräutigam gut sichtbar anzubringen. Aber selbst dann hätte es passieren können, dass irgendwelche Passanten Champagnerflaschen oder Schnittchen geklaut hätten. In einem öffentlichen Raum kann man nie wissen, wer vorbeikommt. Es muss immer mit der Dreistigkeit des Laufpublikums gerechnet werden.

Die einzige sichere Lösung wäre gewesen, eine Person zu bestimmen, die durchgängig bei der Bar bleibt (und selbst die Finger von den Köstlichkeiten lässt). Wenn sich bei der Hochzeitsgesellschaft niemand findet, der das Opfer auf sich nimmt, beim Jawort zu fehlen, müsst Ihr einen anderen Weg gehen. Vielleicht kann einer Eurer Freunde einspringen, der nicht viel mit dem Brautpaar zu tun hat und somit nicht eingeladen ist. Das wäre dann aus seiner Sicht ein Gefallen für Euch, nicht direkt für das Brautpaar. Möglicherweise findet sich auch jüngere Verwandtschaft der Brautleute, die den Job gerne übernimmt. Wie auch immer Ihr das löst: Überlasst von Euch angerichtete Getränke- oder Food-Stationen niemals sich selbst!

Für die Kalkulation der Menge an Getränken bei einem Sektempfang kann ich Euch auch einen Tipp geben. Gehen wir von einer Stunde Empfang aus, bei dem Champagner oder Sekt das einzige alkoholische Getränk ist, solltet Ihr drei Gläser pro Person berechnen. Das entspricht einer halben Flasche pro Kopf. Bei zwanzig Personen, wie im Beispiel eben, waren sechs Flaschen Champagner also sehr knapp bemessen gewesen – es hätten gerne zehn sein dürfen. In jedem Fall solltet Ihr genügend alkoholfreie Getränke mit einplanen, vor allem im Sommer. Der Renner ist und bleibt Wasser, in den Varianten still und Sprudel. Am besten bietet Ihr auch einen Sekt-Frucht-Drink an, wie Bellini oder den Klassiker Sekt-Orangensaft, um eine Variante mit weniger Alkohol in petto zu haben. Seit einigen Jahren erfreut sich die Variante Aperol Spritz großer Beliebtheit, doch diese hat mindestens genauso viel Alkohol wie reiner Sekt.

5 Dinge, an die Ihr bei einem Sektempfang im öffentlichen Raum denken solltet:

- Durchgängige Beaufsichtigung

- Plan B für Regen

- Beschriftung mit den Namen der Brautleute

- Kühlung der Getränke

- Ausreichend Servietten und zusätzliche Pappbecher, falls die Gläser ausgehen

Sünde 19: Privat-Paparazzi

Voll im Bilde

Die Wiese vor dem norddeutschen Schloss leuchtet in sattem Grün, wie ein englischer Rasen. Der ausgedehnte Park ist sehr gepflegt, mit mächtigen Bäumen und kugelförmig zugeschnittenen Hecken. Auf weißen Stühlen sitzt die festlich gekleidete Hochzeitsgesellschaft, und in der Mitte liegt in einem Durchgang ein roter Teppich. Er führt auf einen mit weißem Stoff verhüllten Tisch zu, hinter dem der freie Redner steht, der die weltliche Trauzeremonie abhalten soll. Bräutigam Pedro steht am Rand des Teppichs in einem strahlend weißen Anzug bereit und wartet auf seine Braut Elisa. Die Trauzeugen und die Brauteltern sitzen vorne in der ersten Reihe. Ich selbst habe einen Platz in der letzten Reihe rechts. Als Wedding Guard hatte ich Pedro und Elisa bei der Planung ihrer Hochzeitsfeier unterstützt und habe nun die Ehre, der Trauzeremonie beizuwohnen.

Alles hier sieht genauso schön aus, wie wir uns das vorgestellt hatten, und auch das Wetter spielt mit. Bis auf einige Wattewölkchen ist der Himmel blau, und die Temperatur ist angenehm, nicht zu warm und nicht zu kalt. Das Einzige, was stört, sind die Gaffer in der näheren Umgebung! Der Park ist öffentlich zugänglich und darf natürlich für Spaziergänge genutzt werden. Mit Passanten hätte wohl niemand in der Hochzeitsgesellschaft ein Problem. Aber die unverhohlene Schaulust einiger Menschen hier ist unschön.

Der Rasen wird eingegrenzt von vier Kieswegen. Auf jedem stehen Personen, die das Geschehen neugierig betrachten, als wäre es ein öffentliches Schauspiel. Eine Seite wird flankiert von einem jungen Paar, das einen Kinderwagen hin- und herschaukelt. Auf dem Weg, der hinter dem Trautisch vorbeiführt, haben sich einige Seniorinnen und Senioren versammelt, die ständig auf irgendetwas oder irgendjemanden zeigen. Eine Stelle in der Nähe meines Sitzplatzes wird von einer Gruppe Teenagermädchen belagert, die lautstark tratschen.

Der Bräutigam ist so angespannt, dass er das alles vermutlich gar nicht wahrnimmt. Auch die Trauzeugen und Eltern scheinen sich der Störenfriede nicht bewusst zu sein. Doch diese Kulisse macht es dem Hochzeitsfotografen bestimmt nicht einfach. Noch mehr dürften die beiden Filmemacher zu kämpfen haben, die rechts und links der Bestuhlung Position bezogen haben. Die jungen Männer wollen das Geschehen aus zwei Perspektiven aufnehmen und später in den Hochzeitsfilm hineinschneiden. Wie sollen sie zu Aufnahmen kommen, in denen nicht irgendein Fremder im Hintergrund beim hemmungslosen Gaffen zu sehen ist? Mir fällt die Zeile eines Songs von den *Fantastischen Vier* und *Herbert Grönemeyer* ein: *Es könnte alles so einfach sein – ist es aber nicht.*

Noch habe ich die Hoffnung, dass das ungeladene Publikum einen Funken Anstand besitzt und rechtzeitig das Weite suchen wird. Man müsste schon schwer ignorant sein, um angesichts einer Trauung fremder Menschen nicht zu bemerken, dass man fehl am Platz ist. Doch als festliche Musik einsetzt, die der Trauredner per Knopfdruck abspielt, und die Braut sich von hinten dem roten Teppich nähert, erlischt mein Glaube an das Gute im Menschen schlagartig. Denn jetzt, wo es losgeht, werden rundum sofort Smartphones gezückt, um zu fotografieren oder zu filmen. Die Teenies jauchzen vor Entzückung. Das wird sicher eine Sensation auf Facebook, WhatsApp oder YouTube! Eine *echte* Hochzeit, ausnahmsweise mal keine aus dem Trash-TV! Die Rentner gegenüber bringen Kleinbildkameras in Anschlag. Das junge Paar auf der anderen Seite hat wohl kein Handy dabei, dafür beginnt das Kleine im Kinderwagen pünktlich zum Einzug der Braut lauthals zu schreien. Was die Eltern freilich nicht dazu veranlasst, sich auch nur einen Meter wegzubewegen.

Jetzt reicht es! Ich weiß nicht genau, was ich tun kann, doch ich muss handeln, wenn das hier eine schöne Trauzeremonie werden soll. Ich stehe auf und gehe zunächst zu den Teeniemädchen. »Entschuldigt bitte, aber das ist keine öffentliche Veranstaltung. Wenn Ihr hier filmt, verletzt Ihr diverse Persönlichkeitsrechte.« Sicherlich wäre ich aufgrund meines friedfertigen Wesens der schlechteste Security-Mann aller Zeiten, doch in diesem Moment ist meine Empörung so groß, dass ich aus dem Stegreif noch den Nachtrag erfinde: »Außerdem stellt euer Aufenthalt hier ein Sicherheitsrisiko für die Hochzeitsgesellschaft dar. Ich muss euch daher bitten, unverzüglich weiterzugehen.«

Am liebsten möchte ich mir auf die Zunge beißen, nachdem mir das herausgerutscht ist. Persönlichkeitsrechte! Sicherheitsrisiko! So ein Quatsch, das muss ich wohl in irgendeinem Actionfilm gehört haben. Einem von der Sorte, wo Hochhäuser in die Luft fliegen oder Helden an Flugzeugtragflächen hängen. Doch so abwegig meine Worte auch sind, sie wirken Wunder! Verschüchtert packen die Mädels sofort ihre Smartphones ein und suchen das Weite, ohne zu diskutieren.

Währenddessen hat die Braut den roten Teppich erreicht und schreitet auf den Trautisch zu – und damit natürlich auch auf die Senioren dahinter. Schnellen Schrittes begebe ich mich auch dorthin, wobei ich mich möglichst unauffällig am äußeren Rand der Stuhlreihen halte, und passe meine Worte der Altersgruppe an: »Meine Damen und Herren, ich muss Sie leider darauf hinweisen, dass das hier eine private Veranstaltung ist. Sicherlich haben Sie Verständnis, dass die Hochzeitsgesellschaft gerne unter sich bleiben möchte. Bitte zeigen Sie dem Brautpaar gegenüber den nötigen Respekt und nehmen Sie Abstand.« Auch diese Nachricht kommt an, und die Senioren ziehen gemächlich weiter.

Offenbar hat das junge Paar mit dem Kinderwagen meine Konfrontation mit den Schaulustigen beobachtet. Kaum dass ich in ihre Richtung aufbreche, rollen sie schon davon. Na bitte, geht doch! Pünktlich zum Eintreffen der Braut am Trautisch sind alle Gaffer aus dem unmittelbaren Sichtfeld verschwunden. Die beiden Filmer halten voll drauf, ab sofort ohne störenden Hintergrund. Ich erhasche den Blick des Fotografen an der Seite des Brautpaars, der mir grinsend zuzwinkert und den Daumen hebt. Diese Geste sagt alles: Privat-Paparazzi braucht wirklich kein Mensch, und das Fotografieren und Filmen sollte man den Profis überlassen!

Ein einziger Profi hinter der Kamera ist besser als ein Dutzend Amateure

In einer Situation wie der eben beschriebenen könnt Ihr als Trauzeugen Euch nicht darauf verlassen, dass jemand aus der Hochzeitsgesellschaft die Schaulustigen vertreibt. Denn wahrscheinlich fühlt sich niemand befugt dazu, oder man denkt, es wird sich schon jemand anderes darum kümmern. Wenn Ihr selbst Euch nicht zutraut, einzugreifen und Gaffer in ihre Schranken zu weisen, solltet Ihr vorab mit dem Brautpaar darüber sprechen. Vielleicht können sie jemanden aus der Familie oder dem Freundeskreis dazu bestimmen, der die Aufgabe übernimmt.

Wenn eine Trauzeremonie in einem öffentlichen Bereich stattfindet, wie in dem Schlosspark eben, ist rein rechtlich tatsächlich nicht viel gegen die Ansammlung von Laufpublikum zu machen. Ihr könnt aber zumindest an den Anstand der Schaulustigen appellieren, was aller Wahrscheinlichkeit nach den gewünschten Effekt haben wird. Bei meiner hochtrabenden Ansprache des Persönlichkeitsrechts habe ich allerdings zumindest in einem Punkt tatsächlich ins Schwarze getroffen! Denn dieses Gesetz wird in dem Moment berührt, wo ungefragt gefilmt oder fotografiert wird. Jeder Mensch hat grundsätzlich das Recht, um Zustimmung gebeten zu werden, ehe Fotos oder Videoaufnahmen von ihm veröffentlicht werden.[6] Zwar sind Aufnahmen mit einer Kamera oder

---

[6] Im *Gesetz betreffend das Urheberrecht an Werken der bildenden Künste und Photographie* heißt es hierzu in § 22: »Bildnisse dürfen nur mit Einwilligung des Abgebildeten verbreitet oder öffentlich zur Schau gestellt werden.«

einem Smartphone nicht automatisch eine Veröffentlichung, doch wenn der Film oder das Bild erst einmal auf einem fremden Gerät gelandet sind, ist die Wahrscheinlichkeit groß, dass sie über das Internet verbreitet werden. Weder Ihr noch die Brautleute haben dann die Kontrolle darüber, was mit dem Film- oder Bildmaterial geschieht. Insofern ist es durchaus ein gutes Argument, auf die Wahrung der Persönlichkeitsrechte hinzuweisen.

Doch nicht nur fremde Hobbyfilmer oder -fotografen können bei einer Trauzeremonie zum Problem werden. Ich begleitete im letzten Jahr eine kirchliche Trauung in einer gotischen Kathedrale. Die andächtige Stimmung des Ortes hielt diverse Onkels und Tanten jedoch nicht davon ab, während der Zeremonie auf der Jagd nach verwackelten Schnappschüssen um den Altar herumzutigern. Immerzu klickte, surrte oder blitzte es irgendwo. Der Hochzeitsfotograf, der dezent und ohne Blitz aus dem Hintergrund fotografieren wollte, verzweifelte schier an den sich unbarmherzig ins Bild schiebenden Gestalten. Zwar herrschte in dieser Kirche kein ausgesprochenes Fotoverbot, doch als kurz vor dem Jawort einer der Onkels dem Brautpaar mit einem Camcorder von der Seite auf die Pelle rückte, noch dazu mit eingeschaltetem Kamerascheinwerfer, platzte dem Pfarrer der Kragen. Hatte er die Zeremonie bisher stoisch mit salbungsvollen Worten durchgezogen, ließ er sich nun dazu verleiten, den »Flegel« in seine Schranken zu weisen und ihn auf seinen Platz zurückzuschicken. Später entschuldigte er sich für seinen Ausrutscher, doch ich muss gestehen: Ich hätte ihm am liebsten dafür gratuliert!

Sollte Euer Brautpaar nicht an diesen Punkt gedacht

haben, empfehlt ihnen am besten, vor der Zeremonie ein generelles Fotoverbot für die Hochzeitsgesellschaft auszusprechen. Häufig werden bei Zeremonien auch eigens gedruckte Texthefte ausgelegt, und auf diesem Papier kann der Wunsch gleich zu Anfang dezent geäußert werden. Denn um schöne Bilder einzufangen, haben die Brautleute einen Profi-Fotografen und eventuell auch Filmemacher engagiert. Die Gäste werden später bestimmt digitale oder analoge Abzüge erhalten. Es hilft also niemandem, wenn Onkel Gerhard mit stolzgeschwellter Brust vor dem Traualtar seinen neuen Camcorder präsentiert. Im Gegenteil, ein solcher Störenfried geht sicherlich den meisten Anwesenden auf die Nerven. Falls trotz offiziellem Verbot ein Unbelehrbarer dennoch die Kamera oder das Smartphone zückt, könnt Ihr die Person dezent und höflich darauf hinweisen. Das Brautpaar und die anderen Gäste werden Euch dafür dankbar sein!

Weniger schön sind Moralpredigten an die versammelte Gesellschaft unmittelbar vor der Zeremonie. Ich erlebte einmal einen kauzigen Standesbeamten, der bereits durch seine Erscheinung unangenehm auffiel, noch ehe er überhaupt ein Wort gesagt hatte. Er trug an beiden Daumen schwarze Ringe, die mit Totenköpfen verziert waren. Mit diesem Accessoire sah er eher aus wie das Mitglied einer okkulten Sekte oder wie ein Bestattungsunternehmer und nicht wie ein Beamter im Staatsdienst. Der ernüchternde Auftakt seiner Rede war, dass man auf keinen Fall Fotos von ihm machen und ins Internet stellen dürfe, sonst würde er den- oder diejenigen verklagen. Für alle Online-Anfänger im Raum fügte er an, ein Foto sei ja auch dann schon im Internet, wenn man es über WhatsApp versendete. Sicher war ich in diesem Moment nicht der Einzige, der dachte: Ach so, danke für diesen Hinweis, doch hier interessiert sich echt niemand für dich und deine Internet-Phobie – vielleicht solltest du ernsthaft mal über eine Umschulung nachdenken, wenn du so verdammt öffentlichkeitsscheu bist!

Mit dieser Eröffnung hat der Mann es geschafft, die feierliche Stimmung der Hochzeitsgesellschaft auf einen Schlag zu zerstören, noch ehe die Zeremonie überhaupt angefangen hatte.

Sünde 20: Fehlende Erste-Hilfe-Ausrüstung

Die Türfalle

Ramona, die nun endlich ihr Brautkleid trägt, steht im Aufenthaltsraum des Gemeindehauses neben der Kirche und beobachtet durch zugezogene Gardinen das Geschehen gegenüber. Auf dem Kirchplatz hat sich die Hochzeitsgesellschaft von sechzig Personen versammelt, und die ersten Gäste betreten das Gotteshaus. Ramona trägt ein klassisches Brautkleid mit einer langen Schleppe. Bräutigam Kai soll das Kleid am Altar zum ersten Mal zu Gesicht bekommen. Deshalb hält sich Ramona hier verborgen. Sie dreht sich zu ihrer Trauzeugin Jule um, der einzigen weiteren Anwesenden, und sagt: »Ich bin so aufgeregt!«

Jule tritt an ihre Seite und legt ihr die Hand auf die Schulter. »Das glaube ich. Es wird alles gut laufen.«

Ramona nickt. Solche beruhigenden Worte tun gut. Dass Jule ebenfalls nervös ist, lässt sie sich nicht anmerken. Mittlerweile sind alle Gäste in der Kirche verschwunden.

Die Braut fragt: »Hast du die Uhr im Blick?«

»Klar«, erwidert Jule. Zu ihrem violetten Kleid trägt

die Trauzeugin zwar keine Armbanduhr, doch sie hat in ihrer Handtasche ein stumm geschaltetes Handy, auf das sie nun blickt. »Noch drei Minuten. Lass uns schon mal rausgehen. Ich verschwinde vorher schnell noch mal auf Toilette.«

Der Plan ist, dass Jule auf dem Weg über den Hof die Schleppe tragen soll, damit sie nicht schmutzig wird. In der Kirche, beim Gang zum Altar, soll sie dann festlich über den Boden wallen. Während Jule noch nebenan ist, zieht die Braut die massive Tür des Gemeindehauses auf und tritt ins Freie. Dort bleibt sie für einen Moment stehen und atmet tief durch. Hinter ihrem Rücken setzt sich die Tür langsam in Bewegung, und noch ehe Ramona es bemerkt, fällt sie ins Schloss. Der Knall überrascht sie, reflexartig dreht sie sich um. Da spürt sie ein Ziehen in der Seite, und Knöpfe fliegen davon. Ramona erstarrt vor Schreck. »Verdammt!«

Jule kommt dazu und sieht den Schlamassel. Die Schleppe hat sich in der Tür verklemmt, und die Drehung der Braut hat drei der Knöpfe abgerissen, mit denen sie am Rock befestigt war. So hängt der feine Stoff nur noch an einer Seite des Kleides.

Ramona sieht ihre Trauzeugin hilfesuchend an: »Was machen wir denn jetzt? Der Gottesdienst geht doch gleich los!«

Jule behält einen kühlen Kopf. »Kein Problem, das kriegen wir hin. Warte kurz.« Nachdem sie die drei Knöpfe vom Boden aufgesammelt hat, holt sie aus dem Gemeindehaus ihre Notfalltasche. Darin hatte sie vorsorglich diverse Utensilien eingepackt, unter anderem auch Sicherheitsnadeln. An den Stellen, wo vorher die Knöpfe angenäht waren, befestigt sie die Schleppe nun mit den Nadeln. Es dauert keine Minute, und das Kleid sieht wieder aus wie vorher. Jule ist mit dem Ergebnis zufrieden. »Das wird jetzt erst mal halten. Es fällt überhaupt nicht auf. Später, nach der Kirche, ziehen wir uns mal kurz zurück und nähen die Knöpfe wieder an.«

Die erleichterte Braut gibt ihrer Trauzeugin einen Schmatz auf die Wange. »Du bist einfach die Beste!«

Gut ausgestattet

Egal, ob Euer Schützling die Braut oder der Bräutigam ist: Ihr solltet in jedem Fall ein Notfallset dabeihaben. Der Tag der Hochzeit wird lang, und zwischendurch kann viel passieren. Manchmal lassen sich selbst große Katastrophen mit kleinen Hilfsmitteln ausbügeln. Das Wohlbefinden der Brautleute kann von einer Kopfschmerztablette oder von Blasenpflastern abhängen (Euer eigenes übrigens auch!). Die beiden werden aber wohl kaum Taschen mit solchen Inhalten mitschleppen. Wenn Ihr im richtigen Moment das richtige Werkzeug oder die richtige Medizin bereithaltet, werdet Ihr die heimlichen Helden der Feier. Sprecht Euch am besten, wie immer, mit dem zweiten Trauzeugen ab, so dass Ihr je ein Set für die Braut und eins für den Bräutigam habt und bei Bedarf alles schnell findet. Natürlich sollte der Inhalt auch mit den Brautleuten selbst besprochen werden. Vielleicht benötigt der Bräutigam ein bestimmtes Reinigungsmittel für seine Kontaktlinsen oder die Braut ein spezielles Medikament, das nicht fehlen darf. Es ist auch gut möglich, dass die Brautleute selbst ein solches Set vorbereitet haben, das Ihr dann nur noch zu ergänzen braucht. Ganz wichtig ist übrigens auch Bargeld! Ihr könnt nie wissen, ob zwischendurch noch irgendetwas besorgt werden muss, an das vorher niemand gedacht hat.

Das Notfallset müsst Ihr natürlich nicht die ganze Zeit mit Euch herumschleppen. Achtet aber bitte darauf, dass es stets in Reichweite ist. Ihr könnt es beispielsweise zunächst im Hochzeitsauto verstauen, dann in der Garderobe der Location.

Hier findet Ihr einen Überblick, was Ihr alles in ein Notfallset einpacken könnt:

- Bargeld (am besten auch ausreichend Münzen)
- Nadel und Faden (schwarzes und weißes Garn, je nach Outfit von Braut und Bräutigam)
- Sicherheitsnadeln
- Anti-Flecken-Stift
- Tube mit Handwaschmittel
- Schminkutensilien
- Feuchtigkeitscreme
- Handspiegel
- Kamm oder Bürste
- Deo und Parfüm
- Ersatzstrümpfe

- Ersatzsocken

- Ersatzhemd und Unterhemd für den Bräutigam

- Taschentücher

- Reinigungstücher

- Kopfschmerztabletten

- Pfefferminzbonbons für einen frischen Atem

- Nagelfeile

- Haarklammern

- Haarspray

- Mittel für Insektenstiche (bei einer Feier im Sommer)

- Heuschnupfenmittel (falls er oder sie Allergiker ist)

- Augentropfen (gegen verweinte Augen – der Fotograf wird es Euch danken!)

- Ersatzbrille oder Kontaktlinsenmittel (sofern vorhanden)

Teil 5

Die Location, Arena der Fallgruben

Sünde 21: Verlassenheit

Gemeinsam einsam

Das Motto »Hochzeit unter Palmen« geht bei dieser Feier voll auf – was bei einem Fest in Deutschland nicht selbstverständlich ist. Siebzig Gäste chillen auf einer sommerlichen Wiese auf einem historischen Landsitz, dessen Orangerie zur Eventlocation umfunktioniert wurde. Mitten in einem Park mit exotischen Pflanzen haben die Gastgeber Katrin und Olli Liegestühle und Decken bereitgestellt. Servicekräfte des Caterers servieren Longdrinks. Kinder spielen Federball, die Erwachsenen genießen die Julisonne.

Der Clou ist jedoch der historische Wintergarten im Hintergrund. In diesem terrakottafarbenen Gebäude mit deckenhohen Fenstern wird die Abendfeier stattfinden. Die runden Dinnertische sind zwischen großen Palmen und anderen imposanten südländischen Gewächsen verteilt. Der gesamte Komplex wird von einer Stiftung betreut und gepflegt, die offensichtlich Geld benötigt. So bekommen mit dem Brautpaar erstmals Privatkunden die Möglichkeit, hier ihre Feier auszurichten. Allerdings stellt die Stiftung nur die Räumlichkeiten zur Verfügung. Die gesamte Ausstattung – Tische, Stühle,

Musiktechnik – muss von den Gastgebern organisiert werden. Katrin und Olli haben sich für einen renommierten Caterer aus der nächsten Stadt entschieden, und den Part der Musik übernehme ich.

Am späten Nachmittag ziehen dunkle Wolken auf, und es kühlt merklich ab. Die ersten Gäste ziehen in den Wintergarten um. Der Caterer hat bei der Ausstattung tolle Arbeit geleistet. Die Tischdekoration spielt gekonnt mit Südsee-Elementen, ohne dass die Szenerie ins Alberne abdriftet. Die Palmen im Saal werden von LED-Strahlern rot und grün angeleuchtet, wodurch die Pflanzen besonders gut zur Geltung kommen. Der Bereich mit der Tanzfläche befindet sich unter einer Kuppel, umgeben von nach außen gewölbten Wänden, die ebenfalls von Strahlern farbig angeleuchtet werden. Hier habe ich mein DJ-Pult aufgebaut. Im gesamten Gebäude herrscht ein tropisches Ambiente. Bloß die Temperatur passt nicht so ganz dazu, denn die riesigen Fenster sind alle gekippt. Jedes einzelne von ihnen. Im allgegenwärtigen Durchzug ist es dadurch leider etwas frisch. Während die Hochzeitsgesellschaft die Plätze einnimmt, suche ich den Trauzeugen Harald. Mit diesem ruhigen, herzlichen Menschen habe ich im Vorfeld viele organisatorische Dinge besprochen. Er hatte stets den Überblick, und es machte großen Spaß, mit ihm zusammenzuarbeiten.

Ich entdecke seine dunklen Locken am Brauttisch, wo er mit dem Rücken zu mir sitzt. Ich durchquere den Raum, tippe ihm auf die Schulter und frage ihn: »Sag mal, weißt du, wie die Fenster hier zugemacht werden können? Die sind alle auf Kipp. Da gibt es keine Griffe oder so etwas. Es muss wohl elektrisch gehen.«

Harald sieht sich um und erwidert: »Stimmt, jetzt, wo

du's sagst, finde ich es hier ganz schön kühl. Nein, ich habe keine Ahnung, wie die zugemacht werden. Aber da vorne habe ich einen Kasten mit diversen Schaltern gesehen. Vielleicht sind da die richtigen Knöpfe. Lass uns das mal anschauen.«

Ich folge ihm in eine Ecke des Saals, wo sich ein großer, weißer Metallkasten an der Wand befindet. Wir klappen ihn auf und blicken auf etliche Schalter. Zum Glück sind sie alle sorgfältig beschriftet. Tatsächlich befinden sich dort Tasten mit den Hinweisen *Fenster Nordseite*, *Fenster Südseite*, *Fenster Ostseite* und *Fenster Westseite*. Harald probiert alle durch, doch nichts passiert. Zum Test betätigen wir einen Schalter mit der Aufschrift *Deckenventilator Süd*, und sofort setzen sich die hölzernen Flügel des entsprechenden Gerätes in Bewegung. Strom ist also vorhanden in diesem Verteilerkasten. Bloß die Fenster lassen sich davon nicht beeindrucken. Harald zückt sein Smartphone. »Weißt du was, ich rufe mal bei den Betreibern an und frage nach. Die Nummer habe ich eingespeichert.« Ich nicke anerkennend. Das nenne ich vorausschauend!

Kurz nachdem Harald den Hörer ans Ohr gehoben hat, zieht er ungläubig die Stirn kraus. »Da ist eine Ansage auf Band, dass das Büro nur Montag bis Freitag besetzt ist.« Enttäuscht legt er auf. Heute haben wir Samstag.

Ich frage: »Gibt es vielleicht einen Hausmeister oder einen Gebäudetechniker?«

Harald zuckt mit den Schultern. »Keine Ahnung. Ich schaue mich mal auf der Anlage um. Irgendjemand muss ja hier sein.« Mit diesen Worten zieht der engagierte Trauzeuge von dannen. Ich begebe mich zurück zu meinem Platz, steuere die Hintergrundmusik und halte mich bereit, falls für eine Rede ein Mikrofon benötigt wird. Es wird zunehmend kühler, und vor allem die Damen in den luftigen Sommerkleidern sehen etwas fröstelig aus. Ein Blick auf die Wetter-App meines Smartphones enthüllt, dass es heute Nacht auf zehn Grad abkühlen wird. Das ist eindeutig zu wenig, um sich in Sommergarderobe wohlzufühlen.

Es dauert eine geschlagene Dreiviertelstunde, bis Harald zurückkehrt. Er sieht stinksauer aus und hat ein leicht gerötetes Gesicht. Kopfschüttelnd kommt er zu mir und sagt: »Du wirst es nicht glauben. Hier ist tatsächlich niemand auf dem Gelände. Nur wir und die Caterer.«

Ich traue meinen Ohren nicht. »Wie, es ist niemand da? Das kann doch gar nicht sein. Irgendein Verantwortlicher muss doch von den Betreibern abgestellt worden sein.«

Doch Harald schüttelt den Kopf. »Nein. Und es kommt noch besser. Ich habe Gott und die Welt zusammentelefoniert, um irgendwen von der Stiftung zu erreichen. Schließlich bin ich bei einem privaten Förderer gelandet, der mir die Handynummer vom Chef höchstpersönlich gegeben hat. Und den habe ich auch tatsächlich erreicht. Jetzt rate, wo der gerade ist! Auf Ibiza. Im Urlaub. Er klang sehr genervt, als ich ihn an die Strippe bekam. Und es ist nicht zu fassen, was er zu unserem Problem gesagt hat.« Harald holt tief Luft, ehe er fortfährt: »Das ganze Gewächshaus hier wird von einem zentralen Rechner gesteuert, damit alles automatisch läuft, solange der Boss weg ist. Und dieser Rechner, das ist kaum zu glauben, steht in einem abgeschlossenen

Bereich, und wir können weder ran, noch können wir die verdammten Fenster mit der Hand zumachen!«

Ich brauche einen Moment, um diese Information zu verdauen. »Heißt das, wir müssen die ganze Nacht bei geöffneten Fenstern verbringen? Egal, wie kalt es wird?«

Harald nickt. »Genau so sieht es aus.«

Ich bin baff. In mehr als einem Jahrzehnt mit Hunderten von Feiern, die ich als DJ begleitet habe, ist mir so etwas noch nie begegnet: eine einsame Location ohne Betreiber, auf der eine komplette Festgesellschaft allein gelassen wird. Noch dazu bei offenen Fenstern und nicht gerade sommerlichen Temperaturen! Mein Bauch krampft sich zusammen bei dem Gedanken, welche Sicherheitsstandards hier verletzt werden, allein schon durch das Fehlen von Aufsichtspersonal. Was, wenn es heute Nacht anfängt zu stürmen und zu hageln, und hier drinnen alles durcheinandergepustet wird? Oder was, wenn ein Feuer ausbricht? Wieso stehen die Fenster überhaupt offen bei diesen Temperaturen? Ist das nicht schädlich für die Pflanzen?

Fragen über Fragen tun sich auf. Das unmittelbarste Problem ist allerdings, dass sich die Gäste zunehmend den Allerwertesten abfrieren. Einige Damen haben die Jacketts ihrer männlichen Begleiter umgelegt, die sich hemdsärmelig der Kälte aussetzen.

»Was machen wir denn jetzt?«, frage ich. »Wir können hier drinnen wohl kaum um ein Lagerfeuer herumtanzen.«

Harald erwidert: »Ich habe eine Idee.« Er geht nach draußen und kehrt nach einiger Zeit mit einem ganzen Stapel Decken zurück, die heute Nachmittag bei den Liegestühlen bereitlagen. Damit macht er die Runde, und viele Gäste hüllen sich ein. Ich gehe zwischenzeitlich zum Brautpaar und erkläre die Situation. Die beiden sind entsetzt und haben Angst, dass die ganze Feier den vorzeitigen Kältetod erleiden wird. »Lasst uns den Eröffnungstanz zeitlich vorziehen«, schlage ich vor. »Wenn die Leute sich bewegen, wird ihnen warm.«

Die beiden sind einverstanden, und wenig später legen wir los. Tatsächlich füllt sich die Tanzfläche schnell, und ich hoffe, dass die Temperatur hier drinnen nicht noch weiter fällt. Vielleicht hilft ja heiße Musik gegen kalte Füße!

Sichert Euch einen Ansprechpartner vor Ort

Es wurde noch eine tolle Party in der Orangerie, die die letzten Gäste erst gegen vier Uhr früh verlassen haben. Das hätte allerdings auch anders kommen können. Nicht nur, dass die Fenster die ganze Zeit geöffnet blieben – es gab auf dem Gelände auch keine Außenbeleuchtung. Zum Glück ist keiner der Gäste auf dem Weg zum Taxi gestolpert oder umgeknickt. Glück ist überhaupt das große Wort, wenn ich an diese Feier denke: Die Betreiber hatten wirklich unverschämtes Glück, dass nichts passiert ist. Wenn es beispielsweise einen Stromausfall gegeben hätte, wäre uns niemand zur Hilfe gekommen, und es hätte leicht eine Panik entstehen können.

Selbst das engagierte Verhalten von Trauzeuge Harald hatte in dieser Situation nicht viel bewirken können. Doch immerhin hat er Klarheit geschaffen. Wir wussten dadurch, dass die Rahmenbedingungen von uns nicht verändert werden konnten. Wohl oder übel haben wir uns damit arrangiert.

Zugegeben, eine solche Situation ist äußerst ungewöhnlich. Oft habe ich es allerdings erlebt, dass Ansprechpartner von Locations kurzfristig wechselten oder dass Verantwortliche am Tag der Feier nicht persönlich vor Ort waren. Stattdessen hatten es die Brautleute mit mehr oder weniger gut instruierten Angestellten zu tun. Gerade bei größeren Event-Agenturen passiert das nicht selten und muss auch nicht unbedingt negativ sein. Wichtig ist aber, dass Ihr und das Brautpaar rechtzeitig informiert werdet, wer Euer Ansprechpartner vor Ort sein wird und wie er erreicht werden kann. Mit dieser Person solltet Ihr vorab die für Euch wichtigsten Punkte besprechen. So können beispielsweise Fragen geklärt werden wie: Gibt es einen Videobeamer und eine Leinwand vor Ort? Zwischen welchen Gängen passt ein Vortrag am besten? Welche Räumlichkeiten dürfen genutzt werden? Und so weiter und so fort.

Lasst Euch im Vorfeld der Feier von den Betreibern bloß nicht mit der vagen Versicherung abspeisen, dass irgendein Ansprechpartner vor Ort sein wird, den Ihr dann erst kennenlernt. Denn *dann* kann es bereits zu spät sein. Oder mit etwas Pech habt Ihr es mit einem Anfänger zu tun, der mit Euren Anliegen überfordert ist. Auch die Brautleute sollten ganz klar darauf bestehen: Ihr wollt einen konkreten Ansprechpartner, der in der Zeit vor der Feier für Rückfragen zur Verfügung steht und der dann idealerweise auch am großen Tag persönlich vor Ort ist. Falls das nicht geht, möchtet Ihr rechtzeitig vor der Feier den Stellvertreter kennenlernen. Am besten fragt Ihr auch gleich, wie lange derjenige anwesend sein wird. Ich habe schon Feste erlebt, wo der Chef oder die Chefin irgendwann einfach verschwunden war und niemand wusste, wer nun eigentlich die Verantwortung trägt. So kann ein bis dahin gut organisierter Abend sich doch noch im Chaos verlieren.

5 Dinge, die eine Location verbindlich mit Euch klären muss:

- Ein fester Ansprechpartner für Rückfragen vor der Feier

- Anwesenheit des Ansprechpartners bei der Feier rund um die Uhr

- Falls der Ansprechpartner doch nicht persönlich vor Ort sein kann, rechtzeitiger Kontakt zu einem Vertreter, der dann rund um die Uhr verfügbar ist

- Einhaltung von Sicherheitsstandards

- Hinweis auf etwaige Einschränkungen wie Lautstärkebegrenzungen (!)

Sünde 22: Sachbeschädigung

Für Euch soll's rote Rosen regnen

Braut Sophie und Bräutigam Hendrik schreiten quer über das Parkett aufeinander zu. Der große Moment ist gekommen, gleich wird der Eröffnungstanz stattfinden. Die beiden haben sich für die Akustik-Version von *Ich Lass Für Dich Das Licht An* der Band *Revolverheld* entschieden. Wir befinden uns in einer historischen Villa mit antikem Holzinterieur, an der hohen Stuckdecke des Festsaals hängt ein gigantischer Kronleuchter. Die geschliffenen Glaskristalle reflektieren meine Lichteffekte und werfen schillernde Punkte in den Raum. Fast wirkt es, als würden wir alle in einer riesigen Seifenblase schweben.

Beim Auftakt zur ersten Strophe treffen sich die beiden auf der Tanzfläche und fallen sich in die Arme, so wie sie es geübt haben. Sophie biegt sich weit zurück, und Hendrik zieht sie wieder nach oben, um sie gekonnt um die eigene Achse zu drehen. Die umstehenden Gäste jubeln begeistert. Dann passiert etwas, womit weder das Brautpaar noch ich gerechnet hatten. Die beiden Trauzeugen Jasmin und Tobi lösen sich aus der Menge und bewegen sich auf das tanzende Paar zu. In den Händen halten sie Stoffbeutel. Die Brautleute lassen sich nicht aus dem Konzept bringen und setzen ihre Choreografie fort. Die Trauzeugen greifen in die Beutel und werfen Rosenblätter über dem Paar in die Luft. Wie rote Schmetterlinge segeln sie zu Boden. Wieder gibt es Applaus. Immer wieder werfen Jasmin und Tobi Rosenblätter in die Luft. Es ist ein wahrer Rosenregen, wie ihn Hildegard Knef einst besungen hat.

Wie geplant, blende ich das Lied nach zwei Minuten aus und wechsele auf einen Partykracher. *Happy* von *Pharrell Williams* treibt sofort die Meute auf die Tanzfläche. Das ist zwar toll, doch frage ich mich, was nun mit den Rosenblättern wird? Ich sehe nirgendwo einen Besen. Leider kann ich meinen Platz jetzt nicht mehr verlassen. In der Menge suche ich nach den Trauzeugen und erblicke den groß gewachsenen Tobi. Ich gebe ihm ein Zeichen, und er kommt zu meinem DJ-Pult.

»Was gibt's?«

»Das mit den Rosenblättern war eine sehr schöne Idee«, sage ich. »Aber hast du das vorher mit der Location abgesprochen?«

Er schüttelt den Kopf. »Nö. Wieso?«

Das hatte ich befürchtet und sage deshalb: »Am besten suchst du mal ganz schnell jemanden vom Personal und fragst nach einem Besen. Bevor sich die Rosenblätter im Parkett festtreten.«

Er blickt auf die proppenvolle Tanzfläche, dann nach unten zu dem hölzernen Boden unter seinen Füßen. Er scheint zu verstehen. Eilig macht er sich davon. Ich hoffe, dass es nicht zu spät ist. Und dass die Betreiber der Location locker drauf sind. Denn ansonsten kann das richtig teuer werden!

Rosenblätter, Reis und andere Tretminen

Leider nahmen es die Betreiber der Location nicht locker und verwiesen auf einen Paragrafen im Vertrag, den das Brautpaar mit ihnen abgeschlossen hatte. Dort stand schwarz auf weiß:

Das Werfen von Reis und Blumen und künstlichen Blüten, Sägen von Baumstämmen oder ähnliche Hochzeitsbräuche sind nicht gestattet. Bei Zuwiderhandlung sind alle für die Vermieterin entstehenden Kosten durch den/die Mieter/in zu tragen.

Satte dreihundert Euro musste das Brautpaar für die spezielle Reinigung und Pflege des Parketts nachzahlen. Vielleicht mag Euch das übertrieben erscheinen. Doch haltet Euch vor Augen, dass die Farbe aus den Blütenblättern in das Parkett hineingetrampelt wurde und sehr schwierig zu entfernen war. Wenn solche Vertragsklauseln aufgeführt werden, beruht das meistens auf üblen Erfahrungen, die die Inhaber von Eventlocations machen mussten. Stellt Euch beispielsweise ein Spalier aus Hochzeitsgästen entlang eines Kiesweges vor dem Eingang vor, und alle werfen beim Einzug des Brautpaars Reis. Klar ist das ein schöner und feierlicher Moment. Doch was passiert mit dem Reis, wenn die Feier vorbei ist? Habt Ihr schon mal Reis aus Kies ausgesiebt? Dass man das Zeug nicht einfach liegen lassen kann, ist klar. Bei Regen würde es aufquellen, möglicherweise würden Vögel oder gar Ratten angelockt werden und noch ganz andere Spuren hinterlassen, die wir hier besser nicht genauer beschreiben wollen.

Ähnlich ungünstig sind Sägespäne vom althergebrachten Baumstammsägen auf einer Wiese (das, wie zu Anfang des Buchs beschrieben, ohnehin verboten gehört, außer das Brautpaar legt ausdrücklich Wert darauf). Da müht sich der Gärtner das ganze Jahr ab, um einen astreinen englischen Rasen zu züchten, er wird gehegt und gepflegt – und dann ist da plötzlich dieser hässliche Haufen von Sägespänen. Sie einfach mal untergraben geht nicht, ohne den Rasen zu zerstören. Also müssen sie irgendwie anders entfernt werden. Egal, ob Rasen, Parkett oder Kies: Spezielle Reinigungsverfahren können eine Menge Geld kosten, allein schon wegen des Zeitaufwands. Und diese Kosten werden an die Veranstalter weitergereicht – also an Euer Brautpaar.

Wenn Ihr den beiden dieses Schicksal ersparen wollt, klärt bitte vorher ganz genau, was in der Location gestattet ist und was nicht. Die Variante mit den Rosenblättern auf der Tanzfläche habe ich schon oft ohne böses Nachspiel erlebt. Gerade in Hotels werden häufig spezielle Tanzböden ausgelegt, die belastbar sind. Auch in diesem Fall sollte aber das Vorhaben dem Ansprechpartner von der Location angekündigt werden. Wenn direkt nach dem mit Rosenblättern verschönten Tanz jemand vom Personal kurz die Tanzfläche fegt, verhindert das größere Schäden.

Genauso wichtig ist das übrigens bei Luftschlangen oder Konfetti. Zwar tritt sich das Papier nicht fest, doch in Kombination mit glattem Boden und ebenso glatten Ledersohlen entstehen dadurch gemeingefährliche Rutschfallen. Ich habe schon erlebt, wie sich Hochzeitsgäste durch Stürze auf derartigen Untergründen böse Prellungen zugezogen haben.

Richtig heikel kann es werden, wenn Wunderkerzen verteilt und zum Eröffnungstanz angezündet werden. In diesem Fall muss unbedingt das Okay der Location eingeholt werden, und es müssen Möglichkeiten bereitstehen, um die heiß gebrannten Wunderkerzenreste abzulegen. Und zwar ohne dass sie sich in den Holzboden hineinfressen. Auch sollte im Moment des Anzündens für ausreichende Belüftung gesorgt sein. Wenn in einem geschlossenen Raum beispielsweise fünfzig Wunderkerzen auf einmal abbrennen, führt das nicht nur zu Hustenreiz, sondern lässt unter Umständen auch einen Rauchmelder Alarm schlagen. Ein Feuerwehreinsatz, ausgelöst durch einen Fehlalarm, kann Hunderte Euro kosten.

Sehr teuer kann Euch auch ein privates Feuerwerk zu stehen kommen, das vorher nicht behördlich angemeldet wurde. Ich war in einigen Schlössern und Burgen im Rheingau im Einsatz, wo Feuerwerke grundsätzlich verboten sind. Weil fast jedes Wochenende eine andere Hochzeitsgesellschaft ihre Raketen und Leuchtfontänen abgefackelt hatte, war die Nachtruhe der Anwohner empfindlich gestört. Zudem bleibt bei Feuerwerken meistens weit verstreuter Abfall in Form von ausgebrannten Raketen oder Pappfetzen zurück. Daher hatten die Bürger ein generelles Verbot von privaten Feuerwerken bei der Stadtverwaltung erwirkt. Bei Zuwiderhandlung drohen dort nun hohe Geldstrafen. Wenn Ihr also vorhabt, das Brautpaar mit einem Feuerwerk zu überraschen, fragt bitte unbedingt zuerst in der Location nach, ob das überhaupt gestattet ist.

Ihr seht, aus einer gut gemeinten Überraschung kann schnell ein Attentat auf die Geldbörse der Brautleute oder auf die Gesundheit ihrer Gäste werden. Sichert Euch vorher ab, und im Zweifelsfall sucht bitte lieber eine Alternative. Auf eine zu gefährliche Überraschung solltet Ihr besser ganz verzichten.

5 Überraschungen, für die Ihr eine Freigabe der Location einholen solltet:

- Streuen von Rosenblättern

- Streuen von Reis

- Abbrennen von Wunderkerzen oder sonstigem Tischfeuerwerk

- Feuerwerk im Freien

- Befestigung von gasgefüllten Ballons

Sünde 23: Verpatzter Auftakt

Das Windspiel-Domino

Es sind noch ein paar Minuten Zeit, ehe die ersten Gäste eintreffen, und ich sehe mich begeistert um. Die Dekoration der Gastgeber Elena und Patrick ist beeindruckend. Obwohl die Location ein rustikaler Gasthof mit altmodischer Einrichtung ist, erstrahlt der Raum wie ein pompöser Festsaal. Aus Kostengründen hatte das Brautpaar lediglich den leeren Saal gemietet und die Dekoration selbst übernommen. Sie und ihre beiden Trauzeugen, Vicky und Helge, waren gestern bis spätabends hier vor Ort am Werkeln gewesen, mit Unterstützung aus der Verwandtschaft. Der Aufwand hat sich gelohnt. Weiße Tischdecken und Bahnen aus Segeltuch verhüllen die Eichenholztäfelung an Decken und Wänden. Dadurch wirkt alles hell und frisch. Zwischen den beiden langen Tafeln und an ihren Außenseiten sind rote Teppichläufer über den rostbraunen Fliesen ausgelegt, so dass die Gäste wie Filmstars zu ihren Plätzen flanieren können. LED-Strahler tauchen die Ecken und Säulen im Raum in pinkfarbenes Licht. Diese Farbe zieht sich durch das gesamte Konzept der Hochzeit, von der Save-the-Date-Karte über die Einladungen bis hin zu den Tischkarten.

Die Tischdekoration selbst ist die Krönung. In der Mitte der Tafeln stehen in regelmäßigen Abständen Glaszylinder mit Blumengestecken, aus denen pinkfarbene Gerbera hervorstechen. Die Teller, Gläser und das Besteck sind so sorgfältig angeordnet wie in einem Luxusrestaurant. Die Rotwein-, Weißwein- und Wassergläser stehen exakt im richtigen Abstand. Trauzeugin Vicky hatte extra eine Anleitung aus dem Internet besorgt. Für die ersten fünf Plätze hatte sie über eine halbe Stunde gebraucht, dann war es schneller gegangen. Die Mutter der Braut hatte die Arbeit übernommen, die weißen Stoffservietten für sechzig Gäste zu so genannten »Kerzen« zu falten. Die schlanken Stofftürme sind am Fußende mit pinkfarbenen Schleifen versehen und stehen in der Mitte der Teller. Über die Tische sind Menükarten aus pinkfarbener Pappe verteilt.

Gerade packe ich mein Smartphone aus, um die Pracht zu fotografieren, als sich die Glastür am Kopfende des Raumes verdunkelt. Rechts davon befindet sich eine Terrasse mit gastronomischem Service, dort verkehrt Laufpublikum. Das Wirtshaus liegt in der Nähe eines Flusses und ist ein beliebter Zwischenstopp bei Rad- und Wandertouren. Eigentlich ist der Bereich vor der Tür großräumig für die Hochzeitsgesellschaft reserviert und mit Seilen abgesperrt. An mehreren Stellen stehen Tafeln mit der Aufschrift *Heute geschlossene Gesellschaft – bitte benutzen Sie den Haupteingang*. Das hält den sportlichen Trupp aus einem halben Dutzend Männern in Radlerhosen und bunten T-Shirts allerdings nicht ab, ihre Nasen gegen die Scheibe zu pressen und hereinzustarren. Ich schüttele demonstrativ den Kopf und weise mit meinem Daumen in Richtung des Haupteingangs, doch das zeigt keine Wirkung. Die Schiebetür öffnet sich ruckartig, und eine Windböe fegt herein. Das nun folgende Geräusch ist nicht laut, aber grauenhaft. Eigentlich ist es kein einzelnes Geräusch, sondern eher eine Kette von Lauten. *Flap – Flap – Flap. Raschel – Raschel – Raschel. Klirr. Klirr.* Und mit etwas Abstand, zum krönenden Abschluss: *Peng!*

Erschrocken stehe ich vor dem Schlamassel und versuche zu begreifen, was gerade passiert ist. Es ging alles sehr schnell, sah aber ungefähr so aus: Als die Terrassentür aufging, gab es einen Durchzug, weil auch die Eingangstür des Saals offenstand. Die Windböe warf sämtliche Menükarten auf den Tischen um. Dort, wo sie mit den Stoffservietten-Kerzen in Berührung kamen, rissen sie diese mit. Einige Servietten prallten gegen die an den Nachbarplätzen und warfen auch sie um. So fand über beide Tafeln hinweg ein gewaltiges Windböen-Domino statt, bei dem sogar einige Gläser und zwei der Vasen umfielen. Dann knallte die Saaltür ins Schloss und der Spuk war beendet. Leider zu spät. Ein einziger Windzug hatte gereicht, um die Arbeit von Stunden zunichtezumachen.

Ein außerirdisches Wesen mit Fahrradhelm und verspiegelter Sonnenbrille tritt in diesem Moment durch die Terrassentür und fragt: »Äh, wo ist denn hier die Toilette?« Kein Wort des Bedauerns über den Sturmschaden auf den Tischen ist zu hören, und selbst ein höfliches »Guten Tag« scheint dem Fremden zu viel zu sein.

Ich erwidere: »Ganz bestimmt nicht hier. Probieren Sie es doch mal nebenan, bei der Tür mit der Aufschrift *Garderobe Lance Armstrong*, gleich hinter der Doping-Kontrolle.« Murrend ziehen der Radler und seine

Begleiter über denselben Weg davon, über den sie eingedrungen sind. Ich eile zur Terrassentür, schließe sie und verriegele sie von innen. Eigentlich hatte ich mein Handy zum Fotografieren gezückt, doch nun tippe ich auf die eingespeicherte Nummer von Trauzeugin Vicky. Für einige bange Momente hoffe ich, dass sie es nicht ausgeschaltet hat. Dann tutet es, und sie meldet sich mit einem ahnungslosen: »Hallo«.

»Hey Vicky, Thomas hier. Es gibt da ein Problem. Sag Helge bitte, er soll die Gäste noch eine Weile zurückhalten, und könnt Ihr beide schnell herkommen?«

Was passiert vor der Feier?

Nur wenige Hochzeitsgesellschaften haben das Glück, völlig ungestört durch Fremdpublikum im privaten Kreis zu feiern. Viele Locations legen es auf volle Auslastung an, oft ohne Rücksicht auf Qualitätseinbußen für einzelne Festgesellschaften. Räumlichkeiten werden parallel für Laufkundschaft geöffnet, und teilweise werden sogar mehrere Hochzeitsgesellschaften gleichzeitig abgearbeitet. Hauptsache, der Rubel rollt! Ich habe vor einigen Jahren tatsächlich einmal einen Fall erlebt, in dem gleich drei Hochzeitsfeiern in Räumen direkt nebeneinander stattfanden, nur getrennt durch dünne Wände, die akustisch überhaupt nicht abgeschirmt waren. So mussten wir die Reden von fremden Bräutigamen und Gästen in den Nebenräumen mit anhören, und drei DJs beschallten später gleichzeitig alle drei Partys. Wer schon einmal auf einem Rummelplatz war, kann sich ungefähr vorstellen, wie sich das alles anhörte. Skandalöserweise hatte der Betreiber des Restaurants den Brautpaaren vorher verschwiegen, dass sie an ihrem großen Tag nicht die Einzigen in der Location sein würden!

Im Beispiel eben ist den Gastronomen kein Vorwurf zu machen. Dem Brautpaar war bekannt, dass die öffentliche Terrasse in Betrieb sein würde, und der Bereich vor dem Festsaal war abgesperrt, wie versprochen. Die Tafeln mit der Aufschrift *Heute geschlossene Gesellschaft* waren wirklich nicht zu übersehen. Leider hat das nicht verhindern können, dass die Hobby-Radler über die Seile der Absperrung stiegen und unangemeldet für Durchzug sorgten. Vielleicht tränten ihre Augen noch vom Fahrtwind, und sie hatten die Schilder deshalb nicht lesen können... Zum Glück konnten die Trauzeugen Vicky und Helge mit vereinten Kräften die Dekoration der Tische rechtzeitig wiederherstellen. Aber diesen unnötigen Stress hätte man vermeiden können!

Wo immer Laufpublikum anwesend oder mehr als eine Feiergesellschaft unterwegs ist, solltet Ihr und die Brautleute besondere Vorkehrungen treffen, um Pannen zu vermeiden. Ganz wichtig ist es zu klären, was genau vor der Feier in den gemieteten Räumlichkeiten – und um sie herum – stattfindet. Ich musste einmal miterleben, dass unmittelbar vor dem Eintreffen einer Hochzeitsgesellschaft in einem Restaurant eine Trauerfeier abgehalten wurde. Die Gastronomen verboten mir, meine Technik aufzubauen, und ich musste mucksmäuschenstill sein. Da es an diesem Tag in Strömen regnete, fielen die Gruppenfotos der Hochzeitsgesellschaft vor der Kirche aus, und der Autokorso traf früher als geplant am Restaurant ein. Draußen wurde fröhlich gehupt, während die Anwesenden drinnen still trauerten. Die

Hochzeitsgäste wurden dazu verdonnert, noch etwas im Regen zu stehen, während die Trauergesellschaft hinauskomplimentiert wurde. Ich hatte nicht genug Zeit, meine Musikanlage aufzubauen, und die Brautleute fanden mich in einem Chaos aus Einzelteilen. Bis ich für Hintergrundmusik sorgen konnte, sollte noch eine halbe Stunde ins Land gehen, in der ich immer wieder zwischen den Gästen hindurch über den Boden krabbeln musste, um Kabel zu verlegen und Lautsprecher aufzubauen. Das war ganz sicher nicht der Empfang, den sich die Brautleute von der Location und von mir erhofft hatten. Und den letzten Abschied hätte sich der unbekannte Verstorbene vermutlich auch anders vorgestellt, als von einem Hupkonzert begleitet!

Also klärt bitte rechtzeitig vor der Hochzeit, ob in der Location noch andere Besucher oder Festgesellschaften sein werden. Prüft, ob der Festsaal vor der Feier abgeschlossen oder zumindest unzugänglich für Laufpublikum sein wird. Und sollte ausgerechnet an diesem Tag vor der Tür ein Markt stattfinden, ein Event oder sonstiger Rummel, solltet Ihr auch das wissen. Das Gleiche gilt übrigens auch für das Standesamt oder die Kirche, falls Ihr dort einen Empfang vorbereiten wollt wie in Kapitel 18, wo die Champagner-Bar versehentlich von einer anderen Hochzeitsgesellschaft geplündert wurde. Eines der Brautpaare, das ich betreute, hatte eine wunderschöne romanische Kirche für die Zeremonie und ein anschließendes Fotoshooting mit der gesamten Festgesellschaft gewählt. Leider hatten sie nicht damit gerechnet, dass am großen Tag, direkt neben dem Portal, eine schäbige Würstchenbude aufgebaut sein würde, die nun und für alle Ewigkeit auf jedem der Fotos zu sehen ist. Außerdem existiert kein einziges Bild ohne Fremde im Hintergrund. Jeden zweiten Samstag im Monat findet nämlich auf dem Kirchplatz ein Markt statt, und dem örtlichen Metzger ist es völlig egal, ob direkt nebenan jemand heiratet – denn seine weithin bekannte Bude bei der Kirche ist seit Jahrzehnten immer gut besucht.

Wenn Euer liebes Paar in einem öffentlichen Raum heiratet oder in einer gut frequentierten Location feiert, werdet Ihr Euch vor Begegnungen mit Fremden und möglichen Komplikationen nicht ganz schützen können. Ihr könnt aber sehr viel dafür tun, dass es bei kleinen Reibungen bleibt und nicht zu großen Pannen kommt!

5 Dinge, die eine Location vor einer Feier garantieren sollte:

- Festsaal ist spätestens eine Stunde vor Beginn der Feier fertig eingedeckt

- Effektive Abgrenzung des Bereichs, der für die Hochzeitsgesellschaft reserviert ist

- Rechtzeitiger Zugang für Dienstleister des Brautpaars, wie DJ und Fotograf, mindestens zwei Stunden vor der Feier

- Rechtzeitige Bereitstellung von Getränken, falls Gäste verfrüht eintreffen

- Ausreichend Servicepersonal, das rechtzeitig vor Ort ist

Sünde 24: Diebisches Vergnügen

Geklaut wird, was auf den Tisch kommt

Fotograf Eric ist ein unsichtbarer Wirbelwind, der immer zur richtigen Zeit am richtigen Ort auftaucht. Die wichtigsten Momente hält er dezent aus dem Hintergrund fest, ohne die abgelichteten Gäste zu stören. Meistens bemerken sie noch nicht mal, dass sie gerade fotografiert werden. Dadurch wirken die Bilder ganz natürlich und überhaupt nicht gestellt.

Heute ist die Bildreportage eine besondere Herausforderung für ihn, denn ein wichtiges Anliegen der Brautleute Jaqueline und Paul ist, dass jeder der Anwesenden, einzeln oder paarweise, fotografiert wird. Das ist bei einhundertdreißig Gästen wahrlich keine einfache Aufgabe, zumal Erics Assistentin heute krank ist und er die Herausforderung ganz alleine meistern muss. Erschwerend kommt hinzu, dass die Räumlichkeiten unübersichtlich sind. Wir befinden uns im Erdgeschoss eines Landhotels, und die Feier verteilt sich über mehrere Bereiche. Zwei große Räume, die L-förmig aufeinandertreffen, beherbergen die Festtafeln. Da nicht alle Gäste dort Platz finden, sind in einem Nebenraum weitere Tische aufgestellt. Das Buffet steht in einem angebauten Wintergarten, die Tanzfläche befindet sich in einem Barbereich in der Mitte, und der Geschenketisch ist bei der Garderobe im Eingangsbereich aufgebaut. Ich als DJ finde solche räumlichen Anordnungen hinderlich für meine Arbeit, da es schwer ist, an einem derart verschachtelten Ort mit der Musik ein Gruppengefühl zu erzeugen. Es ist nämlich unmöglich, auf Gäste zu reagieren, die von meinem Platz aus gar nicht zu sehen sind. Für Eric bedeutet die fehlende Gesamtübersicht, dass er ständig in Bewegung sein muss, damit ihm nichts entgeht.

Doch das Hotel hat auch einen ganz großen Vorteil: Die Festgesellschaft bleibt hier unter sich. Sämtliche Zimmer im ersten und zweiten Stock sind von Gästen der Brautleute belegt. Zwar haben dort nur knapp vierzig Personen Platz, doch der Rest ist in einem größeren Hotel in der Nähe untergebracht, das später regelmäßig mit einem Großraumtaxi angefahren wird. So hat das ganze Fest trotz der großen Gästezahl ein vertrauliches Flair.

Als sich das Dinner gegen 22 Uhr langsam dem Ende nähert und ich die letzten Vorbereitungen für meinen Einsatz treffe, taucht Eric ganz aufgeregt an meinem DJ-Pult auf. »Sag mal, hast du in letzter Zeit meinen Laptop gesehen?«

Ich überlege. »Als ich ihn zuletzt gesehen habe, stand er vorne auf dem Geschenketisch, und dort lief eine Bildschirmpräsentation mit Impressionen vom Tag. Das ist aber schon eine ganze Weile her.«

Eric nickt. »Genau, da habe ich es aufgestellt, damit die Gäste auf dem Weg zur Toilette Bilder anschauen können. Nun wollte ich neue Bilder draufziehen, und der Laptop ist weg. Samt Netzteil, das irgendjemand aus der Steckdose gezogen haben muss.«

Ich runzele die Stirn. »Hast du schon beim Hotelpersonal gefragt?«

»Klar, von denen hat keiner was gesehen. Auch einige von den Gästen habe ich gefragt, keiner weiß etwas.«

Das ist ein starkes Stück! Da ich selbst mit hochwertiger Technik arbeite, kann ich mir zu gut vorstellen, wie es Eric nun gehen muss. Der Schreck ist groß. Sein Laptop war teuer, und nun steht zu befürchten, dass die Investition dahin ist. Doch das ist eigentlich nicht das Entscheidende, denn materielle Verluste lassen sich ersetzen. Wichtiger ist, dass sich irgendjemand hier an seinem Eigentum vergriffen hat, das er in bestem Vertrauen für alle bereitgestellt hat, und in dem sein professionelles Know-how gebündelt ist. Besonders übel ist, dass der Dieb sich unter uns befinden muss, inmitten der geschlossenen Gesellschaft.

Noch besteht die Hoffnung, dass es sich um einen Irrtum handelt. Vielleicht hat es jemand gut gemeint und wollte das Gerät sicher verstauen, weil jemand dagegengestoßen ist. Wobei es merkwürdig wäre, dass die Person den Eigentümer nicht informiert. Es musste schließlich allen hier klar sein, dass das Gerät dem Fotografen gehört – schließlich zeigt es seine Bilder. Eric sieht sich hilfesuchend um, und die Verzweiflung ist ihm anzumerken.

Ich greife zum Mikrofon und mache eine Durchsage: »Liebe Gäste, unser Fotograf Eric vermisst seinen silbernen Laptop. Er stand vorne bei der Garderobe, auf dem Geschenketisch. Falls ihn jemand beiseitegeräumt hat, melden Sie sich bitte hier am DJ-Pult.«

Wir warten eine Weile, doch nichts passiert. Das mag daran liegen, dass die Durchsage nicht in jedem der Räume zu hören war – genau das Problem, das ich später auch mit der Musik haben werde. Schließlich teilen wir uns auf und streifen durch die Räumlichkeiten, um an jedem Tisch zu fragen, ob jemand etwas gesehen hat. Meinen eigenen DJ-Rechner habe ich sicherheitshalber so lange weggepackt, weswegen die Gäste nun kurzzeitig auf Hintergrundmusik verzichten müssen. Traurig, aber wahr: Ich hätte ein ungutes Gefühl, meinen Laptop unbeaufsichtigt zu lassen. Unsere kleine Ermittlung führt leider zu keinem Ergebnis: Niemand hat etwas gesehen oder gehört. Ich versuche, Eric zu trösten: »Sorry, das tut mir wirklich leid. Bestimmt taucht das Gerät noch auf. Ich melde mich bei dir, sobald ich etwas gehört habe.« Eric bedankt sich und macht sich wieder an die Arbeit. Er ist professionell genug, um sich seine Bedrückung nicht allzu sehr anmerken zu lassen. Doch insgeheim wissen wir beide, dass die Chancen schlecht stehen.

Safety first

Erics Rechner ist nie wieder aufgetaucht. Bis heute bleibt rätselhaft, was passiert ist. Besaß wirklich einer der Hochzeitsgäste oder jemand vom Personal die kriminelle Energie, das Gerät unbemerkt beiseitezuschaffen und ganz frech zu seinen Habseligkeiten zu packen? Oder hat sich doch jemand Fremdes eingeschlichen und es gestohlen? Zwar stand der Rechner im Eingangsbereich, und die Tür war nicht verschlossen, doch ein Eindringling wäre wahrscheinlich von anderen Hochzeitsgästen bemerkt worden. Um auf die Toilette zu gelangen, mussten die Gäste durch diesen Bereich hindurchgehen, häufig hielten sich hier kleine Gruppen zu einem Plausch auf, und ein Fremder hätte schon sehr viel Glück haben müssen, um ungesehen zu bleiben. Außerdem befanden sich auf dem Geschenketisch zahlreiche Umschläge mit Bargeld, von denen kein einziger fehlte. Fast hatte es den Anschein, als hätte der Dieb oder die Diebin dem Brautpaar nicht schaden wollen und ganz gezielt das Eigentum des Fotografen gewählt.

Was auch immer hier genau passiert ist, es hat leider einmal mehr bestätigt, dass bei einer größeren Ansammlung von Menschen die Anwesenheit von asozialen Zeitgenossen nicht auszuschließen ist. Das gilt umso mehr, wenn es sich um eine Location handelt, in der mit Laufpublikum zu rechnen ist. Wenn selbst bei einer geschlossenen Gesellschaft so etwas passieren kann, dann erst recht, wenn Fremde im Spiel sind. Das kann selbst die vermeintlich sichersten Orte betreffen: Aus einer Bankfiliale in meiner Nachbarschaft wurde kürzlich ein mannsgroßes Stofftier gestohlen, das dort zu Werbezwecken stand. Der Dieb, ein erwachsener Herr, ist auf den Aufnahmen der Überwachungskameras zu sehen, konnte aber nicht identifiziert werden. Die Dreistigkeit mancher Menschen ist schier grenzenlos, und Gelegenheit macht bekanntlich Diebe: Jeder weiß, dass auf Hochzeiten gerne hübsch verpacktes Bargeld verschenkt wird. Schnell kommt ein kleines Vermögen zusammen, das zwischen bunten Schleifen und Umschlägen auf dem Geschenketisch wie auf einem Silbertablett präsentiert wird.

Euer Job ist es, ein Auge darauf zu haben, dass keines der kostbaren Geschenke verloren geht oder gestohlen wird. Die Brautleute werden an diesem Tag nämlich so viel um die Ohren haben, dass sie sich nicht auch noch darum kümmern können. Ihr solltet vorab offen mit dem Brautpaar über mögliche Sicherheitsvorkehrungen sprechen. Wie groß diese sein sollten, hängt von einigen Faktoren ab, zum Beispiel den räumlichen Gegebenheiten. Wenn die gesamte Feier in einem einzigen großen Raum stattfindet und der Geschenketisch dort gut sichtbar steht, ist das Risiko relativ gering. Steht der Tisch hingegen in einem unbeaufsichtigten Bereich und womöglich nah des Eingangs oder einer Terrassentür, eines Nebeneingangs oder eines Notausgangs, sollten die Geschenke rechtzeitig an einen sicheren Ort gebracht werden. Das gilt vor allem, wenn der Bereich auch von Laufpublikum frequentiert wird. Fragt bei der Location, ob die Geschenke in einem separaten Raum eingeschlossen werden können. Bei Hotels kann es angebracht sein, sie zwischendurch auf das Zimmer der Brautleute zu bringen und dort einzuschließen.

Wenn Ihr in einer Location ohne Übernachtungsmöglichkeit feiert, solltet Ihr den Abtransport der Geschenke am Ende der Feier einplanen. Sie über Nacht dort zu lassen ist heikel – es sei denn, der Betreiber stellt einen abschließbaren Bereich zur Verfügung oder das Gebäude ist alarmgesichert. Je nach Gästezahl kann es sinnvoll sein, für den Abtransport ein Großraumtaxi zu bestellen. Mit Eurem eigenen Pkw solltet Ihr selbstverständlich nur dann als Geschenke-Kurier tätig werden, wenn Ihr keinen Alkohol getrunken habt!

Nun haben wir viel über die Sicherung der Geschenke

vor Langfingern gesprochen. Das folgende Kapitel wird Euch inhaltliche Anregungen für Geschenke und für die Organisation der Übergabe vermitteln.

5 Tipps, um die Gastgeschenke vor Langfingern zu schützen:

- Platzierung des Geschenketischs direkt im Festsaal, in Sichtweite

- Geschenketisch nicht unmittelbar bei Nebeneingängen oder Terrassentüren

- Geschenke in einen abschließbaren Raum bringen

- Geschenke auf dem Zimmer der Brautleute einschließen

- Großraumtaxi für den Abtransport der Geschenke organisieren

Sünde 25: Geldvernichtung

Geschenkt

Braut Gerlinde balanciert auf ihren Armen mehrere bunte Schachteln, ratlos steht sie vor dem proppenvollen Geschenketisch. Sie hat die Menge der Präsente bei ihren über einhundert Gästen eindeutig unterschätzt. In einer Hand hält sie mehrere Umschläge, die teilweise mit Schleifen verziert sind. Wohin damit? Bräutigam Hanno kann ihr leider nicht helfen, denn er steht ebenso beladen neben ihr.

Ich befinde mich einige Meter weit entfernt hinter meinem DJ-Pult und will gerade hingehen, um meine Hilfe anzubieten, als Trauzeuge Eddie bereits geistesgegenwärtig reagiert hat. Er kommt mit einem weißen Stehtisch herein, den er aus dem Empfangsbereich vor der Eventscheune geholt hat, in der die Feier stattfindet. Diesen platziert er neben dem Geschenketisch, und die Brautleute stapeln ihre Gaben darauf. Die Umschläge packen sie dazwischen. Der bunte Schachtelturm sieht aus, als würde er bei der leisesten Erschütterung zusammenbrechen. Die Ablagefläche hier in der Location hätte insgesamt eindeutig großzügiger geplant werden müssen.

Aber ehrlich gesagt, hätte ich an der Stelle der Brautleute auch nicht damit gerechnet, dass die Geschenke derart viel Platz einnehmen würden. Aus unserem Vorgespräch weiß ich nämlich, dass sich die beiden nur eins gewünscht haben: Geld. Das ist absolut nachvollziehbar, denn sie sind bereits seit sieben Jahren ein Paar und wohnen seit vier Jahren zusammen. Sie benötigen nichts für ihren gemeinsamen Haushalt, und was sie im Alltag brauchen, kaufen sie gemeinsam. Hausrat oder Gebrauchsgegenstände muss man ihnen also nicht schenken. Geld dagegen ist genau das Richtige, denn diese Hochzeitsfeier wird sie insgesamt rund fünfzehntausend Euro kosten. Daher hatten die Gastgeber auf ihrer Einladung stehen:

Die gemeinsame Feier mit Euch ist das größte Geschenk für uns. Wir freuen uns sehr, wenn Ihr Euch daran mit einer kleinen Geldgabe beteiligt.

Ich frage mich also, was um alles in der Welt sich da eigentlich auf den Tischen stapelt. Auffällig ist, dass es keine Geschenkkartons sind, sondern Gebilde in ganz unterschiedlichen Formen. Die Fläche auf dem größeren Tisch sieht aus wie eine knallbunte Spielzeuglandschaft, die von einem durchgeknallten LSD-Freak gebaut worden ist. Nachdem alle Gäste die Plätze eingenommen haben und nicht mehr mit weiteren Präsenten zu rechnen ist, schlendere ich hinüber und sehe mir den farbenfrohen Gabenaltar aus der Nähe an.

Die nähere Inspektion ergibt, dass durchaus Geld vorhanden ist – allerdings muss ich es suchen. Da ist ein Blumenstrauß, dessen Blüten aus kunstvoll gefalteten

Euroscheinen bestehen. An einem Gummibäumchen in einem Blumentopf mit Herzmuster hängen Euro-Sterne. Auf einem Spiegel in der Form eines Sees, der von einem grünen Ufer aus Kunstgras umrahmt wird, schwimmen Euro-Schwäne. Ein Globus aus Pappe ist gespickt mit Zahnstochern, deren Unterseite jeweils eine Stadt auf der Erde markiert und an deren Oberseite ein Euro-Fähnchen hängt. Besonders viel Platz nimmt eine Torte ein, die aus Klopapierrollen zusammengebaut wurde und deren Kerzen aus aufgerollten Geldscheinen bestehen. Doch nicht nur Papiergeld ist auf diesem Tisch in vielfältiger Form verarbeitet: Der Inhalt einer großen Colaflasche aus Plastik entpuppt sich als eine Sammlung von Ein-Cent-Münzen. Ich kann unmöglich schätzen, wie hoch der Geldbetrag da drinnen ist, er steht aber ganz sicher in keinem Verhältnis zum Gewicht und Volumen dieses Ungetüms. Ich versuche gar nicht erst zu ergründen, worin der Sinn des Ganzen liegt – witzig ist es jedenfalls nicht.

Das absolute Highlight dieser Papiergeld-Origami-Ausstellung ist eine Wäscheleine, die Trauzeuge Eddie vor dem Eintreffen der Gäste über den Geschenketisch gespannt hat. Dort hängen nicht nur diverse aus Fünf-Euro-Scheinen gefaltete Hemden, nein, in der Mitte prangt sogar ein Fünfhundert-Euro-Schein! Das Erschreckende daran ist weniger die enorme Summe als die Tatsache, dass der Schein dort ganz starr und glänzend hängt, und zwar in einer Art Folie. Sie ist deutlich größer als der Geldschein und am oberen Rand mit einem Satz beschriftet: »Notfallreserve, wenn Ihr das letzte Hemd hergeben musstet.« Ich beuge mich nach vorne und berühre die Folie. Das ist nicht einfach nur eine Klarsichthülle, nein, das Ding ist laminiert! Bei dieser Technik wird die Folie in einem speziellen Gerät erhitzt und mit dem Inhalt verschmolzen. Ich hatte vor Jahren mal versucht, eine solche Folie von einem Backstage-Pass zu entfernen. Sie war zerkratzt, und ich wollte den Pass als Andenken an einen tollen Event behalten. Es war nicht möglich, die Folie vom Papier zu trennen. Am Ende hatte ich einen bunten Salat aus Plastikflocken vor mir, den ich frustriert in den Abfall warf. Dieses Erlebnis fällt mir nun wieder ein, und beim Anblick des laminierten Geldscheins bekomme ich eine Gänsehaut. Ob das wohl eine gute Idee war?

Ab in den Ofen

Wie sich im Nachhinein herausstellte, war es in der Tat eine ganz schlechte Idee gewesen. Die Hausbank von Gerlinde und Hanno hat den laminierten Schein nämlich nicht angenommen, sehr zum Schrecken der Brautleute. Der Gag mit der Folie hat den großzügigen Spender also *fünfhundert Euro* gekostet, von denen das Brautpaar überhaupt nichts hatte außer bitterer Enttäuschung. Genauso gut hätte man den Schein verbrennen und die Asche in ein Gläschen füllen können, um sie als Präsent zu überreichen.

Apropos verbrennen: Ein ähnliches Schicksal wird letztlich wahrscheinlich auch die zu Schwänen, Sternen, Hemden und Herzchen verarbeiteten Geldscheine ereilen. Habt Ihr schon mal einen auseinandergefalteten Papierschwan gesehen? Ich wurde einmal mit Bargeld vom Geschenketisch ausgezahlt, weil das Brautpaar den Umschlag mit meiner Gage in der Aufregung zu Hause vergessen hatte. Die aus entfalteten Schwänen und Herzen gewonnenen Moneten sahen so zerfurcht aus wie das Gesicht von Dieter Bohlen ohne Botox. Die meisten der nach Origami-Art gestalteten Geldscheine sind derart ramponiert, dass sie von der Deutschen Bundesbank aus dem Verkehr gezogen werden. Ihr weiteres Schicksal sieht so aus, dass sie geschreddert, zu Pellets gepresst und dann verbrannt werden. Auf Kosten der Steuerzahler müssen neue Scheine gedruckt werden, die das zerstörte Geld ersetzen.

Wenn die Brautleute Glück haben, passiert all das hoffentlich erst, *nachdem* sie ihr entfaltetes Geldgeschenk auf der Bank eingezahlt haben. Eine Garantie gibt es dafür allerdings nicht! Denn anders als bei Schäden durch höhere Gewalt, wie Feuer oder Überschwemmungen, werden *vorsätzlich* beschädigte Banknoten wertlos. Man beachte: Das Entscheidende ist der Vorsatz, und der ist im Fall von Origami-Geld schwer zu leugnen. Die Bank wird wohl kaum glauben, dass ein zu einem Schwan gefalteter Geldschein unbeabsichtigt in diese Form gebracht wurde. Wie sollte das auch geschehen sein? Nach dem Motto: Man hat den Schein eine Zeitlang ungefaltet in der Hosentasche gehabt, und als man ihn wieder rausholte, war das plötzlich ein Schwan! Noch unglaubwürdiger wird eine solche Ausrede, wenn es sich gleich um ein ganzes Geldbündel mit ähnlichem Faltmuster handelt.

Zur vorsätzlichen Geldbeschädigung heißt es in der Entscheidung 10/2013 der Europäischen Zentralbank in Artikel 3, Absatz 3a: »*Wenn die NZBen[7] wissen oder ausrei-*

---

[7] NZBen steht für die einzelstaatlichen Zentralbanken der EU-Mitgliedstaaten. In Deutschland ist das die Deutsche Bundesbank, in Österreich die Österreichische Nationalbank.

chende Gründe zur Annahme haben, dass die Beschädigung der echten Euro-Banknoten vorsätzlich herbeigeführt wurde, verweigern sie den Umtausch der Euro-Banknoten und behalten diese ein, um auf diese Weise zu verhindern, dass die Banknoten wieder in Umlauf gelangen bzw. dass der Antragsteller diese bei einer anderen NZB zum Umtausch vorlegt.«

Zum Glück sind viele Banken derzeit noch kulant und nehmen das durch Faltkünste beschädigte Geld dennoch an – aber das muss nicht so bleiben! Denn falls die Deutsche Bundesbank eines Tages die Grundsatzentscheidung treffen sollte, vorsätzlich beschädigtes Geld generell nicht mehr zurückzunehmen, werden es die Sparkassen, Volksbanken usw. auch nicht mehr tun. Ich habe direkt bei der Deutschen Bundesbank nachgefragt und erhielt hierzu folgende schriftliche Antwort: *»Derzeit tauscht die Deutsche Bundesbank dem gutgläubigen Beschenkten solches vorsätzlich beschädigtes Geld zwar oftmals trotzdem um, aber wir sind hierzu nicht verpflichtet und behalten uns vor, jederzeit die diesbezügliche Verwaltungspraxis zu ändern.«*[8]

Ihr seht also, es ist eine schlechte Idee, Geld als Bastelware zu behandeln, um es in einem originellen Geschenk zu verarbeiten. Erspart dem Brautpaar lieber das Risiko, der Bundesbank die Arbeit und dem Steuerzahler die Kosten für den Neudruck. Steckt Euer Geldpräsent am besten ungefaltet in einen Umschlag. Diesen könnt Ihr mit einem kleinen Zusatzgeschenk in einer selbst gebastelten Verpackung kombinieren, um dem Ganzen eine persönliche Note zu verleihen. Sofern Ihr vor der

---

[8] Zitiert nach einer E-Mail der Deutschen Bundesbank vom 28. Mai 2013.

Feier mit den Hochzeitsgästen korrespondiert, weist auf das Thema hin. Ich erlebte einmal eine Hochzeitsfeier, bei der das Brautpaar dem Verzicht auf Geldbeschädigung etwas nachgeholfen hat. In der Einladung stand:

> *Wir sind wunschlos glücklich und brauchen daher keine Sachgeschenke. Wir würden uns aber freuen, wenn Ihr uns bei der gemeinsamen Feier finanziell unterstützt. Dazu werden wir eine Schatzkiste für Briefumschläge bereitstellen.*

Der ein oder andere mag das vielleicht ein wenig uncharmant finden, doch die klare Ansage hatte ihr Ziel erreicht: Das Geld wurde ausschließlich in Umschlägen überreicht und landete nicht im Brennofen!

Die 5 peinlichsten Verpackungen für Geldgeschenke:

- Klein gefaltete, laminierte, verleimte oder sonst wie beschädigte Geldscheine

- Torte aus Klopapier mit Geldrollen als Kerzen

- Einbetonierte Geldscheine

- Geldscheine in aufgeblasenen Luftballons, die garantiert irgendwann platzen oder schlaff werden

- Ganz viel Münzgeld in einer Flasche

Ordnung ist das halbe Leben –
und das ganze Geschenk

Die Brautleute Gerlinde und Hanno hatten nach ihrer Feier noch ein ganz anderes Problem als den laminierten Fünfhundert-Euro-Schein. Einerseits hatten sie Dutzende Geschenke mit eingebautem Geld, andererseits ebenso viele Umschläge mit Grußkarten. Doch welche Umschläge gehörten zu welchem Geschenk? Im Chaos auf dem Geschenketisch war alles durcheinandergeraten. Nun stellt Euch vor, wie peinlich es für die beiden war, wenn sie Freunden und Bekannten begegneten und sich für das Hochzeitsgeschenk bedankten. Sie wussten nämlich gar nicht, welche Summe der- oder diejenige ihnen geschenkt hatte!

Das Brautpaar hatte auch keinen Anhaltspunkt, wem sie die Gemeinheit der mit den Münzen gefüllten Colaflasche zu verdanken hatten. Es stellte sich nämlich heraus, dass die Bank die Münzen in loser Form gar nicht annahm. So mussten Gerlinde und Hanno einen geschlagenen Nachmittag damit verbringen, dreitausend Ein-Cent-Stücke in sechzig Rollen à fünfzig Münzen zu wickeln. Fast sieben Kilo Kupfer schleppten sie zur Bank, und am Ende kamen dabei schlappe dreißig Euro heraus – die geringste Summe, die sich überhaupt jemand zu schenken gewagt hatte. Darauf hätten die beiden gerne verzichtet, denn sie hatten direkt nach ihrer Hochzeit weitaus Besseres zu tun, als sich mit diesem schlechten Scherz aufzuhalten. Aufgrund der vermischten Grußkarten wussten sie nun noch nicht einmal, auf wen sie ihre Rachefantasien richten konnten.

Damit Eurem Brautpaar ein solcher Wirrwarr mit vertauschten Grußkarten erspart bleibt und jeder ihrer Gäste den gebührenden Dank bekommt, könnt Ihr Euch bei der Organisation der Geschenkeübergabe einbringen. Entweder Ihr selbst tretet als »Geschenkebeauftragte« in Erscheinung, oder die Brautleute benennen jemanden aus dem Familien- oder Freundeskreis dazu. Falls Ihr das persönlich übernehmt, sieht Euer Job so aus:

Ihr steht dem Brautpaar bei der Übergabe zur Seite, nehmt ihnen jeweils die Geschenke und die Grußkarten ab und bringt sie zum Gabentisch. Den Karten entnehmt Ihr die Namen der Schenkenden und schreibt sie auf Klebezettel. Diese befestigt Ihr an dem zugehörigen Geschenk. Am besten platziert Ihr die Aufkleber so, dass sie nicht zu sehen sind, auf die Unter- oder Rückseite. Schließlich haben sich die Schenkenden viel Mühe gemacht mit der hübschen Verpackung, und sie soll nicht verunziert werden. Die Umschläge könnt Ihr nun direkt bei den Geschenken platzieren, und sollten sie später versehentlich vertauscht werden, ist das nicht schlimm – denn die Namen sind ja direkt am Geschenk befestigt. Nach der Feier werden die Brautleute dankbar sein, dass sie den Überblick behalten. Das Auspacken der Geschenke macht auch viel mehr Spaß, wenn sie den jeweiligen Schenkenden dabei direkt vor Augen haben.

5 Tipps für die Organisation der Geschenkeübergabe:

- Eine/n feste/n Geschenkebeauftragte/n

- Abnahme der Geschenke vom Brautpaar, direkt nach der Überreichung

- Ordentliche Platzierung auf dem Geschenketisch

- Beschriftung der Geschenke mit dem Namen der Schenkenden auf Klebezetteln

- Unauffällige Platzierung der Aufkleber auf der Unter- oder Rückseite der Geschenke

Teil 6

Die Feier, das Großereignis ohne Generalprobe

Sünde 26: Gemischtwarenhandel

**Sie waren noch niemals in New York –
aber bald schon**

Dass die Brautleute Dagmar und Christian einen sehr netten Freundeskreis haben, ist deutlich zu spüren. Um mich herum sind aufgeschlossene, freundliche Menschen in Gespräche vertieft, und es wird viel gelacht. Die Sonne scheint heute an diesem heißen Julitag nicht nur von oben, sondern auch aus den Herzen der Hochzeitsgesellschaft. Der Geschenketisch fällt jedoch inmitten der üppig dekorierten und ziemlich modernen Location ein bisschen aus dem Rahmen. Da stehen ein paar Blumen und bunt verpackte Süßigkeiten, das war es dann auch schon. Angesichts der rund achtzig Gäste hier wirkt das etwas mager. Ich kenne jedoch das wunderbare Geheimnis, das sich dahinter verbirgt: Die beiden Trauzeugen Brigitte und Armin haben im Vorfeld hinter den Kulissen heimlich ein gemeinsames Geschenk aller Gäste organisiert, von dem allein das Brautpaar noch nichts weiß. Ihre Idee hat es in vielerlei Hinsicht in sich. Deshalb bin ich schon ganz kribbelig in freudiger Erwartung, dass das Geheimnis gelüftet wird, und vielen Gästen scheint es auch so zu gehen. Die Überreichung des Geschenkes wird garantiert ein Höhepunkt der Feier, zumal es im Rahmen einer tollen Aktion stattfinden wird. Diese wiederum wurde organisiert von Elsa, der Mutter der Braut. Damit ich sie dabei musikalisch unterstützen kann, hat sie mir zu Beginn der Feier heimlich eine CD mit einigen Titeln zugesteckt, die dafür benötigt werden.

Nachdem die Vorspeiseteller abgeräumt sind, ist es endlich so weit: Elsa holt sich bei mir ein Funkmikrofon, und ich bereite die Musiktitel so vor, dass ich sie auf ein Zeichen hin sofort abspielen kann. Als die Brautmutter zu Beginn ihrer Rede verlauten lässt, man habe ein musikalisches Quiz für die Gastgeber vorbereitet, sehe ich einen Anflug von Unbehagen auf den Gesichtern von Dagmar und Christian. Die beiden hatten nämlich auf ihren Einladungskarten klar formuliert, dass sie sich keinerlei Hochzeitsspiele auf ihrer Feier wünschen. Doch alle außer ihnen wissen, dass hier keine Gefahr in Form von Peinlichkeiten besteht und dass auch keine Langeweile aufkommen wird. Entsprechend stürmisch ist der Applaus, und das zaubert ein Lächeln auf die Lippen der Gastgeber. Sie sind bereit, sich darauf einzulassen.

Elsa überreicht den Brautleuten Zettel und Stift für Notizen. Die Aufgabe bei dem Quiz sieht so aus: Während ich diverse Musiktitel abspiele, sollen die beiden beim Hören jedes Songs auf drei verschiedene Aspekte achten, und zwar auf den Namen einer Stadt, auf ein Verkehrsmittel und auf einen Musiker. Diejenigen Begriffe, die am häufigsten vorkommen, ergeben am Ende die Lösung. Ich spiele also nacheinander kurze Auszüge zehn verschiedener Musiktitel ab, und die beiden schreiben fleißig mit. Ich kann spüren, wie bei allen Gästen die Spannung steigt, wissen sie doch längst die Lösung und können es kaum erwarten, dass auch die Gastgeber es verstehen.

Nachdem der letzte Song verklungen ist, stecken die Brautleute die Köpfe zusammen und lassen kurz darauf die Lösung verlauten. Die Stadt, die am häufigsten erwähnt wurde, ist New York. Das häufigste Verkehrsmittel ist ein Flugzeug, und der am häufigsten vertretene Musiker ist Billy Joel, der absolute Lieblingsinterpret des Brautpaars. Seine Musik hat sie ihr ganzes Leben lang begleitet und spielte immer auch in ihrer Beziehung eine wichtige Rolle. Unter dem Applaus des Publikums kommen nun die Trauzeugen Brigitte und Armin mit dem Preis dazu, den die Brautleute für die richtige Antwort erhalten sollen. Es handelt sich um eine seltene Vinyl-LP von Billy Joel, auf der alle Gäste unterschrieben haben. Lachend wollen die Gastgeber ihren Trauzeugen in die Arme fallen, doch Brigitte hebt die Hand und ruft: »Schaut erst mal hinein!«

Dagmar und Christian greifen in die Hülle und finden nicht nur eine Schallplatte vor. Dort befindet sich auch ein Umschlag, und als sie diesen öffnen, bekomme ich sicher nicht als Einziger hier eine Gänsehaut. Zwei Flugtickets nach New York und zwei Eintrittskarten für ein Konzert von Billy Joel, das im September stattfinden wird, kommen nun zum Vorschein. Dagmar und Christian können ihr Glück nicht fassen! Was für ein unglaubliches Geschenk! Jubelnd umarmen sie sich, unter dem Applaus der Gäste, die alle etwas dazu beigesteuert haben.

Es ist kaum zu glauben, dass Dagmar und Christian in knapp zwei Monaten Billy Joel leibhaftig in New York auf der Bühne erleben werden. Dank der Trauzeugen Brigitte und Armin ist es aber wahr!

Ein großes Geschenk von allen Gästen

Wir haben eben ein Beispiel für ein Hochzeitsgeschenk erlebt, das nicht besser zu den Gastgebern hätte passen können. Die Überraschung war rundum gelungen, und was hier geschenkt wurde, ist nicht mehr und nicht weniger als die Erfüllung eines Traums. Denn Trauzeugin Brigitte und ihr Mann hatten im Lauf der langjährigen Freundschaft mit dem Brautpaar immer wieder erlebt, dass an gemütlichen Abenden in deren Küche spätestens nach der dritten Flasche Wein Musik von Billy Joel lief. Und immer rückten die beiden dann näher zusammen, berührten sich und schauten sich tief in die Augen. Bei einer dieser Gelegenheiten berichtete Christian, es wäre ein Traum, den Mann mal live zu erleben, denn Billy Joel hatte bekannt gegeben, dass er noch so lange Konzerte spielt, bis er nicht mehr kann. Ohne es zu ahnen, pflanzte der künftige Bräutigam Christian damit den Keim zur Idee für das Geschenk in die Köpfe von Trauzeugin Brigitte und ihrem Mann.

Nun müsst Ihr wissen, dass Billy Joel in einer einzigartigen Luxussituation ist. Anstatt um die Welt zu touren, um sein Publikum in aller Herren Länder zu erreichen, kommt die Welt zu ihm. Er gibt seit einigen Jahren jeden Monat ein Konzert im Madison Square Garden in New York, zu dem jeweils zwanzigtausend Fans aus allen Kontinenten zusammenkommen. Und obwohl die Brautleute Dagmar und Christian leidenschaftlich gern reisen, waren sie bislang vor allem in Asien unterwegs. In New York waren sie tatsächlich noch nie gewesen! Auch in dieser Hinsicht passte die Idee einer Konzertreise perfekt: Eine weitere Lücke auf der Reise-Weltkarte des Brautpaars wurde so gefüllt.

Ich möchte Euch natürlich nicht dazu animieren, diese Aktion zu kopieren. Vielmehr geht es darum, Eure Fantasie anzuregen, um eine individuelle Idee für Euer liebes Paar zu entwickeln. Das muss auch nichts derart Umfangreiches sein wie eine Fernreise. Wenn Ihr einen großen gemeinsamen Nenner bei den Brautleuten entdeckt und ihnen helfen könnt, durch ein kollektives Geschenk der Hochzeitsgäste einen kleinen oder großen Lebenstraum zu erfüllen, dann solltet Ihr keine Mühen scheuen, das umzusetzen. Davon werden alle Beteiligten bis ans Ende ihrer Tage zehren, und es kann Eure Freundschaft zu den Brautleuten weiter vertiefen. Ich erlebte beispielsweise die Feier eines besonders sportlichen Brautpaars, bei dem die Gäste den beiden genau die Profi-Mountainbikes schenkten, von denen sie schon lange geträumt hatten. Auch ein Shopping-Wochenende in London, mit Einkaufsgutschein für das berühmte Einkaufszentrum Harrods, war eine wunderbare Überraschung für ein anderes Paar, das schon oft von einer gemeinsamen Reise in die englische Metropole gesprochen, sie aber nie realisiert hatte. Toll sind also Geschenke, die zwar am Wunschhorizont der Brautleute stehen, aber nicht alltäglich sind. Eine Hochzeit ist ein einmaliges Fest, und im Zuge dessen dürft Ihr den Brautleuten ruhig etwas Einmaliges gönnen.

Von einer großartigen Idee zur Umsetzung ist es freilich ein weiter Weg. Davon kann ich als Autor ein Lied singen, wenn ich an die lange Liste meiner ungeschriebenen Bücher denke, die zwar in meinem Kopf existieren, aber nicht auf dem Papier. Würde jede tolle Idee, die an gemütlichen Abenden in geselligen Runden bei Wein und Bier entsteht, auch tatsächlich umgesetzt, wären wir vermutlich umgeben von Multimillionären und glücklichen Menschen. Der Alltag sieht jedoch anders aus. Meistens scheitern solche Visionen in der Realität an äußeren Widerständen und an der harten Arbeit, die damit verbunden ist, diese zu überwinden. Häufig kapitulieren Ideenträger bereits bei der ersten größeren Hürde, und ihr Einfall bleibt gefangen im Reich der unerfüllten Träume. Daher lohnt sich ein Blick hinter die Kulissen, den mir die Trauzeugen Brigitte und Armin gewährt haben. Sie haben ihre fantastische Idee in vollendeter Weise umgesetzt. Und das war alles andere als einfach!

Zunächst einmal kannten sich die Trauzeugen Brigitte und Armin gar nicht persönlich. Sie wurden einander von den Brautleuten bei einem gemeinsamen Essen an einem der besagten Küchenabende vorgestellt. Auch hier lief, wie sollte es anders sein, Musik von Billy Joel. Brigitte und Armin verstanden sich von Anfang an gut. Kaum, dass sie sich vom Brautpaar verabschiedet hatten, sprachen sie bereits über die Geschenkidee. Armin fand es klasse, da er sich soeben selbst von der Wirkung von Billy Joels Musik auf Dagmar und Christian hatte überzeugen können. Die erste wichtige Hürde war also schnell überwunden: Beide Trauzeugen waren von der Idee überzeugt und zogen an einem Strang. So vereinbarten sie, dass sie sich so bald wie möglich treffen würden, um das weitere Vorgehen zu besprechen.

Hier kommen wir zu einem wichtigen Tipp für Euch,

solltet Ihr ein kollektives Geschenk ins Auge fassen: Wenn auch Ihr eine Idee für die Brautleute habt, die mit viel Organisation und terminlicher Koordination verbunden ist, wartet bitte nicht damit, die Planung anzugehen. Denn jeder Kalendertag arbeitet gegen Euch, je weniger Zeit von der Idee bis zur Umsetzung bleibt und je mehr Hochzeitsgäste sich beteiligen sollen. Im Fall von Brigitte und Armin lag die Hochzeitsfeier ihres lieben Paares nur knapp sieben Monate in der Zukunft. Bis dahin war viel zu tun. Vor allen Dingen galt es, die Hochzeitsgesellschaft möglichst schnell ins Boot zu holen, ehe die einzelnen Gäste anfingen, individuelle Geschenke zu organisieren.

So trafen sich die beiden wenige Tage später erneut und überlegten sich zuerst, ob die Idee überhaupt finanziell realisierbar war. Dagmar und Christian erwarteten achtzig Gäste zur Hochzeit. Wenn jeder von ihnen fünfzig Euro beisteuern würde, so rechneten die Trauzeugen, würden viertausend Euro zusammenkommen – das sollte reichen! Dann klärten sie, welcher Termin für die Konzertreise in Frage kommen würde. Es sollte nicht zu weit in der Zukunft liegen. Die Hochzeit würde im Juli stattfinden, und die Reise schien im September passend. New York ist weit weg, und natürlich fliegt man nicht mal eben für ein Konzert dorthin und gleich danach wieder zurück. Dagmar und Christian sollten etwas Zeit haben, um sich den Big Apple anzuschauen und möglichst nicht mit einem schweren Jetlag vor der Bühne sitzen müssen. Allerdings würde natürlich jede weitere Übernachtung zusätzliche Hotelkosten verursachen. Vier Tage, so beschlossen die Trauzeugen, wären ein guter Kompromiss. So hätten die Brautleute genug

Zeit, die Millionenstadt zu erleben, ohne dass die Kosten aus dem Ruder laufen würden. Nun stellten sich die Trauzeugen dem ersten Prüfstein der Realität: Sowohl Dagmar als auch Christian sind berufstätig. Wie konnten Brigitte und Armin sicherstellen, dass die beiden zu dem gewählten Zeitpunkt eine Reise überhaupt antreten können würden?

Um das und alles Weitere zu klären, ließen sich die Trauzeugen vom Bräutigam zunächst eine Liste aller Gäste geben, einschließlich der E-Mail-Adressen. Um die Überraschung nicht zu verraten, begründeten sie das damit, dass sie bei der Hochzeitsgesellschaft nachfragen wollten, ob Beiträge seitens der Gäste geplant waren. Das ist ja, wie in den zurückliegenden Kapiteln beschrieben, auch tatsächlich eine der grundlegenden Aufgaben von Euch als Trauzeugen, solche Beiträge zu koordinieren und gegebenenfalls auch abzulehnen, falls sie unpassend sind. Christian schöpfte also keinen Verdacht.

Auf der Liste befanden sich auch die Namen von Arbeitskollegen und -kolleginnen des Brautpaars, man kannte die Namen aus Erzählungen. Diese schrieben die Trauzeugen zuerst an und schilderten die Idee, mit der Bitte, sie vor dem Brautpaar geheim zu halten. Zugleich formulierten sie das Anliegen, unauffällig bei den Arbeitgebern zu prüfen, ob Urlaubstage im betreffenden Zeitraum sowohl für Dagmar als auch für Christian möglich wären. Die Rückmeldungen waren im doppelten Sinne positiv: Einerseits wurde der Urlaub gewährt, ohne dass die Brautleute davon erfuhren. Andererseits waren die Arbeitgeber derart begeistert von der Idee, dass sie sich sogar mit einem Zuschuss an dem Geschenk beteiligten.

Nachdem dieser wichtige Schritt gemeistert war, formulierten die Trauzeugen eine charmante E-Mail an alle Gäste, in der sie die Idee präsentierten und, unter dem Mantel der Verschwiegenheit, um Beteiligung in Form von Geldzuschüssen für das gemeinsame Geschenk baten. Als erwünschte Summe gaben sie direkt fünfzig Euro pro Person an, mit dem Hinweis, dass nach oben hin natürlich keine Grenze gesetzt ist. Die Rückmeldungen waren überwiegend positiv, doch auch einige verhaltene Antworten blieben nicht aus. Eine Handvoll Gäste war der Meinung, das Brautpaar gebe schon so viel für die Hochzeitsfeier aus, dass ihnen mit Bargeld besser gedient wäre. Brigitte und Armin respektierten das und forderten von den betreffenden Leuten natürlich kein Geld ein, ließen sich aber nicht von ihrem Kurs abbringen, weil sie davon absolut überzeugt waren.

Auch das ist ein wichtiger Tipp für Euch: Lasst Euch nicht irritieren, wenn Ihr auf Widerstand bei dem ein oder anderen Gast trefft. Es ist nämlich unmöglich, es innerhalb einer größeren Gruppe von Menschen jedem Einzelnen recht zu machen. Das musste ich als DJ lernen: Egal, wie viel Spaß eine Festgesellschaft hat, und selbst wenn die Tanzfläche über Stunden nonstop am Kochen ist, gelegentlich kommen Meckerer und beschweren sich über die Musik. Vielleicht, weil man nicht ihren persönlichen Wunschtitel spielt, von dem man aus jahrelanger Erfahrung weiß, dass er die Tanzfläche leerfegen würde. Oder weil ihnen irgendetwas anderes nicht in den Kram passt, was mit ihren eigenen Komplexen und Problemen zu tun hat, für die niemand etwas kann, schon gar nicht der DJ oder Trauzeuge. Solche Leute verstehen nicht, dass es hier nicht um ihren individuellen Geschmack geht, sondern um den der Brautleute und um die Gruppe als Ganzes. Ganz gleich, ob Musik, Essen, Deko, Beiträge – irgendjemand wird etwas auszusetzen haben. Das ist so sicher wie das Amen in der Kirche und lässt sich selbst mit größter Mühe, allen gerecht zu werden, nicht vermeiden. Es ist daher wichtig, bereits bei der Planung und Vorbereitung stets das Gesamtbild im Blick zu behalten und sich nicht durch einzelne Querulanten aus dem Konzept bringen zu lassen. Bei einem kollektiven Geschenk kann es außerdem der Fall sein, dass Einzelne bereits ein eigenes Geschenk besorgt haben. Es ist natürlich ihr gutes Recht, das dann auch zu überreichen, und das solltet Ihr respektieren.

Im Fall von Brigitte und Armin war der überwiegende Teil der Gäste von der Idee begeistert. Viele empfanden es auch als Erleichterung, dass ihnen die Entscheidung abgenommen wurde und dass sie sich um nichts weiter kümmern mussten. Es ist schließlich nicht leicht, ein passendes Geschenk für ein erwachsenes Paar zu finden, das schon seit einem Jahrzehnt zusammenlebt.

Um der üblichen Verzögerungstaktik von Unentschlossenen vorzubeugen, gab Brigitte in der ersten E-Mail an die Gäste den Empfängern eine Woche Zeit für eine Rückmeldung. Jeden, der dann noch nicht geantwortet hatte, schrieb sie direkt an und hakte nach. Sie sagte mir später, das entspräche überhaupt nicht ihrem Naturell, und sie musste dafür über ihren Schatten springen. Sie überwand jedoch ihre Hemmungen und Berührungsängste, weil sie fest an die Idee glaubte. Nur so kann ein naturgemäß träger Schwarm aus Menschen, die alle in ihrem Alltag stecken und womöglich teilweise gerade ganz andere Sorgen haben, in Gang gebracht werden. Schließlich waren genug positive Rückmeldungen vorhanden, so dass klar war, das Geschenk würde realisiert werden können. In einer weiteren Sammelmail berichteten die Trauzeugen von dem Erfolg und gaben für die Überweisungen eine Kontonummer an.

Nun musste noch eine schöne Form gefunden werden, die Überraschung dem Brautpaar zu präsentieren. An diesem Punkt fügte es sich gut, dass die Mutter der Braut ohnehin die Idee zu einem Musikquiz als Beitrag für die Feier hatte. Als die Trauzeugen ihr von der Geschenkidee berichteten, war auch sie begeistert, und man beschloss, sich zusammenzutun. Mutter Elsa übernahm die gesamte Planung vom Quiz, was Brigitte und Armin entlastete. Sie hatten schon genug mit der restlichen Organisation zu tun. Da die Brautmutter einen freien Kopf für die Gestaltung des Beitrags hatte, klappte alles wunderbar. Und weil das Brautpaar am Tag der Feier noch Fotos machte und zusammen mit den Trauzeugen etwas später in der Location eintraf, blieb den bereits angereisten Gästen noch genug Zeit, auf der LP zu unterschreiben. Auch hierfür konnten Brigitte und Armin aufgrund ihrer Abwesenheit nicht persönlich sorgen und übergaben Freunden die Aufgabe.

Wenn Ihr also an die Grenzen Eurer Kapazität gelangt oder wenn Euch die Aufgaben über den Kopf wachsen, zögert nicht, Euch Mitstreiter aus dem Freundes- oder Verwandtenkreis an die Seite zu holen. Sicherlich werdet Ihr genug Menschen finden, die sich freuen, sich aktiv zu beteiligen und dem Brautpaar etwas Gutes zu tun.

Übrigens besaßen Brigitte und Armin neben ihrer Entschlossenheit noch eine Eigenschaft, die für den Erfolg der Aktion unabdingbar war: den Mut, Entscheidungen zu treffen. Denn natürlich mussten irgendwann

Tickets gekauft, Flüge gebucht und ein Hotel reserviert werden. Hätten sie daran gezweifelt, dass alles klappen würde, hätten sie vermutlich gezögert. Sie machten aber Nägel mit Köpfen. Es sind letztlich diese konkreten Nägel, die den großen Unterschied machen zwischen einer guten Idee und ihrer Ausführung. Traut Euch, Entscheidungen zu fällen, und glaubt immer daran, dass alles gut gehen wird – nur dann wird am Ende eine gelungene Überraschung und ein wunderbares Geschenk daraus.

Was Brigitte und Armin mit ihrer Idee und ihrem Mut außerdem noch bewirkten, war, die Hochzeitsgesellschaft zu einer verschworenen Gemeinschaft zu machen, noch ehe die Feier überhaupt begonnen hatte. Alle wussten von der Überraschung, und alle zogen am selben Strang, auch wenn sie sich teilweise untereinander gar nicht kannten. Insofern hat die Aktion das gesamte Fest bereichert. Da ich es musikalisch begleitete, kann ich berichten: Es war eine grandiose Party, bei der bis zum Schluss in den frühen Morgenstunden ausgelassen gefeiert und getanzt wurde. Die Aktion hat nicht nur die Brautleute glücklich gemacht, sondern die Feier von Anfang an mit Leben gefüllt.

Dieses Beispiel mag Euch inspirieren und vor allen Dingen den Unterschied verdeutlichen zwischen einer liebevoll geplanten Aktion für das Brautpaar und einem 08/15-Beitrag, wie er auf Tausenden von Hochzeiten stattfindet. Es hat doch eine völlig andere Qualität, ein gemeinsames Geschenk individuell für die Brautleute zu organisieren, als ihnen bei der Feier einfach Stühle für die Reise nach Jerusalem zurechtzurücken oder einen Baumstamm mit stumpfer Säge hinzustellen und zu erwarten, das olle Spiel oder der verstaubte Brauch würde ihnen Freude bereiten. Im Gegenteil, sie werden solchen Nonsens höchstwahrscheinlich als unnötige Schikane empfinden, und wenn Euch wirklich nichts Originelleres einfällt, solltet Ihr Euer liebes Paar besser ganz verschonen und der Feier ihren freien Lauf lassen.

5 Dinge, die Ihr bei der Organisation eines kollektiven Geschenks beachten solltet:

- Passendes Geschenk: Erfüllung eines kleinen oder großen Lebenstraums des Brautpaars

- Sofort mit der Planung starten und Gäste frühzeitig einbeziehen, ehe sie eigene Geschenke organisieren

- Beharrlich bei den Gästen nachhaken

- Gegebenenfalls am Arbeitsplatz der Brautleute Termin klären

- Den Mut haben, Entscheidungen zu fällen

Sünde 27: Beliebigkeit

Film ab

Das Licht geht aus, und über einhundertzwanzig Gäste aus der ganzen Welt blicken neugierig auf die Leinwand in der Ecke des modernen Festsaals. Die Gastgeber Katina und Thomas sind in ihrem Leben viel gereist, und auch hier auf ihrer Hochzeitsfeier haben sich Menschen aus sämtlichen Stationen ihres Lebens versammelt. Schotten im Kilt fehlen genauso wenig wie Freunde aus Frankreich und aus Moskau, der Stadt, in der die beiden derzeit leben und arbeiten. Brautvater Stefan hatte in seiner unterhaltsamen Rede bereits mit einer Präsentation für Erheiterung gesorgt, in der Braut und Bräutigam als Comicfiguren über eine Weltkarte zogen. Trotz verschiedener Muttersprachen der Gäste hat diese Visualisierung jeder verstanden.

Nun bin ich gespannt auf den Hochzeitsfilm von fünf Freunden der Gastgeber, der uns gleich präsentiert werden wird. Das Filmteam besteht aus den Ehepaaren Beate und Markus, Barbara und Moritz sowie Claudia. Sie haben für die Brautleute zwei Stühle bereitgestellt, von denen aus sie freie Sicht auf die Leinwand haben. Die Trauzeugen Katalin und Romain hatten mich vorab darüber informiert, dass ein Film gezeigt werden soll. Wie abgesprochen, hatte Filmer Markus seinen eigenen Rechner samt Beamer mitgebracht und alles rechtzeitig aufgebaut. So konnte ich seinen Laptop an meine Musikanlage anschließen, und wir kommen in den Genuss eines vollen Klangs. Eine bombastische Filmmusik ertönt, dazu erscheinen Bilder von Berggipfeln. Auf gewaltigen Gletschern sind Seilschaften von Bergsteigern unterwegs, und die Kamera kreist aus der Luft um das Geschehen. Dann sehen wir Kajaks, die in reißenden Gewässern zwischen Gebirgsschluchten in die Tiefe rauschen. Die Sequenzen sind derart professionell, dass es sich nur um Archivaufnahmen aus dem Internet handeln kann. Die Spannung steigt mit der Frage, was das mit unserem Brautpaar zu tun haben wird.

Wenig später sehen wir die fünf Freunde auf einem Parkplatz irgendwo im Grünen. Die fünf sind im Wanderoutfit angetreten, zusammen mit zwei Kleinkindern. Sowohl der Sohn von Beate und Markus als auch die Tochter von Barbara und Moritz sitzen in einer wetterfesten Trage auf dem Rücken ihres jeweiligen Papas. Die Truppe startet einen Aufstieg am Fuß eines Berges. Ein Wegweiser, den sie passieren, verrät uns, dass wir uns am Fuß eines Berges in den Bayerischen Voralpen befinden. Moment, da war doch was! Mir fällt ein, dass Bräutigam Thomas seiner Katina auf diesem Berg den Heiratsantrag gemacht hatte. So wird schlagartig der Bezug der Aktion zu den Brautleuten klar. Deren Gesichtern ist deutlich anzusehen, wie überrascht und fasziniert sie sind. Ihre Freunde haben sich also ohne ihr Wissen an dem Ort getroffen, an dem sie ihre Ehe besiegelten. Wollen sie mit zwei Kleinkindern und zwei zu diesem Zeitpunkt schwangeren Frauen – nämlich Claudia und Barbara – wirklich über eintausend Höhenmeter bis zum Gipfel überwinden? Und was werden sie dort wohl machen?

Es folgt ein unterhaltsamer Zusammenschnitt, der mit fetziger Musik unterlegt ist und Auszüge aus dem Aufstieg der Gruppe zeigt. Zunächst geht es über zwar recht steile, aber doch gangbare Wege. Später wird es immer unwegsamer. Eine Zwischenüberschrift verkündet einen Wetterumschwung, und die Musik wird abgelöst von tosenden Windböen. In einsetzendem Schneefall kämpft sich der Trupp weiter über unwirtliche Felsen. Ich bin beeindruckt von den Strapazen, die die Freunde für das Brautpaar auf sich genommen haben – und bestimmt geht es den restlichen Zuschauern auch so. Wir alle sind gespannt, was die Gruppe bei ihrem Abenteuer im Schilde führt.

Der Film fasst in wenigen Minuten zusammen, was in der Realität bestimmt Stunden gedauert hat. Als endlich das Gipfelkreuz erreicht ist, ist der Jubel groß – sowohl bei den Abenteurern auf der Leinwand als auch bei der Hochzeitsgesellschaft. Zuerst trägt sich die Gruppe in das Gipfelbuch ein, in dem weiter vorne auch die Brautleute verewigt sind, mit dem Tag des Heiratsantrags. Dann sehen wir, wie die Filmhelden Steine zusammentragen und damit etwas zu bauen scheinen. Die nächste Einstellung zeigt die Gruppe vor einem aus Steinen auf dem Hang ausgelegten Herzen, in dem die Buchstaben K+T zu lesen sind. So haben die Freunde ein kleines Denkmal der Liebe auf eben jenem Gipfel errichtet, auf dem Bräutigam Thomas seiner Braut Katina den Verlobungsring überreicht hat. Ich stimme in den begeisterten Applaus der Gäste ein.

Nachdem der Film zu Ende ist, überreichen die Freunde den Brautleuten einen eingerahmten Abzug des letzten Bildes, der Gruppe vor dem Steinherz. An dem sind ein USB-Stick und ein Briefumschlag befestigt. Auf dem Stick befindet sich eine Kopie des Films, und der Umschlag enthält einen Zwanzig-Euro-Gutschein für ein Café am Fuß des Berges. So kann das Brautpaar an den Ort zurückkehren, an dem sie sich die Ehe versprochen haben, in Ruhe einen Kaffee trinken und dann ein zweites Mal gemeinsam zum Gipfel aufsteigen – nun aber als Ehepaar! Und wer weiß, vielleicht finden sie dann ja noch Reste des steinernen Herzens. Was für eine tolle Idee, die man nicht besser als unterhaltsamen Beitrag und als inspirierendes Geschenk hätte umsetzen können!

Bitte nur persönliche Beiträge und Reden

Im Beispiel eben haben wir einen innigen Freundschaftsbeweis und zugleich einen erstklassigen Beitrag erlebt. Davon können wir einiges lernen. Natürlich braucht Ihr nicht auf einen Berg zu steigen und das Abenteuer zu filmen, um einen ähnlichen Effekt zu erreichen. Ganz im Gegenteil, es geht ja vielmehr darum, dass Ihr eigene Ideen entwickelt. Was diesen Film nämlich so besonders macht, ist nicht die spektakuläre Aktion selbst. Entscheidend ist, dass sie ganz gezielt für Katina und Thomas entwickelt wurde und gleich mehrere positive Effekte hatte.

Zunächst einmal haben wir es hier mit zwei bleibenden Erinnerungen für die Brautleute zu tun, nämlich sowohl mit dem Eintrag ins Gipfelbuch als auch mit dem Film selbst. Die beiden werden sich diese sieben Minuten Film bestimmt gerne immer wieder anschauen und Freunden zeigen, die nicht bei der Hochzeitsfeier dabei sein konnten. Für das Fest selbst war der Beitrag ein Gewinn, da er die Brautleute und Gäste auf spannende und lustige Weise unterhielt und denen, die es noch nicht wussten, den Ort des Heiratsantrags zeigte. Der Film hatte somit eine unmittelbare Wirkung auf die im Hier und Jetzt versammelte Festgesellschaft. Und als i-Tüpfelchen weist der Beitrag eine Perspektive für die Zukunft der Brautleute auf, denn die beiden wissen ja nun, dass sich oben auf »ihrem« Berg die Freunde im Gipfelbuch mit einer Widmung verewigt und ein Symbol ihrer Liebe hinterlassen haben. Vielleicht werden sie an einem Hochzeitstag in naher oder ferner Zukunft diesen Eintrag in den Händen halten, während ihnen der Wind um die Nase weht, und sich mit Tränen der Rührung an ihre wunderbare Feier erinnern.

Vielleicht kann Euch diese großartige Idee mit ihrer charmanten Umsetzung als Inspiration dienen. Übrigens beweist diese Aktion auch eindrucksvoll, dass man kein Vermögen ausgeben muss, um Großes zu erreichen. Gedreht wurde mit einer normalen Digitalkamera, geschnitten wurde am Laptop. Ein Bilderrahmen, ein USB-Stick und ein Zwanzig-Euro-Gutschein sind finanziell sehr überschaubar – und dennoch dank der damit verbundenen Geschichte unbezahlbar. Das größte Investment der Filmgruppe war Kreativität und Zeit!

Eine gute Idee muss also nicht viel kosten. Überlegt zuallererst, was das Brautpaar verbindet. Der Ort oder das Datum des Heiratsantrags kann ein Anhaltspunkt für einen Beitrag sein, muss es aber nicht. Haben die beiden vielleicht gemeinsam eine große Reise, ein großartiges Konzert von ihrem gemeinsamen Lieblingskünstler oder ganz einfach ein besonders gutes Essen in einem Restaurant erlebt? Mögen die beiden Kino? Lesen sie gerne? Bevorzugen sie Wander- oder Badeurlaube?

Tragt am besten auf einer Liste alles zusammen, was Euch zu gemeinsamen Erlebnissen der beiden einfällt. Sprecht auch mit anderen Personen aus dem Freundeskreis und der Familie darüber – natürlich ohne dass Euer Brautpaar etwas davon mitbekommt. Denn ein ganz besonderer Effekt des Bergfilms war der, dass die Brautleute wirklich keine Ahnung davon hatten und angesichts der Überraschung überwältigt waren.

Es war eine Herausforderung für die Ideengeberin Beate, alle zusammenzutrommeln: Die Beteiligten wohnen weit auseinander, zwei Paare haben kleine Kinder, zwei der Frauen waren zum Zeitpunkt des Drehs schwanger. Dennoch hat sich Beate nicht beirren lassen und kurz nach dem Erhalt der Einladung zur Hochzeit den Filmdreh für einen Termin Anfang Oktober organisiert, um dem ersten Schneefall zuvorzukommen. Das hat zwar nicht ganz geklappt – der Schnee hat sie ja beim Aufstieg überrascht –, aber auch davon hat sich die Gruppe nicht aufhalten lassen. Lasst Euch also nicht gleich entmutigen, falls die Rahmenbedingungen erst einmal ungünstig zu sein scheinen – denn wo ein Wille ist, da ist auch ein Weg.

Wenn Euch eine tolle Aktion einfällt, die Ihr selbst mit Freunden des Brautpaars unternehmen könnt, ist das Filmen eine Möglichkeit, sie festzuhalten und zu präsentieren. Ein ganz großer Vorteil eines Films ist, dass

Ihr ihn genau auf die richtige Länge von maximal sieben Minuten bringen könnt, wie es in unserem Beispiel eben der Fall war. Damit lässt sich der Beitrag perfekt in den Ablaufplan Eures lieben Paars einbauen. Sofern Ihr die nötige Technik für die Präsentation rechtzeitig organisiert, könnt Ihr Euch am Tag der Feier entspannen, denn der Film wird ein Selbstgänger. Achtet darauf, dass der Streifen unterhaltsam ist und keine Längen hat, dann wird er die Feier positiv beeinflussen.

Ein tolles Beispiel für eine Party-Rakete im Filmformat fand bei einer Feier statt, bei der das Brautpaar eine höllische Angst davor hatte, beim Eröffnungstanz im Mittelpunkt zu stehen und sich womöglich zu blamieren. Um ihnen diese Last zu nehmen, drehten die Trauzeugen einen Film, in dem flotte Musiktitel vorkamen. Dazu sangen Freunde der Brautleute im Lippen-Playback in verschiedenste Gegenstände, beispielsweise Löffel, Flaschen oder Bananen. Auch Tanzeinlagen kamen vor. Dieser Film wurde auf einer Leinwand seitlich der Tanzfläche präsentiert, der Klang kam direkt aus der DJ-Anlage. Alle Gäste wurden für die Präsentation auf die Tanzfläche gebeten, und nachdem der Film zu Ende war, stand auf der Leinwand »Let's Dance«. Das ließen sich die Gäste nicht zweimal sagen, und als der DJ nahtlos den ersten Song seines Sets anknüpfte, tanzten alle – ohne dass das Brautpaar überhaupt noch einen Eröffnungstanz hätte machen müssen.

Der Nachteil eines Filmbeitrages ist allerdings, dass das Filmen und Schneiden im Vorfeld ziemlich aufwendig sind. Wenn weder Ihr noch jemand in der Gruppe sich dazu in der Lage sieht, dann könnt Ihr vielleicht auf die Hilfe von technisch versierten Freunden zurückgreifen. Ihr könnt eine schöne Aktion für die Brautleute aber auch in Form einer Fotopräsentation verewigen und vielleicht bei einem Online-Anbieter als Buch drucken lassen. Dieses könnt Ihr den Gastgebern bei der Feier mit einer unterhaltsamen Rede aushändigen. Oder habt Ihr stattdessen vielleicht eine tolle Idee für ein gemeinsames Erlebnis der Brautleute, das Ihr ihnen bei der Hochzeitsfeier als Gutschein überreicht? Im Fall der Brautleute Dagmar und Christian im letzten Kapitel fand die Übergabe der Karten für das Konzert von Billy Joel in Form eines Quiz statt – auch das ist eine Möglichkeit, um die Brautleute zu überraschen und gleichzeitig die Gäste zu unterhalten.

Wenn Euch partout nichts Originelles oder Spektakuläres einfällt, das Ihr schenken und bei der Feier präsentieren könnt, versucht es bitte nicht zu erzwingen. Weniger kann mehr sein. Ehrliche und gefühlvolle Worte sind nach wie vor das Schönste, was man einem Brautpaar mit auf den Weg geben kann. Eine Rede, und sei sie noch so kurz, wird zu einem emotionalen Höhepunkt, wenn sie von Herzen kommt. Vielleicht haltet Ihr Euch nicht für die besten Redner, doch auf ausgefeilte Rhetorik kommt es überhaupt nicht an. Entscheidend ist, wie sehr Ihr Euch öffnet und Gefühle zeigt. Seid ehrlich, macht keine große Show daraus und vermeidet Gemeinplätze. Am wichtigsten sind der Auftakt der Rede und ihr Ende – diese beiden Parts bleiben dem Publikum am meisten in Erinnerung.

Ich habe leider schon viele Reden miterlebt, die damit begannen, man habe »mal im Internet zum Thema Ehe recherchiert«. Oder Beiträge, bei denen am Anfang klargestellt wurde: »Das kennt Ihr bestimmt von anderen Hochzeiten.« Hier würde ich als neutraler Beobachter am liebsten sofort die rote Karte ziehen und die Redner von der weiteren Ausführung ihrer Ansprache entbinden! Mit einer solchen Aussage ist nämlich bereits alles, was folgen soll, zur Bedeutungslosigkeit verdammt. Denn dieser Einstieg macht umgehend klar, dass wir gleich nichts über unser liebes Brautpaar und über die Gefühle des Redners erfahren werden, sondern über die Ehe im Allgemeinen. Aus dem Internet heruntergeladene Klischees und Zitate von berühmten Geistern vergangener Jahrhunderte zum Thema Ehe sind so ziemlich das Abgegriffenste und Lahmste, was ein Hochzeitsredner herunternudeln kann. Ganz ehrlich: Das will erstens kein Mensch hören, und zweitens haben die meisten es schon anderswo gehört! Die Brautleute und auch die Gäste wollen viel lieber erfahren, wie Ihr zum lieben Paar steht, was die beiden Eurer Meinung nach verbindet und was Euer Ehrenamt als Trauzeuge für Euch bedeutet. Ein effektiver Auftakt Eurer Rede kann ein gelungener Scherz sein, um die Situation sofort aufzulockern. Falls Ihr Euch unsicher fühlt, kann eine humorvolle Offenbarung dieser Unsicherheit Euch von Anfang an Sympathien bringen. Weniger gut kommt es an, wenn Ihr Euch über andere lustig macht. Seid also bitte vorsichtig in der Wahl Eures Humors. Oder Ihr verzichtet auf einen Scherz und packt gleich die volle Gefühlsbreitseite aus. Welcher Start der richtige für Euch ist, könnt nur Ihr selbst entscheiden. Seid Ihr Trauzeuge des Bräutigams, vergesst bitte nicht, auch auf die Braut einzugehen – und umgekehrt. Natürlich sollte auch nicht zu kurz kommen, was Ihr den beiden für die gemeinsame Zukunft wünscht.

Wenn Euch eine lange Freundschaft mit der Braut oder dem Bräutigam verbindet, kann auch sie ein sehr schöner Ausgangspunkt für eine Rede sein. Sie darf natürlich auch gerne lustige Anekdoten enthalten, sofern diese nicht in eine Aneinanderreihung von Peinlichkeiten ausarten. Die Würde der Gastgeber sollte an ihrem großen Tag nicht durch Berichte von Exbeziehungen oder irgendwelchen Eskapaden aus der Vergangenheit unterwandert werden.

Ich weiß, es ist nicht leicht, vor einer größeren Gruppe zu reden, doch glaubt mir: Je ehrlicher und authentischer Eure Rede rüberkommt, desto mehr werdet Ihr im Ansehen der Brautleute und aller Gäste steigen. Für das ein oder andere Tränchen, das Euch vielleicht in die Augen schießt, braucht Ihr Euch nicht zu schämen, ganz im Gegenteil. Solltet Ihr die Fassung verlieren, ist das nicht peinlich, sondern zeichnet Euch als jemanden aus, dem die Brautleute wirklich etwas bedeuten.

Der Abschluss der Rede kann abermals ein Wunsch für das Brautpaar sein, der von Herzen kommt, oder auch ein lustiger Gag – das hängt ganz davon ab, womit Ihr Euch wohlfühlt. Gerne könnt Ihr dann, gemeinsam mit den Gästen, das Glas erheben. Sorgt also am besten bereits vor Beginn Eurer Rede dafür, dass Euer Weinglas gefüllt und griffbereit ist. Für zwischendurch sollte ein Glas Wasser bereitstehen, falls Ihr beim Reden eine trockene Kehle bekommt.

5 Anregungen für einen gelungenen Vortrag:

- Film gemeinsam mit Freunden des Brautpaares

- Gemeinsame Aktion von Freunden als Fotopräsentation

- Überreichung eines Fotobuchs

- Gutschein für ein gemeinsames Erlebnis des Brautpaars, das die beiden bei einem Quiz erraten müssen

- Gefühlvolle Rede, die von Herzen kommt

Sünde 28: Unsichtbarkeit

Wo ist Kevin?

Ich reiche dem schüchternen jungen Mann die Hand und stelle mich vor. Er selbst wäre wohl kaum auf die Idee gekommen, den ersten Schritt zu machen. Bräutigam Ulrich hatte ihn als seinen Trauzeugen Kevin identifiziert. Ich hatte Kevin in den letzten Wochen mehrfach per E-Mail angeschrieben, um zu fragen, ob und was seinerseits für die heutige Hochzeitsfeier geplant war, jedoch nie Antwort erhalten. Dabei hatten mir Ulrich und seine Braut Hanna bei unserem Vorgespräch verkündet, Kevin sei der Zeremonienmeister. Also derjenige, der die Gäste durch das Programm führen wird. Das ist eine Aufgabe, die sehr häufig den Trauzeugen anvertraut wird. Während ich Kevins schlaffe Hand in der meinen spüre, frage ich mich allerdings, ob das in diesem Fall eine gute Entscheidung war. Er weicht meinem Blick verlegen aus und redet sehr leise. Wenn ich etwas zu ihm sage, scheint er fast zusammenzuzucken. Ein freundliches Lächeln meinerseits verpufft wirkungslos.

»Wollen wir mal gemeinsam den Ablaufplan durchgehen?«, frage ich also. Er nickt, und ich warte, ob noch etwas kommt. Mehr passiert aber nicht, also spreche ich weiter: »Dann lass uns doch mal da rüber an den freien Stehtisch gehen, wo wir ungestört reden können.« Er trottet mir hinterher. Als wir ankommen, studiert er die Tischdecke, als stünden dort die wichtigsten Neuigkeiten – eine weitere Methode, jeglichen Blickkontakt zu vermeiden. »Hast du einen Ausdruck vom Ablaufplan?«, frage ich als Nächstes. Kevin schüttelt den Kopf. Auch ich möchte den Kopf schütteln über diesen schlecht vorbereiteten Trauzeugen, beherrsche mich aber. Ich entfalte meine Kopie des Plans. Nun gibt es auf der Tischdecke also wirklich etwas zu sehen.

»Wurden bei Dir Reden angemeldet?«, will ich wissen. Er nickt. Und wieder kommt darüber hinaus nichts von ihm. Herrgott noch mal, muss ich Kevin denn alles aus der Nase ziehen? »Aha. Wie viele und von wem? Und was ist sonst noch so geplant?« So winden sich meine Versuche, ein Gespräch in Gang zu bringen, zäh immer weiter, bis ich ihm schließlich entlocke, dass die Väter von Braut und Bräutigam etwas sagen wollen, und auch der Bruder der Braut wolle sich zu Wort melden, außerdem planten einige Gäste, gemeinsam ein Geschenk zu überreichen. Ein Onkel hatte das Vorhaben geäußert, etwas zu singen, allerdings weiß Kevin nicht genau, ob er dafür ein Playback von mir braucht.

Darüber, wann die einzelnen Beiträge stattfinden sollen, hat sich der Trauzeuge entweder noch keine Gedanken gemacht, oder er ist nicht in der Lage, sie mir mitzuteilen. Also mache ich Vorschläge: Die Väter können zwischen Vorspeise und Hauptgang zu Wort kommen, zwischen Hauptspeise und Hauptgang folgt der Bruder, vor dem Dessert ließe sich das Geschenk überreichen, und die Gesangseinlage nutzen wir als Überleitung zum

Eröffnungstanz. Kevin hat keine Einwände. Ich frage, ob er denn wisse, wie der singende Onkel aussieht, damit ich mit ihm über die Musik und das Mikrofon sprechen kann. Doch Kevin schüttelt mal wieder den Kopf. Es juckt mir in den Fingern, den ganzen Typen mal richtig durchzuschütteln! Alles, was wir eben besprochen haben, hätten wir schon vor Wochen per E-Mail klären können, wenn er mir geantwortet hätte. Sein Elan vom Format einer Schlaftablette ist schwer zu ertragen, und ich kann mir beim besten Willen nicht vorstellen, wie er hier durch das Programm führen soll.

Am Ende unseres einseitigen Gesprächs überlasse ich ihm meine Kopie des Ablaufplans, da ich das Ganze noch einmal digital auf meinem Smartphone und auf meinem Rechner am DJ-Pult habe. Kevin verschwindet wie ein Schatten in der Menge. Leider muss ich nun das Brautpaar behelligen, um mir von Ulrich den betreffenden Onkel zeigen zu lassen – freilich ohne die Überraschung zu verraten, die der Mann heute vorhat. Im Gegensatz zu Kevin ist Onkel Friedrich mit Begeisterung bei der Sache und bestens vorbereitet. Er überreicht mir eine CD mit einer Karaokeversion von *Marianne Rosenbergs* Hit *Er gehört zu mir*, für die er einen eigenen Text geschrieben hat. Ich teile ihm mit, für wann wir seinen Auftritt eingeplant haben, wobei das Wort »wir« hier irreführend ist – denn Kevin hat ja eigentlich gar nichts zum Timing beigetragen.

Nach dem Gespräch mit Onkel Friedrich halte ich Ausschau nach dem überforderten Trauzeugen, da es laut Plan langsam an der Zeit wäre, die Gäste vom Empfang hier draußen, im Garten des Gasthauses an der Elbe, nach innen zu bitten. Doch Kevin ist nirgends aufzutreiben. So langsam schwant mir, dass ich heute wohl einen Teil seiner Aufgaben als Zeremonienmeister übernehmen muss, wenn alles klappen soll. Eigentlich bin ich hier nur als DJ gebucht, nicht als Wedding Guard, und es ist mir unangenehm, mich einzumischen. Aber leider kann ich den guten Kevin nicht dazu zwingen, seinen Job zu machen – und irgendjemand muss es schließlich tun!

Dasein ist nicht gleich da sein – was einen guten Zeremonienmeister ausmacht

Warum die Brautleute Euch als Trauzeuge oder Trauzeugin ausgesucht haben, wisst Ihr selbst am besten. In Kevins Fall eben handelte es sich um den ältesten Freund des Bräutigams aus Sandkastentagen. Eine lebenslange Freundschaft ist sicherlich etwas Großartiges, und bestimmt ist Kevin im Alltag ein netter und zuverlässiger Typ. Allerdings ist er auch wahnsinnig schüchtern, und die Aufgabe des Zeremonienmeisters überforderte ihn von Anfang an völlig. Er hat sich derart unwohl gefühlt in dieser Rolle, dass er in der Vorbereitungszeit die Aufgabe komplett verdrängte – anders ist nicht zu erklären, warum er beispielsweise auf meine E-Mails nicht geantwortet hat und keinen Ablaufplan dabeihatte.

Tatsächlich war ich bei der Hochzeitsfeier im weiteren Verlauf des Abends derjenige, der unauffällig aus dem Hintergrund die wesentlichen Programmpunkte koordinierte. Ich empfahl dem Bräutigam, die Gäste vom Empfang hereinzubitten, und nahm rechtzeitig Kontakt mit den einzelnen Rednern auf. Die Küche des Hauses informierte ich, wenn ein Beitrag anstand. Kurz: Ich übernahm heimlich Kevins Job, mit dem Unterschied, dass ich nicht vor der Gruppe in Erscheinung trat. Der Trauzeuge war mittlerweile zwar meistens anwesend, aber nicht wirklich da. Meistens saß er an seinem Platz und schaute sich das Geschehen stumm an. Doch die rein körperliche Anwesenheit reicht als Zeremonienmeister leider nicht! Weder war Kevin ein kompetenter Ansprechpartner für die Brautleute noch für die Dienstleister wie mich oder für Gäste, die sich am Programm beteiligten wollten, wie den singenden Onkel.

Kevin war sicherlich nicht allein schuld an dieser Situation. Bräutigam Ulrich hätte seinen Freund besser einschätzen müssen. Angesichts von Kevins scheuem Wesen war es absehbar, dass die Aufgabe für ihn schlichtweg eine Zumutung war. Sie abzulehnen und damit den Bräutigam zu enttäuschen widersprach allerdings seiner zurückhaltenden Art. In diesem Fall wäre es von Anfang an sinnvoll gewesen, wenn der Bräutigam jemand anderen als Zeremonienmeister bestimmt hätte. Ich habe zahlreiche Hochzeitsfeiern erlebt, bei denen nicht die Trauzeugen durch die Feier führten, sondern Freunde oder Mitglieder der Familie. Meist handelte es sich dabei um Menschen mit Organisationstalent oder einem besonders einnehmenden Wesen.

Wenn Ihr diejenigen seid, die von Eurem lieben Paar als Zeremonienmeister bestimmt wurden, dann hört ehrlich in Euch hinein, wie sich das anfühlt. Seid Ihr bereit, bei der Feier eine solch verantwortungsvolle Aufgabe zu übernehmen? Fällt Euch der Umgang mit Menschen leicht? Versteht Ihr es, freundlich, aber bestimmt klare Ansagen zu machen? Falls die Antwort auf diese

Fragen Nein lautet, oder falls Ihr vielleicht sogar Angst empfindet bei dem Gedanken, eine Gruppe teilweise fremder Menschen charmant durch den Abend zu führen, dann sprecht bitte offen mit dem Brautpaar darüber. Ihr tut weder Euch noch den Gastgebern und den Gästen einen Gefallen damit, wenn Ihr Euch von Anfang an verbiegen müsst und der Gedanke an das freudige Fest Euch schlaflose Nächte beschert. Sicherlich fällt Eurer Braut oder Eurem Bräutigam jemand anderes aus dem Freundes- oder Verwandtenkreis ein, der die Aufgabe gerne und gekonnt übernimmt.

Falls Ihr durchaus selbstbewusst seid, jedoch angesichts des eben Gesagten bei dem Gedanken an Eure Mission als Zeremonienmeister doch ein wenig unruhig werdet, kann ich Euch beruhigen: Tatsächlich müsst Ihr beim Fest gar nicht so viel machen, um zu seinem Gelingen beizutragen. Das folgende Kapitel verschafft Euch einen Überblick.

Die 5 wichtigsten Eigenschaften als Zeremonienmeister:

- Zuverlässigkeit
- Organisationstalent
- Kommunikationsvermögen
- Durchsetzungsfähigkeit
- Freude an der Aufgabe

So führt Ihr als Zeremonienmeister erfolgreich durch das Programm

In Teil 2 des Buches haben wir uns gründlich mit der Planung und dem Ablaufplan befasst. Eure vordringliche Aufgabe als Zeremonienmeister ist es nun, dafür zu sorgen, dass in der Realität alles so umgesetzt wird, wie es geplant wurde. Euer wichtigstes Werkzeug dafür ist die aktuellste Version des Ablaufplans, die Ihr am besten gleich mehrfach ausgedruckt dabeihabt, um ihn bei Bedarf anderen Beteiligten auszuhändigen. Doch Vorsicht: Wir sprachen davon, dass es zwei Versionen des Plans gibt – einen für das Brautpaar, in dem die Überraschungen nicht verraten werden, und einen inoffiziellen, in dem alle Programmpunkte aufgeführt sind. Bitte passt auf, dass dem Brautpaar nicht die Version unterkommt, die alle Inhalte verrät, sonst hat sich der Überraschungseffekt für die Gastgeber erledigt. Denkt immer dran: Ein realistischer, gut durchdachter Ablaufplan ist schon die halbe Miete. Je besser Eure Vorarbeit bei der Planung ist, desto weniger Stress werdet Ihr bei der Feier haben.

Euer zweitwichtigstes Werkzeug ist eine Uhr. Ihr könnt davon ausgehen, dass die Brautleute während ihrer eigenen Hochzeit so viel um die Ohren haben werden, dass sie die Zeit nicht im Auge behalten können und wollen. Die beiden sollen ihren großen Tag ungestört genießen, ohne ständig an das Timing zu denken. Denn dafür haben sie ja Euch. Ihr behaltet also bitte immer im Blick, welcher Programmpunkt ansteht, und helft gegebenenfalls nach, wenn die Hochzeitsgesellschaft beispielsweise nicht von alleine darauf kommt, zu einem bestimmten Zeitpunkt den Ort zu wechseln. Diesen Plan habt wahrscheinlich nur Ihr, die Brautleute und einige Dienstleister vor Augen. Ihr müsst nicht alle fünf Minuten auf die Uhr blicken, schließlich sollt Ihr ja auch Spaß an der Feier haben. Aber an einer regelmäßigen Kontrolle der Uhrzeit führt leider kein Weg vorbei.

Grundsätzlich gibt es zwei Möglichkeiten, wie Ihr im Sinne der Einhaltung des Zeitplans in das Geschehen eingreifen könnt. Entweder ist es das Brautpaar selbst, das als Gastgeber durch das Programm führt. In diesem Fall sprecht Ihr sie an, sobald es Zeit ist, eine Ansage zu machen. Die zweite Möglichkeit ist, dass Ihr die Ansagen macht. Welche Variante das Brautpaar bevorzugt, klärt Ihr natürlich rechtzeitig vor der Feier. Wenn die Brautleute selbst die Moderation übernehmen, braucht Ihr bis zu Eurer Tischrede gar nicht offiziell vor der Hochzeitsgesellschaft in Erscheinung zu treten. Falls Euch das Reden vor einer Gruppe nicht liegt, wäre das die Variante der Wahl – es sei denn, Braut und Bräutigam scheuen davor zurück, das Wort zu ergreifen.

Solltet Ihr selbst moderieren, beherzigt folgende einfache Grundregel: In der Kürze liegt die Würze! Kein Mensch erwartet von Euch, dass Ihr den perfekten Entertainer gebt. Am elegantesten ist es, wenn Euch die Brautleute anfangs einmal vorstellen und mitteilen, dass Ihr heute durch das Programm führen werdet. Ab dann reicht es, wenn Ihr mit ein, zwei Sätzen ankündigt, was als Nächstes passieren soll.

Ganz wichtig ist, dass Ihr die Ansprachen nicht unnötig verzögert. Häufig habe ich erlebt, dass ein Redner oder eine Rednerin aufstand, das Mikrofon in der Hand, und sich dann erst mal gemächlich umschaute, ob auch alle Gäste anwesend waren. War dem nicht so, wurde gewartet und gewartet. Das erzeugt ein geradezu körperliches Unbehagen bei denjenigen Gästen, die auf den Redner blicken und nun natürlich gespannt sind auf die Ansprache. Sie unterbrechen ihre Tischgespräche, blicken erwartungsvoll in Richtung des vermeintlichen Entertainments – und nichts passiert! Meistens nimmt dann nach kaum einer Minute unbestimmten Wartens die Lautstärke im Saal drastisch zu, da die Gespräche wieder aufgenommen werden und sich auf einen Schlag Dutzende Stimmen überlagern. Die Unruhe ist wesentlich größer als vor dem verpatzten Start der Rede. Wenn es dann endlich so weit ist, dass der Redner doch noch das Wort ergreift, ist es viel schwieriger, wieder Ruhe zu erzeugen, und die Aufmerksamkeit mancher Gäste ist endgültig dahin. Ich habe sogar schon erlebt, dass ein Redner mehrere Minuten lang wartete, bis die anfangs fehlenden Mitglieder der Hochzeitsgesellschaft wieder im Raum waren – bloß hatten zwischenzeitlich längst andere Gäste das Weite gesucht, die ganz einfach keine Lust mehr hatten auszuharren, bis endlich etwas passiert.

Tut also Euch und allen Anwesenden einen Gefallen und stellt Euch erst dann gut sichtbar für eine Ansprache vor die Gruppe, wenn Ihr sicher seid, dass Ihr sofort loslegen könnt. Es müssen auch nicht alle Gäste anwesend sein. Denn irgendjemand ist immer auf der Toilette, beim Rauchen oder draußen beim Spielen mit dem Kind. Je größer die Gruppe, desto unwahrscheinlicher ist es, dass alle brav an ihren Plätzen sitzen und zuhören. Entscheidend ist, dass die Brautleute beide anwesend sind. Wenn das gegeben und zumindest der größte Teil der Hochzeitsgesellschaft in Hörweite ist, dann zögert nicht. Habt Ihr erst einmal das Wort ergriffen, kommen meistens auch die Gäste von draußen zurück. Speziell wenn Ihr ein Mikrofon benutzt, hört man Euch ja auch außerhalb des Festsaals, und jeder weiß, dass nun ein Beitrag kommt. Übrigens solltet Ihr auch andere Redner dazu ermutigen, direkt anzufangen, sollten sie sich zögerlich zeigen.

Apropos Mikrofon: Denkt bitte nicht, dass solche Technik ganz selbstverständlich in jeder Location herumliegt und von jedem benutzt werden kann. In der Regel stellt nicht die Gastronomie ein Funkmikrofon, sondern der DJ, und das solltet Ihr vorher sicherheitshalber klären. Es gibt nämlich auch unprofessionelle Möchtegern-Entertainer in der Branche, die nur ein Mikrofon mit Kabel für ihre eigene spaßige Moderation oder grausigen Gesangseinlagen dabeihaben, so dass Ihr nicht von Eurem Sitzplatz sprechen könnt, sondern vor das DJ-Pult treten müsst. Es kann sogar vorkommen, dass der ein oder andere »DJ Ulli mit seiner rollenden Disco« überhaupt kein Mikrofon zur Verfügung stellt, weil es nicht mit dem Brautpaar vereinbart war oder er die Batterien vergessen hat. Also lasst Euch am besten vor der Feier die Kontaktdaten des DJs geben und fragt ihn direkt, ob und wie viele Funkmikrofone (!) er dabeihaben wird. Es kann sinnvoll sein, zwei Mikrofone parallel zu verwenden, wenn zwei Personen sich in einer Rede abwechseln. Ein echter Profi hat ohnehin zwei Mikrofone dabei, für den Fall, dass eins von beiden ausfällt. Noch mehr Mikros wären aber unnötiger technischer Aufwand. Selbst wenn eine größere Gruppe eine gemeinsame Rede hält, kann immer nur eine Person zur selben Zeit sprechen, sonst versteht niemand etwas. Daher reicht es, wenn ein bis zwei Mikrofone weitergereicht werden. Hilfreich ist es auch, wenn Ihr dem DJ den Ablaufplan mit Angabe aller Programmpunkte (also den geheimen Plan) zur Verfügung stellt, so dass er sehen kann, wann die Mikrofone benötigt werden und wer die Redner sind.

Beim Umgang mit dem Mikrofon selbst ist es ganz wichtig, dass Ihr es beim Sprechen direkt vor die Lippen haltet und laut und deutlich redet. Viele unerfahrene Redner unterliegen dem Irrtum, es würde schon reichen, einfach nur ein Mikrofon seitlich in der Hand zu halten, leise vor sich hin zu nuscheln, und auf magische Weise könnten alle im Raum sie verstehen. Weit gefehlt! Ein Mikrofon ist kein Zauberstab, sondern ein technisches Gerät, das nur denjenigen Klang verstärkt, der direkt bei ihm ankommt. Das bedeutet dreierlei: Erstens sollte das Mikrofon die Lippen fast berühren, zweitens solltet Ihr es immer im selben Abstand zum Mund halten – auch wenn Ihr Euch beim Reden bewegt –, und drittens solltet Ihr durchgängig laut und deutlich sprechen.

Manche professionellen Moderatoren berühren bewusst mit dem Kopf des Mikrofons das Kinn, um durchweg für einen gleichmäßigen Lippenabstand zu sorgen. Sie reden genau so laut, als würden sie ihre Stimme ohne Mikrofon an das Publikum richten. Stellt Euch am besten vor, das Mikro ist eine Taschenlampe, deren Lichtschein in jedem Moment der Rede aus nächster Nähe auf Eure Lippen treffen muss. Bewegt Ihr den

Kopf, bewegt Ihr das Mikrofon entsprechend mit. Nur so ist gewährleistet, dass der volle Umfang Eurer Stimme überhaupt darin ankommt. Selbst wenn Ihr das Mikrofon nur zwanzig oder dreißig Zentimeter weit weg haltet, verliert sich der größte Teil Eurer Stimme im Raum, anstatt durch das Mikrofon verstärkt zu werden, und irgendjemand in der letzten Reihe wird sofort »Lauter!« brüllen. Der DJ wird versuchen, etwas mehr aufzudrehen, doch eine physikalische Grenze erlaubt nur eine Verstärkung bis zu einer gewissen Lautstärke, ehe ein schrilles Pfeifgeräusch entsteht. Das ist die allseits gefürchtete Rückkopplung, und die wollt Ihr dem Hörgerät von Oma Erna ganz gewiss nicht zumuten!

Vermutlich wird Euch der Klang der eigenen Stimme aus den Lautsprechern seltsam vorkommen, vielleicht hört Ihr die Worte auch leicht zeitlich verzögert. Lasst Euch dadurch nicht irritieren. Wenn es tatsächlich zu laut sein sollte, wird der DJ den Pegel senken, und Ihr sprecht einfach genau so weiter, wie Ihr angefangen habt. Es wird sich nur für Euch komisch anhören, aber jeder Anwesende wird froh sein, dass Ihr gut zu verstehen seid. Wenn Ihr das Mikrofon im Lauf des Abends an andere Redner reicht, gebt ihnen am besten die hier genannten Tipps weiter, damit auch sie gut gehört werden.

Das waren eine Menge technischer Ratschläge für Eure Moderation. Kommen wir abschließend nochmals zu den Inhalten. Wie bereits weiter oben beschrieben, liegt in der Kürze die Würze. Dazu gehört auch, klare Aufforderungen an die Gruppe zu geben, wenn es erforderlich ist. Manche Trauzeugen haben Bedenken, es könnte wichtigtuerisch wirken, wenn sie den Gästen Anweisungen geben. In Wirklichkeit jedoch schätzt eine

Hochzeitsgesellschaft klare Ansagen! Vielleicht wart Ihr auch schon mal auf einem Fest, wo Ihr und die anderen Gäste stundenlang herumstandet und keiner wusste, wie es weitergeht oder was von Euch erwartet wird. Solche Feiern mit unklaren Verhältnissen arten leicht in pure Langeweile aus. Oder auch in Chaos, beispielsweise wenn ein Gruppenfoto gemacht werden soll und niemand das Zepter in die Hand nimmt, um die Gäste zusammenzutrommeln und sie an den richtigen Ort zu führen.

In dem Moment, wo Ihr klar sagt, was Sache ist, tut Ihr allen Anwesenden einen Gefallen, und die Gäste fühlen sich gut betreut. Eure Ansagen sollten sich natürlich nicht wie militärische Befehle, sondern wie charmante Aufforderungen anhören, und das Wort *bitte* darf in keinem Fall fehlen.

Nehmen wir das einfache Beispiel eines Sektempfangs im Freien. Von alleine wird niemand auf die Idee kommen, zurück in den Festsaal zu gehen, wenn die Zeit gekommen ist – denn die Gäste haben natürlich keine Ahnung, wann es so weit ist. Sie sollen einfach nur Spaß haben, ohne die Uhr im Blick behalten zu müssen. Die Situation kann schnell unübersichtlich werden, wenn das Brautpaar ohne vorherige Ansage reingeht und nur ein Teil der Gäste das mitbekommt. Ein anderer Teil steht dann weiterhin draußen, in Gespräche vertieft, und schon wird der Zeitplan unnötig überschritten, bis auch die Letzten begriffen haben, was los ist. Mag es auch nur eine Viertelstunde mehr sein, solche vermeidbaren Zeitfresser sammeln sich über die ganze Feier immer weiter. Irgendwann ist man plötzlich über eine Stunde oder länger im Verzug, und Langeweile ist vorprogrammiert. Ein einziger Satz zur rechten Zeit reicht, um das zu vermeiden: »Liebe Gäste, kommt jetzt bitte alle herein, in einer Viertelstunde beginnen wir mit dem Essen.« So oder ähnlich könnt Ihr sofort für klare Verhältnisse sorgen.

Wenn alle offiziellen Programmpunkte stattgefunden haben und der Eröffnungstanz startet, könnt Ihr Euch entspannen und die Party genießen – so wie jeder andere Gast. Vermutlich wird bis zum Ende des Festes nicht mehr viel von Euch erwartet, wenn die letzten Gäste verabschiedet werden und eventuell der Abtransport der Hochzeitsgeschenke organisiert werden muss. Außer natürlich, irgendjemand kommt auf die glorreiche Idee, die Party für einen ungeplanten Beitrag zu unterbrechen. Das verhindert Ihr bitte nachdrücklich, wie bereits weiter oben erwähnt.

Ihr dürft Euch natürlich auch den ein oder anderen Drink gönnen. Aber Ihr als Trauzeugen solltet es besser nicht übertreiben, wie Euch die letzte Anekdote in diesem Buch zeigen wird. Doch ehe wir dazu kommen, möchte ich an einem besonders drastischen Beispiel zeigen, wie eine einzelne Person eine Feier zerstören kann, wenn man sie nicht rechtzeitig stoppt!

5 Dinge, die jeder Zeremonienmeister bei der Moderation beachten sollte:

- Stets den Zeitplan im Blick behalten

- Klare Handlungsaufforderungen für die Gäste

- Ansprachen nur dann, wenn das Brautpaar anwesend ist

- Zum geplanten Zeitpunkt sofort mit Ansprachen starten und nicht erst auf die Anwesenheit aller Gäste warten

- Mikrofon nah an den Mund und direkt auf die Lippen richten, laut und deutlich sprechen

Sünde 29: Kontrollverlust

Frau Mama läuft Amok

Das also ist Frau von Bölzen-Hägele, denke ich, als ich die Brautmutter hektisch zwischen den Tischen herumwirbeln sehe. Es ist weniger als eine Stunde Zeit bis zur Trauzeremonie in der zehn Kilometer entfernten Kirche, doch die Dame hat nichts Besseres zu tun, als hier in der fertig eingedeckten Festlocation noch mal alles durcheinanderzubringen. Ihr komplizierter Doppelname hatte sich bei mir schon vor der Feier direkt auf zwei Festplatten eingebrannt: der in meinem Computer und der in meinem Hirn. Denn diese Dame hatte es für nötig erachtet, einen kilometerlangen E-Mail-Verkehr mit mir anzuzetteln. Angeblich würde sie für ein Quiz sechs Funkmikrofone benötigen, und sie hatte auch sonst sehr genaue Vorstellungen davon, was wann und wo passieren sollte. Dies hatte mich verwundert, hatten sich ihre Vorstellungen doch deutlich von denen des Brautpaars und dem Plan von Trauzeugin Irene unterschieden. Übrigens ist das mit den sechs Mikrofonen völliger Quatsch, doch davon, dass ein bis zwei völlig ausreichend sind, hatte ich sie nicht überzeugen können. So war ich nicht umhingekommen, zusätzliche Mikrofone und ein dafür geeignetes Mischpult zu meiner Technik hinzuzumieten. Darüber, dass ich die dadurch entstandenen Kosten weiterreichen würde, hatte ich sie bereits informiert. Die Brautleute sollten ja nichts von der Überraschung wissen, und irgendjemand muss es schließlich bezahlen. Im Zweifelsfall natürlich diejenige, die den ganzen Umstand verursacht hat! Das hatte Frau von Bölzen-Hägele allerdings empört, weil sie gar nicht verstehen konnte, wieso sechs Funkmikrofone nicht zu meiner Standardausrüstung gehören. Seitdem hatte sie sich nicht mehr gemeldet, was mir nach mehr als einem Dutzend überflüssiger und zeitraubender E-Mails zum Thema »Wie kann ich mich auf der Hochzeit meiner Tochter wichtigmachen« grundsätzlich recht war – doch es blieb ein Unbehagen meinerseits, und ich hatte Trauzeugin Irene telefonisch vorgewarnt, dass wir vonseiten der Brautmutter Ärger zu befürchten hatten.

Was sich nun am Hochzeitstag leider bestätigt. Dass Frau Mama hier hereingepetscht war, ohne sich vorzustellen oder mich und das Personal zumindest sichtbar zur Kenntnis zu nehmen, hatte sie eindeutig als »Von« ausgewiesen. Was genau sie hier gerade macht, ist schwer zu erkennen. Während ich versuche, mich auf den Aufbau der erweiterten Technik zu konzentrieren und den Kabelsalat von diversen Mikrofonempfängern zu entwirren, rückt sie auf den Tischen Kerzen von links nach rechts, tauscht Servietten, bewegt Vorspeiseneteller. Man müsste schon Vorher- und Nachher-Bilder genau unter die Lupe nehmen, um einen Unterschied auszumachen. Sie jedoch tut mit hochrotem Kopf so, als hätte die Gastronomie kläglich versagt und nichts stünde so auf den Tischen, wie sich das gehört. Ich muss dazusagen, dass wir uns in einem Viereinhalb-Sterne-Hotel befinden, das professionelle Servicepersonal hier hat das Eindecken von der Pike auf gelernt. Ich wüsste beim besten Willen nicht, was es zu beanstanden gäbe.

Als ein spitzer Schrei ertönt, lasse ich vor Schreck eines der gemieteten Mikrofone fallen. Hoffentlich ist das noch heil! Grund für die akustische Entgleisung von Frau von Bölzen-Hägele ist ein winziger, kaum sichtbarer Fleck auf einer der Tischdecken, der durch das Verschieben eines Tellers entblößt wird. Wie sie daraufhin den Bankettleiter herunterbuttert und darauf drängt, der Tisch müsse mit einer neuen Tischdecke versehen und folglich komplett neu gedeckt werden, ist laut, barsch und unangenehm. Ihre Wortwahl ist eindeutig nicht einer »Von« würdig. Womöglich stammt sie aus einfachen Verhältnissen und hat sich den adeligen Titel nur angeheiratet, überlege ich. Wie auch immer, ich spüre jedenfalls, wie die Stresshormone in meinem Körper munter ihre Arbeit verrichten und mir schon jetzt klarmachen, dass es für uns alle heute kein Spaziergang wird mit dieser Person an der Seite ihrer Tochter, der entzückenden Braut Ariane. Gleichzeitig ärgert es mich, dass es sich um völlig unnötigen Stress handelt, was mich noch mehr stresst! Danke, Frau von Bölzen-Hägele, dass Sie mir und dem Servicepersonal dieses hoch angesehenen Hauses bereits am frühen Nachmittag die Stimmung verdorben haben – eigentlich hatte ich mich auf die Feier gefreut.

Leider wird es im Lauf des Tages und auch abends nicht besser. Frau von Bölzen-Hägele mäkelt so ziemlich an allem und jedem herum, und auch ich bekomme reichlich von ihrem Unmut ab. Erst gefällt ihr die Farbe meiner Hintergrundbeleuchtung nicht, die sie »zu puffig« findet. Also ändere ich die Farben der LED-Strahler von Rot auf Lila – obwohl das Rot perfekt zur Gestaltung der Einladungskarten und der Deko mit roten Herzen gepasst hatte. Das Lila ist Frau von Bölzen-Hägele dann aber zu »Milkamäßig«. Grün ist ihr zu »Kinderdisco«, blau zu »Aquariummäßig«. Also doch wieder Rot. Später empfindet sie meine Hintergrundmusik erst als zu leise, dann als zu laut. Auch die Gastronomie attackiert sie munter weiter: Der Wein schmecke nicht (den übrigens ihre Tochter ausgesucht hatte), es werde zu früh abgeräumt (obwohl wir sowieso zeitlich schon in Verzug sind), die Beilagen seien zu kalt (weil wir zeitlich in Verzug sind aufgrund ihrer Querelen). Kurz, es ist nicht möglich, es ihr recht zu machen. Leider lässt sie das auch ihre Tochter spüren. Die Miene der Braut spricht Bände, und es tut mir unendlich leid für sie, dass ihr die Freude an ihrer Hochzeit durch die eigene Mutter kaputtgemacht wird.

Trauzeugin Irene versucht ihr Bestes, um trotzdem allen gerecht zu werden. Doch es ist ganz klar, dass »Von« sich hier für die Chefin hält und entsprechend agiert. Ihre Beiträge zieht sie ohne Absprache durch, was den ganzen Zeitplan durcheinanderbringt. Dadurch kann Irene auch wenig tun, um das Unheil aufzuhalten. Aus Respekt vor dem Brautpaar kann auch ich nichts anderes tun, als der Brautmutter auf ihr Verlangen hin jeweils für ihre Einlagen ein Mikrofon zu reichen und zu hoffen, dass es schnell vorbei ist. Zunächst hält Frau von Bölzen-Hägele eine Tischrede über Zahlenmystik und versucht, das heutige Hochzeitsdatum in irgendeinen kosmischen Zusammenhang zu rücken, den keiner versteht und der erst recht nichts mit dem Brautpaar zu tun hat. Gruselig! Später zeigt sie eine zwanzigminütige Diaprojektion, die mit käsiger Fahrstuhlmusik unterlegt ist, welche die Augenlider der Anwesenden schwer werden lässt. Am Ende beschwert sich Frau Hägele über den Sound meiner Anlage, an die ich spontan eine meterlange Überbrückung vom Beamer aus diversen Kabeln zusammenbasteln musste, da der Vortrag selbstverständlich nicht angemeldet war. Dann kommt noch das langweilige Ratequiz mit einem halben Dutzend demotivierter Gäste, die zwei Mikros benutzen – und damit vier der sechs mühsam organisierten Geräte links liegen lassen.

Als endlich, mit rund zwei Stunden Verspätung, gegen Mitternacht die Party startet, bin wieder ich das Opfer der hysterischen Mutter. Die Brautleute hatten auf ihrer Musik-Wunschliste klares Schlagerverbot erteilt, doch »Von« möchte unbedingt Helene Fischer hören. Natürlich kauft sie mir meine Notlüge, ich hätte keinen einzigen Song von Helene dabei, nicht ab. Entsprechend aggressiv werden ihre verbalen Entgleisungen, und umso schwerer wird es, mich auf die achtzig Gäste zu konzentrieren. »Von« ist wie ein schwarzes Loch im Universum, das unerbittlich jeden Funken Lebensfreude in sich hineinzieht und in Finsternis versinken lässt. Schließlich kommt Trauzeugin Irene hinzu, der die Belagerung meines DJ-Pultes nicht entgangen ist. Sie versucht »Von« klar zu machen, dass ich genau so auflege, wie sich die Brautleute das wünschen. Damit wird sie nun zum Opfer der negativen Energie der »Von«, was mir zwar leid tut, wodurch ich mich aber endlich wieder auf meine Mission hier fokussieren kann, die lautet: Fülle die Tanzfläche und mache die Menschen glücklich, ohne Schlager zu spielen.

Gegen halb zwei, auf dem Höhepunkt der Party, ist der Spuk abrupt beendet. Ich weiß zunächst nicht genau, was los ist, doch alles fühlt sich plötzlich leicht und frei an. Ich schaue mich um und stelle fest, dass »Von« verschwunden ist. Für einige bange Minuten befürchte ich, dass sie lediglich auf dem WC ist und sich über die Farbe der Klosteine ärgert. Doch dann kommt Irene zu mir und berichtet, dass Frau von Bölzen-Hägele das Fest verlassen hat, da sie diese »Affenmusik« nicht länger ertragen könne. In ihrer Wut hat sie sich nicht einmal von den Brautleuten verabschiedet! Ich spreche ein stummes Stoßgebet aus und danke *Rihanna, Felix Jaehn* und *Cro* dafür, dass sie uns von dieser Furie befreit haben. Irene stößt mit mir an, sie mit Sekt, ich mit einem alkoholfreien Bier, und wir heben die Gläser darauf, dass wir jetzt endlich ungestört feiern können!

Manche Menschen muss man bremsen

Es ist immer wieder erstaunlich, wie einzelne Personen eine ganze Feier vermiesen können. Wir haben eben ein extremes Beispiel erlebt. Ich bin kein Psychologe und weiß nicht, unter welcher mentalen Störung Frau von Bölzen-Hägele leidet, doch ihr Verhalten war fraglos alles andere als gesund. Sich gleichzeitig selbst so wichtig zu nehmen und sich um jeden Preis immer wieder in den Mittelpunkt zu drängen, andererseits aber überhaupt nicht zu spüren, wie das bei den anderen Menschen ankommt und was sie mit ihrem Verhalten anrichtet, war eine Tortur für alle Anwesenden. Sie selbst wurde auch nicht glücklich damit, wie ihr früher Abgang beweist. Fatal war, dass es sich ausgerechnet um die Brautmutter handelte. Sowohl Trauzeugin Irene als auch das Personal vor Ort, und natürlich auch ich, hätten anders mit der Störung umgehen können, wenn es sich um einen weniger wichtigen Gast gehandelt hätte. Dann hätte ich mich nämlich von Anfang an auf keinerlei Diskussion eingelassen, und sicherlich hätte das Servicepersonal ihrer Tischräumaktion vor der Feier sofort Einhalt geboten. Es kann ja nicht einfach irgendein Gast daherkommen und bestimmen, wie etwas auszusehen hat – das entscheiden die Gastgeber! Leider war Frau von Bölzen-Hägele jedoch in gewisser Weise »Mit-Gastgeberin«, da sie aus dem Erbe ihres verstorbenen Mannes einen erheblichen Teil der Feier finanziert hatte.

Es ist sehr schwierig, Euch einen allgemeingültigen Rat für den Umgang mit Störenfrieden zu geben, die versuchen, der Feier Eures lieben Paars ihren eigenen Stempel aufzudrücken. Dafür gibt es ganz einfach kein Patentrezept. Die gute Nachricht ist: Das war eine absolute Ausnahme! Höchstwahrscheinlich wird Euch das gar nicht passieren, denn wie bereits im Titel meines Buches *Wer Ja sagt, darf auch Tante Inge ausladen* empfohlen, wird Euer liebes Paar potenzielle Hochzeits-Saboteure vermutlich gar nicht erst einladen. Falls eine solche Person sich im näheren Verwandtenkreis befindet und daher nicht vermieden werden kann, so wird es sich sicherlich um einen Menschen handeln, mit dem man reden kann. Völlig uneinsichtig, wie Frau von Bölzen-Hägele es war, sind tatsächlich die wenigsten.

Wichtig ist, dass Ihr nicht die Kontrolle über die Gesamtsituation verliert. Die Küche bleibt für das Essen zuständig, der Fotograf für die Bilder, der DJ für die Musik – das ist schließlich ihr Handwerk, und dafür werden sie bezahlt. Kein Gast sollte sich hier einmischen. Natürlich spiele ich als DJ auch einzelne Musikwünsche von Gästen, doch wenn mir jemand erzählen will, er sei angeblich »auch DJ« (was tatsächlich sehr häufig passiert) und will mir jetzt mal zeigen, wie das Auflegen geht, weise ich diese Person sofort in ihre Schranken. Ebenso verhalte ich mich, wenn Musikwünsche eindeutig denen der Brautleute zuwiderlaufen. Eine Kompetenzverlagerung von mir als Profi auf einen Laien, der sich selbst zum Musikbeauftragten erklärt, dient letztlich niemandem, außer dieser einen Person. Das widerspricht jedoch zwei ultimativen Regeln für Feiern, die lauten:

Regel 1: Die gute Stimmung der Gruppe als Ganzes ist wichtiger als die Laune eines einzelnen Gastes oder einer kleinen Teilgruppe.

Regel 2: Die Vorgaben der Gastgeber sind wichtiger als abweichende Vorstellungen einzelner Querulanten.

Falls auch Ihr mit einer Person konfrontiert werdet, die sich in Euren Kompetenzbereich als Zeremonienmeister einmischen will, solltet Ihr nachdrücklich klarmachen, dass Ihr den Zeitplan gemeinsam mit dem Brautpaar erarbeitet habt und dass Ihr im Sinne der Gastgeber mit der Umsetzung betraut seid. Spontane Beiträge und Spielchen, die nicht vorab bei Euch angemeldet wurden, lehnt Ihr höflich, aber bestimmt ab. Sollte es einzelne Meckerer geben, deren Problemchen überhaupt nichts mit dem Spaß innerhalb der Gruppe zu tun haben, versucht bitte, ihre Beschwerden vom Brautpaar fernzuhalten. Die meisten Konflikte lassen sich im Gespräch lösen.

Wenn ein Gast völlig uneinsichtig ist – wie Frau von Bölzen-Hägele –, ist allerdings jede Diskussion zum Scheitern verurteilt. In einem solchen Fall hilft nur noch, die betreffende Person zu ignorieren und zu hoffen, dass sie bald die Feier verlässt. Sollte sie versuchen, sich in den Mittelpunkt zu stellen, könnt Ihr die Dienstleister entsprechend vorwarnen. Wenn beispielsweise der DJ gar nicht erst das Mikrofon herausrückt und die Musik weiterlaufen lässt, kann auch kein spontaner Beitrag die Party stören. Wichtig ist in diesem Fall, dass Ihr das nicht auf eigene Faust verantwortet, sondern in Absprache mit den Brautleuten in die Wege leitet. Sonst wird der Miesepeter die Gastgeber womöglich mit einer direkten Beschwerde überraschen. Das Brautpaar sollte jedoch die Möglichkeit haben, sich darauf vorzubereiten.

Wir haben uns hier mit einer Form des Kontrollverlustes befasst, die durch einzelne Störenfriede unter den Gästen ausgelöst wird. Eine andere Form des Kontrollverlustes ist die, welche Ihr als Trauzeugen selbst verschulden könntet. Einen solchen feuchtfröhlichen Fall möchten wir uns im Folgenden anschauen.

5 Regeln, um das Entgleisen einer Party durch einzelne Nörgler zu verhindern:

- Lasst Euch nicht von Außenstehenden in Euren Kompetenzbereich als Trauzeugen hineinreden

- Haltet Diskussionen mit Meckerern möglichst von den Gastgebern fern

- Haltet Störenfriede von den professionellen Dienstleistern fern

- Die gute Stimmung der Gruppe als Ganzes hat Vorrang vor Einzelinteressen

- Die Vorgaben der Gastgeber sind das Maß der Dinge

Das Morgen-Grauen

Mein Hemd klebt feucht am Oberkörper, meine müden Augen brennen, und meine Füße fühlen sich an wie überreifes Fallobst kurz vorm Platzen. Seit fast neun Stunden stehe ich hinter dem DJ-Pult und mixe ohne Pause Partymusik. Um 22 Uhr gestern Abend ging es mit dem Eröffnungstanz los, und jetzt haben wir kurz vor 7 Uhr morgens. Im Prinzip ist diese lange Dauer eine tolle Bestätigung dafür, dass meine Musikauswahl gut ankommt – sonst würden die Gäste schließlich längst in ihren Hotelzimmern schlummern. Bloß fehlen die wichtigsten Menschen der Feier: die Brautleute Maria und Bernd. Und dieser Meute hier, die im Licht der aufgehenden Sonne mit letzten Zuckungen über die Tanzfläche stolpert, dürfte es mittlerweile völlig egal sein, welche Titel ich wähle – Hauptsache, man kann sich irgendwie dazu bewegen.

Wenn es nach mir gegangen wäre, hätte ich das Fest vor etwa drei Stunden stimmungsvoll beendet. Es wäre ein würdiger Ausklang für eine traumhafte Feier gewesen, bei der alles gestimmt hat: Location, Essen und die Stimmung. Die Beiträge waren alle toll, und Trauzeuge Kurt hat charmant durch den Abend geführt. Er war sogar ein richtiger Entertainer, der die Gäste bei seinen Ansagen zum Lachen gebracht hat. Allerdings hatte er jedes Mal, wenn er zu Absprachen mit mir ans DJ-Pult gekommen war, abwechselnd Gläser mit Bier und Wein in der Hand. Später war er auf Longdrinks umgestiegen. Bei den Ansagen der letzten beiden Beiträge hatte seine Zunge schon nicht mehr jede Artikulation sauber über die Bühne gebracht. Als die Party dann anfing, hat auch er mächtig losgelegt, mit teilweise akrobatischen Tanzeinlagen, unter Einsatz aller Gliedmaßen. Das kam besonders bei den anwesenden Frauen gut an. Die Koordination seiner Bewegungen nahm allerdings im Verlauf der Nacht rapide ab, bis nur noch das regelmäßige Schwanken von einer Sitznische zur Bar und zurück zu seinem Repertoire gehörte.

Mir hatte daher nichts Gutes geschwant, als das Brautpaar gegen vier Uhr früh zu mir gekommen war und sich für die Musik bedankt hatte, um sich dann zu verabschieden.

»Wir sind einfach total platt«, hatte Bernd gesagt. »Aber wir möchten das jetzt nicht bei dieser tollen Stimmung abbrechen. Mein Trauzeuge Kurt wird dir mitteilen, wenn Schluss ist.«

Meine Antwort an Bräutigam Bernd hatte gelautet: »Kein Problem, das mache ich. Aber Ihr wisst schon, dass es pro Stunde einhundert Euro Aufpreis kostet, wenn ich weitermache, oder?«

Er hatte genickt: »Das ist uns klar. Kurt hat gesagt, er bezahlt dir den Aufpreis persönlich.«

Ich hatte geschluckt und hinüber zur Bar geblickt. Da saß er, mein neuer Chef. Besser gesagt, da hing er, eine Pobacke auf dem Barhocker, den Ellbogen auf dem Tresen abgestützt, das Kinn halb im Cocktailglas vor ihm versenkt. Mit einem dümmlichen Grinsen hatte er aus dieser Schieflage in unsere Richtung gestarrt. Außer ihm waren zu diesem Zeitpunkt noch ein Dutzend Gäste in ähnlich desolatem Zustand da gewesen. Ich hatte in diesem Moment nur eins gewollt, nämlich ins Bett, doch natürlich machte ich weiter, wie versprochen. Es würde ja nicht mehr so lange gehen, hatte ich gedacht. Womit ich mich gewaltig irrte…

Jetzt, um kurz vor sieben, liegt Kurt buchstäblich auf dem Tresen. Flach auf dem Rücken hat er sich ausgestreckt, das Hemd bis zum Bauchnabel aufgeknöpft. Er trägt keine Schuhe mehr, und eine seiner Seidensocken hängt nur noch an seinem großen Zeh. Eine junge Frau sitzt auf einem Barhocker vor ihm und hat ihren Kopf auf seinen Bauch gebettet, und zwar in gefährlicher Nähe zu seinem halb offenen Hosenstall. Das wäre an sich nichts, was mich beunruhigen würde – dafür habe ich in zwölf Jahren Arbeit im Nachtleben einfach schon zu viel gesehen. Höchst problematisch finde ich allerdings, dass es sich bei dieser Dame nicht um seine sympathische Ehefrau Anne handelt, die das Fest kurz nach dem Brautpaar verlassen hat.

Ich will mich nicht als Moralapostel aufspielen, doch ich bin ohne Zweifel der einzige nüchterne Mensch hier, und im Gegensatz zu Kurt habe ich meinen Anstand nicht mit Hochprozentigem weggespült. Fünf Flaschen Wasser und vier Tassen Kaffee zum Durchhalten – das ist alles, was ich bei meinem DJ-Marathon getrunken habe. Auf der fast leeren Tanzfläche hingegen müffelt Gin Tonic aus zerbrochenen Gläsern vor sich hin, und die restlichen betrunkenen Gestalten auf dem Parkett wanken herum wie Statisten in der Fernsehserie *The Walking Dead*. Es sind mittlerweile insgesamt noch sieben Gäste hier, und ein unglaublich professioneller Barkeeper, der selbst jetzt noch mit stoischer Ruhe Gläser poliert. Wie macht er das bloß, dass er noch genauso frisch aussieht wie gestern Abend, mit einem strahlend weißen Hemd, ohne jede Falte oder Schweißflecken? Als ich ihn mir genau anschaue, bemerke ich, dass es gar nicht mehr derselbe ist wie gestern. Das muss die Frühschicht sein! Der Wechsel ist mir wohl entgangen.

Die junge Frau, deren Kopf auf Kurts Bauch ruht, legt nun auch noch eine Hand auf seinen Oberschenkel. Ein schlüpfriges Grinsen macht sich auf dem Gesicht des Trauzeugen breit. Ich kann das nicht mehr mit ansehen und starte einen neuen Anlauf, das Elend zu beenden. Die beiden letzten Versuche hatte ich jeweils vor Ablauf der vollen Stunde angetreten, und jedes Mal hatte ich gedacht, Kurt wird sich nicht mehr lange auf den Beinen halten können. Dennoch hatte er jedes Mal inbrünstig gelallt, ich solle weitermachen, er würde die Verlängerungsstunde bezahlen. Jetzt bin ich allerdings fest entschlossen, mich auf keine weitere Fortsetzung einzulassen. Es macht einfach keinen Sinn mehr, und es ist für alle Beteiligten das Beste, das Feld zu räumen – ehe jemand hier etwas tut, das er oder sie bereuen wird.

Also gehe ich hinüber zur Bar und trete neben das seitensprunggefährdete Paar. »Äh, Entschuldigung, ich möchte nicht stören, aber ich mache jetzt Schluss, und Ihr solltet besser auf Eure Zimmer gehen.«

Kurt schielt in meine Richtung. Aus seinem Mund kommen Laute, die nie zuvor ein Mensch gehört hat: »Ehh Mnn, mch ma weiiiiiter, sch zall... rülps... ds auch.« Die junge Frau hebt lahm den Kopf und sieht mich unter müde flackernden Lidern an.

Ich erwidere: »Sorry, Kurt, aber deine Frau vermisst dich sicher schon, und ich muss jetzt meine Anlage abbauen.« Als weder von Kurt noch von seiner Begleiterin eine Reaktion kommt, greife ich nach der rechten Hand des Trauzeugen und hebe sie hoch. Ich bin mir nicht mal sicher, ob er das in seinem Zustand überhaupt bemerkt. An die junge Frau gewandt sage ich: »Siehst du, das hier ist ein Ehering. Kurt ist nämlich verheiratet, und seine Frau wartet oben im Hotelzimmer darauf, dass ihr Gatte endlich ins Bett kommt. Wollt Ihr das hier nicht besser beenden?« Zur Antwort grinst sie bloß, und ich weiß nicht, was es bedeuten soll. Ehrlich gesagt, ist mir das jetzt auch egal. Ich habe getan, was in meiner Macht steht, und jetzt mache ich nur noch eins: Schluss! Ich gehe zurück zum DJ-Pult und ziehe den Regler am Mischpult herunter.

Eine wohltuende Ruhe senkt sich über den Raum, der einem Schlachtfeld gleicht. Papierschnipsel, Asche, Scherben und Alkohollachen auf dem Boden werden unbarmherzig von der grellen Morgensonne ausgeleuchtet. Von irgendwoher kommt sofort der unvermeidliche Spruch »Ey, DJ, einer geht noch!«, den ich, wie gewohnt, ignoriere und stattdessen meine letzten Kräfte darauf konzentriere, meine Technik abzubauen. Das dauert in der Regel eine ganze Stunde, die ich nach durchgearbeiteter Nacht noch durchhalten muss, um mehr als einhundertfünfzig Kilogramm Material sauber zu verpacken und zu meinem Transporter zu schleppen.

Zwischenzeitlich verschwinden die letzten Gäste, bis auf Kurt und seine Theken-Kumpanin, die wieder ihren Kopf auf seinem Bauch platziert hat. Ich versuche, mich dadurch nicht ablenken zu lassen. Es ist auch so schon eine Herausforderung, in völlig übermüdetem Zustand möglichst nichts von meinem Equipment kaputtzumachen oder zu vergessen. Als ich nach einem der Gänge zum Transporter zurückkehre, ist die junge Frau plötzlich verschwunden. Kurt liegt alleine auf der Theke und schnarcht. Auch der Barkeeper ist fort, vielleicht wurde er hinüber in den Speisesaal geordert, wo sich bestimmt die ersten Hotelgäste zum Frühstück einfinden.

Nachdem sämtliches Material im Wagen verstaut ist, kehre ich noch ein letztes Mal zurück und rüttele Kurt an der Schulter. Sein Schnarchen verwandelt sich kurzzeitig in ein Grunzen, ansonsten ändert sich nichts. Es ist unmöglich, ihn wachzubekommen. Ich blicke auf die Uhr: kurz nach acht Uhr früh. Ziehe ich die Stunde für den Abbau ab, denn die steckt in meiner Gage schon immer mit drin, schuldet mir der Trauzeuge für drei zusätzliche Stunden dreihundert Euro. Für einen kurzen Moment spiele ich mit dem Gedanken, der Einfachheit halber seine Taschen abzutasten und zu hoffen, dass er genug Bargeld dabeihat. Das wäre allerdings nicht die feine englische Art. Stattdessen werde ich mir vom Brautpaar seine Adresse geben lassen und ihm eine Rechnung schicken. Bloß eine Sorge habe ich bei dem Gedanken: Kurt ist dermaßen blau, dass er sich vielleicht gar nicht mehr daran erinnern wird, mich um drei Verlängerungsstunden gebeten zu haben. Der letzte Zeuge, nämlich der Barkeeper, ist irgendwo im Haus unterwegs. Was mache ich jetzt?

Nach kurzem Überlegen packe ich mein Smartphone aus und stelle die Kamera auf den Selfie-Modus. Ich beuge mich zu Kurt hinab, so dass sich mein Kopf neben seinem befindet. Sein Atem stinkt so stark nach Alkohol, dass ich allein davon etwas benebelt werde. Ich halte die Luft an und hebe meine Armbanduhr ins Bild. Der

Auslöser der Kamera surrt einige Male. Anschließend schaue ich mir die Bilder an. Sie erfüllen völlig ihren Zweck: Man sieht Kurt, mich und die Uhr, deren Zeiger auf zehn nach acht stehen. Damit kann ich zur Not belegen, wie lange ich durchhalten musste. Ich bin jetzt seit zweiundzwanzig Stunden auf den Beinen, und es ist sechzehn Stunden her, dass ich meine Musikanlage aufgebaut habe. Wie ich mich fühle? Stellt Euch einen Kaugummi vor, der von den letzten Hochzeitsgästen hier durchgekaut, ausgespuckt und dann beim Herumtorkeln auf der Tanzfläche festgetrampelt wurde. So ähnlich geht es mir, und das sieht man auf dem Foto auch. Das ist aber noch gar nichts gegen den erbärmlichen Anblick von Kurt! Der schnarchende Trauzeuge sieht dermaßen fertig aus, dass ich hoffe, diesen Schnappschuss niemals verwenden zu müssen. Solche Bilder, auf Facebook oder Twitter gepostet, können Karrieren beenden und die Sehnsucht nach einem anonymen Leben im Zeugenschutzprogramm heraufbeschwören. Ich will für Kurt hoffen, dass ihn im Suff niemand zusammen mit seiner Thekenbekanntschaft in Schoßnähe fotografiert hat und es seiner Frau zeigt!

Das Maß der Dinge im Blick behalten

Trauzeuge Kurt im Beispiel eben hat bei der Hochzeitsfeier sehr stark angefangen und dann im Lauf des Abends ebenso stark nachgelassen, bis sein Verhalten schließlich in einer Vollkatastrophe endete. Aus dem charmanten Moderator und Entertainer wurde ein peinlicher Thekenschläfer mit fahrlässigem Frauenkontakt.

Grund war der hemmungslose Verzehr unterschiedlicher alkoholischer Getränke. Vielleicht seid Ihr der Meinung, dass uns Kurts moralischer Verfall auf der Hochzeit seines besten Freundes nichts angeht und dass es grundsätzlich seine Privatangelegenheit ist, wie und mit wem er sich vergnügt. Das stimmt natürlich. Allerdings muss ich darauf hinweisen, dass er nicht irgendein Gast war, nein, er war Trauzeuge! Nicht nur, dass das ein Ehrenamt ist – das Wort Ehre ist ja ganz deutlich zu erkennen –, nein, es bringt auch Verantwortung mit sich.

Zudem war Kurt der Zeremonienmeister des Abends und hatte damit die Chance, auf das gesamte Geschehen positiv einzuwirken. Bis zu einem gewissen Moment tat er das auch. Ab einer bestimmten Promillegrenze war es jedoch vorbei mit der Ehre und, vor allen Dingen, mit der Übersicht. Kurt hat schlicht und ergreifend die Kontrolle über sich verloren, und damit auch über das, was um ihn herum passierte. Mit dieser Schlamperei hat er sein Ehrenamt ungefragt abgegeben. Das geschah schon lange, bevor das Brautpaar sich verabschiedete. Bereits während der Party wäre er aufgrund seines Alkoholpegels nicht mehr in der Lage gewesen einzugreifen, falls es erforderlich gewesen wäre. Beispielsweise, falls das Brautpaar seine Hilfe beim Abtransport der Geschenke gebraucht oder ein Gast sich danebenbenommen hätte. Stattdessen war es Kurt selbst, der sich danebenbenahm. Vermutlich hätte er es noch nicht mal bemerkt, wenn es am Rande zu irgendwelchen Problemen gekommen wäre.

Selbstredend stand Kurt am folgenden Tag weder, wie eigentlich geplant, beim gemeinsamen Frühstück auf der Matte, noch beteiligte er sich bei der Verabschiedung der

Übernachtungsgäste. Stattdessen hatte er halb torkelnd, halb krabbelnd wie ein Kleinkind (wie mir das Hotelpersonal später berichtete) gerade so den Weg in sein Hotelzimmer geschafft, wo sein Körper sich in den folgenden Stunden an der Entgiftung abarbeitete und ihm erst in den frühen Nachmittagsstunden, vermutlich unter gewaltigen Kopfschmerzen und mannshohen Wellen von Übelkeit, die Rückkehr ins Bewusstsein gestattete. So hat Kurt viel verpasst, und das Brautpaar war sicher enttäuscht, seinen Trauzeugen nicht beim harmonischen Ausklang am Tag nach der Feier an der Seite zu haben.

Die Brautleute hatten ihm voll und ganz vertraut, sonst hätten sie ihm nicht die gesamte Verantwortung über das Ende des Festes überlassen, als sie sich in die wohlverdiente Hochzeitsnacht zurückzogen. Was man Kurt zugutehalten muss, ist, dass er mir zwei Tage später den Betrag von dreihundert Euro überwiesen hat, ohne zu murren. Das desaströse Foto musste ich ihm gar nicht erst zeigen. Vielleicht war ihm sein Verhalten im Nachhinein selbst peinlich, und er wollte es einfach nur abhaken. Was allerdings weder er noch die Brautleute noch ich bedacht hatten, war, dass nicht nur meine Verlängerungsstunden ihren Preis hatten. Die Location berechnete ab vier Uhr früh eine Servicepauschale von hundertfünfzig Euro je Stunde. Das stand irgendwo im Kleingedruckten des Vertrages. Damit kamen auf das Brautpaar unerwartet vierhundertfünfzig Euro zu, die sie nachzahlen mussten. Dieses Geld fehlte sicherlich schmerzlich in der Urlaubskasse für die Flitterwochen.

Um die Frage zu beantworten, ob diese drei Stunden insgesamt siebenhundertfünfzig Euro Mehrkosten wert waren, inklusive DJ-Honorar: ein ganz deutliches Nein.

Speziell auf mich hätte man verzichten können. So betrunken, wie die Gäste am Ende waren, hätte zuletzt ein Transistorradio in der Ecke vermutlich denselben Effekt gehabt wie meine Musikauswahl. Die Meute hätte auch so weitergetrunken und untereinander gebaggert, was das Zeug hält. Genau solche Situationen sind übrigens der Grund, warum ich bei meinen Buchungsverträgen keine Open-End-Pauschale mehr anbiete. Zu oft hatte ich mich in den vorangegangenen Jahren bis zum bitteren Ende verausgaben müssen, ohne dass die betreffenden Feiern dadurch besser geworden wären. Ganz im Gegenteil ist es wichtig, dann aufzuhören, wenn es am schönsten ist – denn ab einem gewissen Punkt kann höchstens noch ein unschöner Endkampf betrunkener Gäste um die letzten Drinks und One-Night-Stands dabei herauskommen. Dieser Kampf hat dann freilich überhaupt nichts mehr mit dem eigentlichen Anlass zu tun, und erst recht nicht mit den Gastgebern. Ich bin der Meinung, dass eine Feier spätestens dann beendet werden sollte, wenn man die letzten Gäste in ein Taxi verfrachten und in die nächste Kneipe schicken könnte, damit sie bis zum Umfallen weiterzechen könnten. Das hat ganz einfach nichts mehr mit einer Hochzeit zu tun!

Betrachtet den großen Tag Eures lieben Paars bitte als ein stimmiges Gesamterlebnis, zu dem ein würdiger Ausklang gehört. Es gibt einen magischen Zeitraum, in dem sich die allermeisten Feste ganz von alleine ihrem Ende entgegenbewegen: zwischen drei und vier Uhr früh. Es liegen viele Stunden hinter der Festgesellschaft, und erfahrungsgemäß ist spätestens dann die Luft raus (und man kriegt noch den Bogen, halbwegs fit in den nächsten Tag starten zu können). Genau so war es auch im Beispiel eben, wo schließlich die Gastgeber selbst ihre eigene Feier verlassen haben, erschöpft zwar, aber glücklich. Nur der harte Kern um Kurt wollte kein Ende finden und hat sich immer weiter selbst demontiert. Es endete unschön, und das hätte nicht sein müssen.

Wenn das Brautpaar Euch mitteilt, dass sie demnächst zum Ende kommen wollen, solltet Ihr sie dabei unterstützen. Ein gefühlvoller Ausklang kann beispielsweise im so genannten »Lagerfeuer« bestehen. Wenn sich im Festsaal auf den Tischen noch brennende Kerzen befinden, könnt Ihr diese zusammentragen und in der Mitte der Tanzfläche platzieren. Lasst Euch dabei gern vom Personal oder anderen Gästen helfen. Sollten die Kerzen rundum bereits erloschen sein, könnt Ihr rechtzeitig den Service bitten, einige neue zu organisieren. Dann versammelt sich die Gruppe und bildet einen Kreis um die Kerzen. Der DJ spielt noch zwei, drei romantische Songs, letzte Getränke werden geordert. In dieser besinnlichen Runde könnt Ihr gemeinsam mit dem Brautpaar und den letzten Gästen die Eindrücke der Feier nachklingen lassen und Euch auf das Ende einstimmen.

Eine andere Variante für einen schönen Ausklang ist ein letzter Tanz des Brautpaars, sofern die Gastgeber das wünschen. Auch hier könnt Ihr helfen, indem Ihr die letzten Gäste zusammentrommelt und gemeinsam mit ihnen einen Kreis um das tanzende Paar bildet – eventuell ebenfalls mit Kerzen akzentuiert, die Ihr in der Hand haltet oder auf den Boden stellt.

Falls für die Gastgeber beides nicht in Frage kommt, wird der DJ die Musik schrittweise herunterfahren und am Ende einen schönen »Rausschmeißer« spielen – einen letzten Song, der allen klar signalisiert, dass das

Ende der Feier gekommen ist. Sobald beispielsweise *Gute Nacht, Freunde* von *Reinhard Mey* zu hören ist oder *Thank You for the Music* von *ABBA*, weiß jeder, dass der Aufbruch nun bevorsteht. Wenn der letzte Ton verklungen ist, könnt Ihr die Brautleute dabei unterstützen, die Gäste zu verabschieden. Vielleicht müssen noch Taxis gerufen werden, oder womöglich gibt es einige Absturz-Spezialisten, die vom Weitermachen abgehalten werden müssen. Lasst Euch von etwaigem Widerstand nicht verunsichern! Wenn Schluss ist, ist Schluss – und wann dieser Zeitpunkt gekommen ist, entscheiden allein die Brautleute. Ihr könnt ihnen dabei helfen, indem Ihr diejenigen Gäste, die sich hartnäckig an der Bar festkrallen, direkt ansprecht. Ein Satz funktioniert immer bestens: »Die Brautleute wollen ins Bett, und wir machen jetzt Schluss.« Das heißt, Ihr beruft Euch am besten auf die Gastgeber, denn dagegen kann nun wirklich keiner etwas haben. In ganz schwierigen Fällen könnt Ihr Euch mit den Brautleuten, dem DJ und dem Personal der Location verbünden. Wenn es für die Brautleute in Ordnung ist, machen die Servicekräfte nach dem letzten Song vom DJ das Licht im Saal an. Das, zusammen mit fehlender Musik und einer eindeutigen Aufforderung zum Gehen Eurerseits, wirkt Wunder!

Die Promille lauern im Mix

Abschließend möchte ich nochmals auf das Thema Alkohol eingehen. Bestimmt nehmt Ihr Euer Ehrenamt als Trauzeugen und gegebenenfalls als Zeremonienmeister ernst. Ihr tut gut daran, Euch vor dem typischen fatalen Getränkemix auf Hochzeiten in Acht zu nehmen. Ihr kennt Euch selbst am besten und wisst grundsätzlich, was Ihr vertragt – doch das ging Kurt bestimmt genauso. Er war Mitte dreißig und hatte sichtlich Erfahrung im Feiern. Bloß hat er die Wechselwirkung der Getränke über einen so langen Zeitraum unterschätzt, oder vielleicht war es ihm auch egal. Eine Hochzeitsfeier ist doch ein ganz besonderes Fest, das sich nicht mit anderen vergleichen lässt. Ein Mix von Sekt, Bier, Wein und Longdrinks geht selten auf Dauer gut – doch genau das wird Euch auf einer Hochzeit angeboten. Meistens gibt es beim Empfang zur Begrüßung Sekt. Zum Essen folgen Weißwein und Rotwein, passend zum jeweiligen Gang. Gerade an warmen Sommertagen ist zwischendurch ein kühles Bier oder eine Weißweinschorle eine gern gewählte Erfrischung, und nach dem Essen soll ein Schnaps die Verdauung fördern. Womöglich gibt es dann an der Bar noch Longdrinks oder sonstige Mixgetränke, deren Alkoholgehalt schwer abzuschätzen ist.

Ihr braucht auf der Feier natürlich nicht abstinent zu bleiben, wenn Ihr das nicht möchtet. Aber bestimmt tut Ihr Euch selbst und Eurem lieben Paar einen großen Gefallen damit, nicht jede Alkoholsorte im Angebot durchzuprobieren. Denn die Rauschwirkung verschiedener Alkoholika ist schwer vorherzusehen. Konzentriert Euch am besten auf ein Getränk, das Euch besonders gut schmeckt und dessen Effekt Ihr kennt, wählt höchstens zwei, und dabei bleibt Ihr dann auch. Zwischendurch solltet Ihr immer wieder reichlich alkoholfreie Getränke zu Euch nehmen. Denkt an die goldene Regel: Jedes Glas Alkohol sollte mit einem Glas Wasser ausgeglichen werden.

Das Wichtigste im Hinblick auf Euer Ehrenamt ist, dass Ihr nicht den Überblick verliert. Selbstverständlich könnt und sollt Ihr nach Herzenslust mitfeiern. Aber da dies ein einmaliges Fest sein wird, auf dem Euch eine ebenso einmalige Rolle zugeschrieben ist, solltet Ihr es nicht übertreiben. Es wird in Zukunft bestimmt noch reichlich andere Gelegenheiten geben, bei denen Ihr gemeinsam mit dem Brautpaar über die Stränge schlagen könnt. Die beiden werden Euch auf ewig dankbar sein, wenn Ihr sie bei ihrer Hochzeit von Anfang bis Ende begleitet, anstatt Euch auf halber Strecke die Lichter auszuschießen.

Die 5 übelsten Entgleisungen von Zeremonienmeistern:

- Hochzeitsspiele zulassen oder gar selbst organisieren, obwohl sie vom Brautpaar verboten wurden

- Komasaufen mit Mixgetränken

- Selbstdarstellung als Entertainer, ohne das nötige Talent zu besitzen

- Offensives Anbaggern von Verwandtschaft oder Freunden der Brautleute

- Kein Ende finden, obwohl das Brautpaar längst ins Bett will

Sünde 30: Vergessenheit

Nach der Hochzeit

Wenn Euer liebes Paar sich das Jawort gibt, ist das eine Entscheidung für das ganze Leben. Ich wünsche Euch allen von Herzen, dass Ihr gemeinsam eine wunderbare Hochzeitsfeier ohne Pannen erlebt. Ein ganz wichtiger Teil Eurer Mission als Trauzeugen ist damit erfüllt. Doch wir wollen nicht vergessen, dass die Hochzeit, samt Feier, lediglich der erste Schritt für die Brautleute in die gemeinsame Zukunft ist, dem noch zahlreiche andere folgen werden. Viele wichtige Entscheidungen werden von den beiden noch getroffen werden, sei es im Rahmen von Familienplanung, einer gemeinsamen Immobilie oder beruflich bedingter Umzüge. Äußere Umstände können die Beziehung ebenso belasten wie Krankheiten oder unterschiedliche persönliche Entwicklungen der beiden Lebenspartner.

Wenn Ihr als Trauzeugen auch in Zukunft im richtigen Moment da seid und sie mit Rat und Tat unterstützt, steht Ihr symbolisch für das, was die beiden von Anfang an verbunden und das sie letztlich zur Heirat bewogen hat. Bitte nehmt diese Rolle ernst. Wenn Ihr plötzlich desinteressiert seid an der weiteren Entwicklung des

Paares, kann das unterschwellig Eure Beziehung belasten. Gerade wenn die Hochzeitsfeier das einmalige, hoch emotionale Erlebnis war, das ich Euch gönne, kann es Wunder wirken, sie im richtigen Moment in Erinnerung zu rufen. Nämlich genau dann, wenn die Beziehung der Brautleute aus irgendeinem Grund belastet ist. Oder auch zu besonders schönen Anlässen, wie Geburtstagen oder gemeinsamen Reisen.

Um die Wirkung der Feier sozusagen zu verlängern, können ganz handfeste Erinnerungsstücke helfen. Am wichtigsten sind natürlich Fotografien, weshalb ich jedem Brautpaar nur dazu raten kann, bloß nicht beim Fotografen zu sparen, der stets im richtigen Moment die Stimmung einfangen soll. Da ein Profi teuer ist, wird er die Feier vermutlich nur bis zu einem gewissen Punkt begleiten. Häufig ist es so, dass der oder die Fotograf/in die Feier kurz nach dem Eröffnungstanz verlässt. Solltet Ihr selbst Spaß am Fotografieren haben und eine ordentliche Kamera besitzen, könnt Ihr vielleicht noch den einen oder anderen Schnappschuss zur späten Stunde beisteuern, der ein Bild von der Party vermittelt. Übertreibt es aber nicht, und solange der Profi noch anwesend ist, haltet Euch bitte ganz zurück. Denn, wie weiter oben beschrieben, niemand braucht Privatpaparazzi auf einer solchen Feier. Aber einige Partyschnappschüsse können durchaus einen witzigen Kontrast zu den stilvollen Profibildern bieten. Vielleicht haltet Ihr eines der Bilder, das besonders amüsant ist, erst einmal zurück und überrascht das Brautpaar zu einem späteren Zeitpunkt damit.

Ein sehr schönes Mittel zur Verlängerung des Hochzeitserlebnisses sind auch Aktionen der Gäste, die nachwirken. Dazu zählt beispielsweise der Klassiker des Gästebuches, bei dem sich alle Eingeladenen eintragen und dem Brautpaar Wünsche für die Zukunft mit auf den Weg geben. Häufig wird das von den Trauzeugen organisiert, aber ebenso häufig auch von den Brautleuten selbst. Klärt am besten vorab mit den beiden, ob Ihr Euch darum kümmern sollt. Dazu zählt dann auch, auf der Feier mittels einer Durchsage auf das Buch hinzuweisen und die Gäste darum zu bitten, sich einzutragen. Falls Ihr mit dem Gästebuch betraut seid, solltet Ihr gelegentlich während der Feier einen Blick darauf werfen und im Auge behalten, wie viele Paare oder Einzelpersonen sich schon darin verewigt haben. Wenn es von zu wenigen Gästen genutzt wird, könnt Ihr durchaus noch einmal mit einer kurzen Durchsage daran erinnern. Sollten dann noch immer nicht alle davon Gebrauch machen, lasst es gut sein, denn man kann niemanden zu seinem Glück zwingen, und wer sich nicht beteiligen möchte, der wird auch später vermutlich nicht wirklich vermisst werden.

Das Gästebuch wird naturgemäß erst auf der Feier mit Inhalt gefüllt. Ihr könnt aber auch bleibende Erinnerungen schaffen, die bereits vorher oder nach der Feier entstehen. Wenn das Brautpaar beispielsweise gerne kocht, könnt Ihr vor der Feier die Lieblingsrezepte der Gäste per E-Mail oder Post erbitten und ein individuelles Kochbuch zusammenstellen. Reisen sie gerne, erstellt einen persönlichen Reiseführer mit den Lieblingszielen der Gäste. Vielleicht fällt Euch auch ein völlig anderes gemeinsames Interesse Eures lieben Paars ein, wie Sport (der persönliche Work-out mit den Lieblingssportarten und Übungen der Gäste), Lesen (die Lieblingsbücher der Gäste) oder Kino (die Lieblingsfilme der Gäste) etc. Der Vorteil eines solchen Werkes, das Ihr vor der Feier erstellt, ist, dass Ihr die Gestaltung von Anfang an beeinflussen könnt und ein schönes gemeinsames Geschenk aller habt, das Ihr feierlich bei dem Fest überreichen könnt.

Sehr schön sind auch Aktionen von Gästen, die erst nach der Feier stattfinden und an sie erinnern. Beliebt sind Postkarten, die Ihr an das Brautpaar adressiert und, falls Ihr Euch das als zusätzliches Hochzeitsgeschenk leisten mögt, bereits frankiert. Die Karten versieht Ihr mit Wochennummern oder konkreten Daten, beispielsweise jeweils den ersten Tag einer Woche (1. Januar, 8. Januar, usw.). In einer kurzen Ansage weist Ihr die Gäste auf die Karten hin und bittet darum, dass jeder eine davon mit nach Hause nimmt. Zur vorgegebenen Datierung soll die Karte dann mit lieben Wünschen für das Brautpaar abgeschickt werden. So sind nur mindestens zweiundfünfzig aktive Hochzeitsgäste nötig, und das Brautpaar erhält ein Jahr lang jede Woche Post, die sie an das größte Fest ihres Lebens erinnert.

Auch möglich, doch mit Vorsicht zu genießen, ist das Verlosen von gemeinsamen Aktionen mit dem Brautpaar. Ihr verteilt anfangs Losnummern an die Gäste, und Euer Vortrag ist die Ziehung der Lose. Die zwölf Gewinner werden dazu auserkoren, jeweils in einem Monat nach der Hochzeit eine gemeinsame Aktion mit dem Brautpaar zu unternehmen, beispielsweise einen Grillabend, einen Kinobesuch, eine Ausgehtour durch Bars und Clubs etc. Der Haken bei dieser Variante ist, dass vermutlich nicht alle Gäste in der Nähe des Brautpaars leben. Oftmals bin ich auf Feiern im Einsatz, bei denen

Publikum aus verschiedenen Nationen anreist. Wenn das der Fall ist, solltet Ihr eine solche Verlosung nicht in Betracht ziehen.

Fassen wir zusammen: Eure Verantwortung als Trauzeugen endet nicht mit dem Ausklang der Feier, sondern Ihr seid auch deshalb für das Ehrenamt erwählt worden, weil Ihr die Brautleute durch das Leben begleitet habt und auch weiterhin begleiten werdet. Haltet den Kontakt nach Möglichkeit auf regelmäßiger Basis aufrecht. Auch falls Ihr weit auseinander wohnt, ist es im Zeitalter moderner Kommunikationsmittel kein Problem, sich über E-Mail, Telefon oder soziale Netzwerke regelmäßig auszutauschen. Bleibt stets auf dem Laufenden, welche wichtigen Entscheidungen bei den beiden anstehen, und leistet ihnen bei Bedarf Zuspruch. Es kann auch nicht schaden, wenn Ihr Euch den Hochzeitstag als dauerhaften Termin in den Kalender eintragt und ihnen dann jeweils einen Gruß schickt. Eine lebenslange Freundschaft ist das Wunderbarste, was aus Eurem Ehrenamt erwachsen kann. Es ist für die Brautleute, für Euch und die Gäste außerdem schön, wenn gemeinsame Aktionen das Fest in der Erinnerung aufleben lassen.

5 Aktionen, die langfristig an die Hochzeitsfeier erinnern:

- Inoffizielle Fotos von der Feier, die Ihr dem Brautpaar erst später zukommen lasst

- Überreichung eines Geschenkbuches, beispielsweise mit Kochrezepten oder Reisetipps der Gäste

- Postkarten von allen Gästen mit Glückwünschen für das Brautpaar, die wöchentlich nach der Feier abgesendet werden

- Gemeinsame Aktionen von Gästen mit dem Brautpaar, die bei der Feier verlost werden

- Regelmäßiger Gruß von Euch am Hochzeitstag, per Post oder E-Mail

Outro

Jule greift die Hand von Braut Ramona. Gemeinsam stehen sie am Rand der Tanzfläche und blicken auf die Partymeute vor ihnen. Die Feier befindet sich gerade auf dem Höhepunkt, die meisten Gäste tanzen, und viele singen mit. Es gab keinerlei Pannen hier in dem geschmackvollen Landhotel: Ein exquisites Drei-Gänge-Menü wurde begleitet von drei schönen Reden in den Pausen. Eine davon hatte Jule gehalten und mit den Bildern eines Diavortrages untermalt. Es handelte sich überwiegend um Fotos aus der gemeinsamen Beziehung von Ramona und Kai. Auf peinliche Kinderfotos hatte Jule bewusst verzichtet. Auch die langjährige Freundschaft von Jule und Ramona kam in der Rede nicht zu kurz.

Ein weiterer Höhepunkt war die Überreichung eines besonderen Geschenks. Die Brautleute sind ausgesprochene Weinliebhaber, und so war Jule auf die Idee gekommen, die Gäste heimlich zu bitten, eine Flasche ihres jeweiligen Lieblingsweines mit einem Foto von sich selbst zu bekleben und mit einem Gruß für das Brautpaar zu versehen, um diese dann zur Feier mitzubringen. So kam eine Sammlung von über zwanzig liebevoll ausgesuchten und beschrifteten Flaschen zusammen, die dem Brautpaar in einer großen hölzernen Kiste überreicht wurden, welche Jule ebenfalls organisiert hatte. Wann immer Ramona und Kai in Zukunft eine der Flaschen öffnen, werden sie sich an ihre wunderschöne Feier erinnern, und der Gruß der Schenkenden wird ihnen Freude bereiten.

Wein gab es zum Essen zur Genüge, doch Jule hat auch reichlich Wasser getrunken. Nun hält sie einen Sekt auf Eis in der Hand, den gönnt sie sich zur Feier des Tages. Den anderen Arm legt sie um Ramonas Schulter, und die beiden wippen im Takt der Musik mit. Auf der Tanzfläche vor ihnen gehen zum Refrain eines bekannten Songs die Arme in die Luft, und die Braut und ihre Trauzeugin stimmen mit ein in den Chor der Gäste: *Hey, das geht ab, wir feiern die ganze Nacht, die ganze Nacht!*

Danksagung

Mein Dank gilt den mehr als eintausend Bräuten und Bräutigamen, die mir in den vergangenen zwölf Jahren die musikalische Betreuung ihrer Hochzeit anvertraut haben, insbesondere auch jenen, die mich in die inhaltliche Planung einbezogen. Besonders hervorzuheben sind hier Bin Hu und Pierre Metzmacher sowie Julia und Stefan Reifenrath. Auch bei allen beteiligten Trauzeugen möchte ich mich für die häufig sehr gute und inspirierende Zusammenarbeit bedanken.

Mehr als fünfhundert Hochzeitsfeiern, die ich in zwölf Jahren begleiten durfte, bilden meinen persönlichen Erfahrungsschatz für dieses Buch. Darüber hinaus war ich auf Berichte von Ereignissen angewiesen, bei denen ich nicht persönlich zugegen war. Dazu zählen Junggesellenabschiede und viele Bereiche der Planung und Koordination vorab. Diese Informationen erhielt ich von Brautpaaren und ihren Trauzeugen, Freunden und Verwandten. Für inhaltliche Unterstützung bedanke ich mich bei Katharina und Tim Auer, Romain Chartier, Sebastian Fuchs, Beate und Markus Grünebach, Claudia Heckel, Arne Holtz, den Eheleuten Katina Klänhardt und Thomas Körbel, Katalin und Stefan Klänhardt, Birgit Maybohm, Barbara Oswald-Kleemiß, den Eheleuten

Daniela Scheunemann und Kristof Burzeya sowie Natalie und Patrick Weiß.

Wertvoll war auch der Austausch mit anderen Hochzeits-DJs, und für direkten Input bedanke ich mich bei Sebastian Back, Frank Eichstädt, Marcus Nauroth, Markus Rosenbaum, Thomas Rother, Alexander Rotzsch, Timothy Starratt sowie Daniel Torsiglieri. Für seine professionelle Einschätzung der Getränkemengen beim Sektempfang bedanke ich mich bei Frank Frensdorff.

Angela und Dirk Lang danke ich für Hemden, die sitzen, und für ihre Unterstützung. Bei Gregor Kreißl und Carsten Moch bedanke ich mich dafür, dass meine Füße auch beim stundenlangen Stehen hinter dem DJ-Pult nicht mehr schmerzen, und noch dazu in sehr schicken Schuhen stecken.

Meinem Agenten Daniel Wichmann danke ich dafür, dass er dieses Projekt auf den Weg gebracht hat. Meine Lektorin Kathrin Wolf vom Blanvalet Verlag hat sich für dieses Buch eingesetzt und das gesamte Projekt optimal koordiniert – vielen Dank hierfür. Sebastian Rothfuss vom Blanvalet Verlag hat nicht nur fantastische Pressearbeit für mein erstes Buch geleistet, er hat auch sehr viele Ideen zum vorliegenden Werk beigesteuert. Berit Böhm vom Blanvalet Verlag möchte ich für ihre Unterstützung hinter den Kulissen danken, und selbstverständlich auch dem Rest des Blanvalet-Teams, die zu diesem Projekt beigetragen haben. Johannes Wiebel danke ich für das grandiose Design des Covers sowohl dieses Buches als auch des Vorgängers, das sich von Anfang an klar vom üblichen Hochzeitskitsch abgehoben hat.

Für ihre Geduld an all den vielen Stunden und Wochenendtagen, an denen ich auf Hochzeiten unterwegs war und sie alleine ließ, in Büroarbeit versank oder mich bei der Niederschrift dieses Buches von der Welt abschottete, bedanke ich mich bei meiner Frau Sylvia, die mir stets den Rücken freigehalten und mich unterstützt hat.

Anhang

Beispiel für einen Ablaufplan

9.00 Uhr: Aufstehen, gemeinsames Frühstück des Brautpaars

10.00 Uhr: Aufbruch der Braut zu Freunden oder zum Friseur, damit der Bräutigam Brautkleid und Styling nicht vor der Zeremonie sieht

10.30 bis 13.30 Uhr: Ankunft Braut und Friseur bei Freunden, Make-up, Hairstyling Braut, umziehen

13.30 Uhr: Abfahrt Bräutigam zur Kirche *Adresse angeben*
Mit von der Partie: Eltern und Trauzeuge Bräutigam

13.35 Uhr: Für Foto gestellte Abfahrt Braut zur Kirche, mit von der Partie: Eltern und Trauzeugin Braut

13.40 Uhr: Abfahrt Braut zur Kirche
Mit von der Partie: Eltern und Trauzeugin Braut

14.00 Uhr: Bräutigam begrüßt die ersten Gäste vor der Kirche

14.20 Uhr: Einlass in die Kirche, Bräutigam und alle Gäste

14.30 Uhr: Einmarsch der Braut mit Brautvater, Beginn Gottesdienst und kirchliche Trauung, Fotoaufnahmen während der Trauung sind nach Anweisung des Pastors nur für den Fotografen erlaubt! Trauzeugen mögen diese Info bitte weitergeben!

15.15 Uhr: Gemeinsamer Auszug aus der Kirche, Ansage Bräutigam: Glückwünsche werden hier noch nicht entgegengenommen, sondern später beim Empfang im Hotel

15.20 Uhr: Familien-, Trauzeugen- und Gruppenaufnahmen mit Fotograf an der Kirche

15.40 Uhr: Convoy zum Hotel *Adresse angeben*

16.15 bis 18.30 Uhr: Zur freien Verfügung, Einchecken Gäste im Hotel, auf den Zimmern: Zeitplan und Hochzeitszeitung

16.30 bis 17.30 Uhr: Paarfotos Brautpaar mit Fotograf, Hotelpark, bei Regen alternativ Festsaal

17.30 bis 18.30 Uhr: Ruhepause für das Brautpaar

18.30 Uhr: Sektempfang vor Festsaal, DJ auf Stand-by für Hintergrundmusik; Brautpaar nimmt Glückwünsche und Geschenke entgegen

19.15 Uhr: Einlass Festsaal, Gäste nehmen Plätze ein, Getränkeservice

19.25 Uhr: Begrüßungsrede Bräutigam

19.30 Uhr: Vorspeise Suppe wird an den Tischen serviert

19.50 Uhr: Nach Abdecken der Suppe: Rede Brautvater

20.00 Uhr: Eröffnung des Buffets durchs Brautpaar

ca. 20.40 Uhr: Nachdem alle Gäste einmal am Buffet waren, Rede Bräutigamsvater, danach Durchsage Hochzeitsbuch durch die Trauzeugen

ca. 21.10 Uhr: Rede Bruder der Braut, anschließend Durchsage Postkarten für das Brautpaar – Trauzeugen

21.20 Uhr: Eröffnung Dessert-Buffet mit Anschneiden der Torte, DJ: musikalische Untermalung für Tortenanschnitt

22 Uhr: Eröffnungstanz, *Titel angeben*, DJ für Party

22 bis 0.30 Uhr: PARTY! Zwischendurch bei passender Gelegenheit Wurf des Brautstraußes: DJ kurze Anmoderation

0.30 Uhr: Mitternachtssnack Currywurst, kurze Ansage DJ, Party läuft weiter

ca. 3.30 Uhr: Cool-down-Phase, genauer Zeitpunkt in Absprache mit DJ

ca. 4 Uhr: Verabschiedung der letzten Gäste

Wichtige Rufnummern:

Trauzeugen (mindestens einer sollte an dem Tag immer per Handy erreichbar sein)
Zeremonienmeister (sollte an dem Tag unbedingt per Handy erreichbar sein)
Hotel (ggf. Durchwahl Bankett- bzw. Service-Leiter)
DJ, Fotograf, Florist, Konditor, etc.

Last night a DJ saved my life ...

272 Seiten. ISBN 978-3-442-38131-9

Etwa 800.000 Menschen trauen sich jährlich. Jede Menge Raum für Peinlichkeiten: langweilige Reden, verrutschte Frisuren und zu lockerer Umgang mit alkoholischen Freigetränken. Verschreckte Bräute, volltrunkene Bräutigame und bei jeder Feier mindestens eine unliebsame Person, die der Hochzeitsgesellschaft das Leben schwermacht. Doch es geht auch anders: Der feiererprobte Hochzeits-DJ Thomas Sünder gibt wertvolle Tipps, wie der schönste Tag im Leben eines Brautpaares nicht in einer Katastrophe endet, sondern von einem mitreißenden Hochzeitsfest gekrönt wird. Traut euch und feiert!

Lesen Sie mehr unter: **www.blanvalet.de**